（新编译注）

四書 分类语录

侯会 编著

生活·讀書·新知三联书店

Copyright © 2022 by SDX Joint Publishing Company.
All Rights Reserved.

本作品版权由生活·读书·新知三联书店所有。
未经许可,不得翻印。

图书在版编目(CIP)数据

(新编译注)四书分类语录/侯会编著. —北京:
生活·读书·新知三联书店,2022.7
ISBN 978 – 7 – 108 – 07363 – 1

Ⅰ.①新… Ⅱ.①侯… Ⅲ.①儒家②四书–通俗读物
Ⅳ.① B222.1-49

中国版本图书馆 CIP 数据核字(2022)第 043359 号

责任编辑	王海燕
装帧设计	蔡立国
责任校对	常高峰
责任印制	卢 岳
出版发行	生活·讀書·新知 三联书店
	(北京市东城区美术馆东街 22 号 100010)
网 址	www.sdxjpc.com
经 销	新华书店
制 作	北京金舵手世纪图文设计有限公司
印 刷	河北松源印刷有限公司
版 次	2022 年 7 月北京第 1 版
	2022 年 7 月北京第 1 次印刷
开 本	635 毫米 × 965 毫米 1/16 印张 23
字 数	200 千字
印 数	0,001 – 8,000 册
定 价	48.00 元

(印装查询:01064002715;邮购查询:01084010542)

目 录

编纂说明 1

上 编

1 德行 3
    1·1 仁（一）：仁者爱人，亲亲及物 3
    1·2 仁（二）：复礼为仁，内涵丰富 9
    1·3 仁（三）：仁为己任，上下求索 13
    1·4 仁（四）：今昔人物，谁可称仁？ 21
    1·5 义：义者宜也，舍生取义 25
    1·6 仁义：仁宅义路，居仁由义 31
    1·7 忠：尽心竭力，善为人谋 36
    1·8 恕：吾道一贯，忠恕而已 40
    1·9 智：知人成物，智者不惑 46
    1·10 勇：见义勇为，无礼则乱 52
    1·11 耻：行己有耻，知耻近勇 56
    1·12 信：无信不立，无征不信 61
    1·13 性善：良知良能，天然四端 65
2 伦常 71
    2·1 君君臣臣，关系对等 71

2·2 孝悌（一）：父子兄弟，事亲为大 ································ 80
2·3 孝悌（二）：养生送死，民德归厚 ································ 83
2·4 孝悌（三）：宜兄宜弟，象喜亦喜 ································ 91
2·5 交友之道，辅仁友德 ·· 94
2·6 夫妻男女，齐之以礼 ·· 97

中　编

3 君子 ··· 105
　3·1 君子风范，孔孟高标 ·· 105
　3·2 反求诸己，君子慎独 ·· 113
　3·3 直道立身，百折不悔 ·· 118
　3·4 励志养心，任重道远 ·· 122
　3·5 自尊自信，吾气浩然 ·· 128
　3·6 坚毅有恒，松柏后凋 ·· 136
　3·7 讷言敏行，言行相顾 ·· 140
　3·8 谦逊恭敬，有所畏惧 ·· 145
　3·9 君子重名，名正言顺 ·· 152
　3·10 积极入世，穷达有别 ·· 157
　3·11 大处着眼，灵活权变 ·· 166
　3·12 劳心劳力，社会分工 ·· 170
　3·13 物质利益，考验贪廉 ·· 176
　3·14 君子小人，对照鲜明 ·· 181
　3·15 过错种种，君子所恶 ·· 185
　3·16 闻过则喜，襟怀坦白 ·· 195
4 为学 ··· 202
　4·1 发愤忘食，学而不厌 ·· 202
　4·2 学优则仕，求其放心 ·· 207
　4·3 乐学深思，敏求好问 ·· 209

4・4　诵诗学礼，依仁游艺 ……………………………218
　4・5　有教无类，因材施教 ……………………………222
　4・6　乐育英才，师生相得 ……………………………226

下　编

5　大道 ………………………………………………………235
　5・1　礼（一）：克己复礼，以和为贵 …………………235
　5・2　礼（二）：饮食言动，生死无违 …………………243
　5・3　乐：钟鼓之音，仁善之心 …………………………249
　5・4　得道多助，为德不孤 ………………………………255
　5・5　大学之道，修齐治平 ………………………………262
　5・6　中庸之道，过犹不及 ………………………………268
　5・7　至诚无息，载物配天 ………………………………274
　5・8　鬼神天命，疑信之间 ………………………………278
　5・9　人皆尧舜，圣人在前 ………………………………284
6　治国 ………………………………………………………292
　6・1　为政尚德，九经安民 ………………………………292
　6・2　风吹草偃，身正令行 ………………………………301
　6・3　选贤举能，知人善任 ………………………………306
　6・4　在位谋政，尽职尽责 ………………………………314
　6・5　以民为本，民贵君轻 ………………………………317
　6・6　仁政得民，王道可期 ………………………………328
　6・7　嗜杀好战，害政戕仁 ………………………………337
　6・8　让利于民，民富君安 ………………………………343

附录　《礼记・礼运》二则 …………………………………353
后记 …………………………………………………………356

编纂说明

中华传统文化的核心是儒家文化,儒家先贤所倡导的仁、义、忠、恕等价值观念,为世界各民族文明所接受,是人类文明的共同财富。

儒家文化的经典为"五经""四书"。所谓"四书",是指《论语》《孟子》《大学》《中庸》这四部文献。其中《论语》《孟子》分别是儒家先贤孔子及其弟子和孟子的言行录。《大学》《中庸》则同出《礼记》,前者据说是曾参及弟子所撰,后者相传为孔子之孙子思(孔伋)所写。子思师从曾参,他的学生则是孟子的老师。南宋理学家朱熹将这四种文献合编在一处,称为"四子书"(四子即孔子、孟子、曾子、子思),俗称"四书"。朱熹还撰有《四书章句集注》,成为此后七百年间士子的必读典籍。

概而言之,"四书"是一套探讨道德伦理、人生哲学的书,研究"人之所以为人"的道理。此外,"四书"中有关生活、学习、为政的种种论述,至今不乏启发、借鉴意义。

检点这些宝贝,今天的读者面临着两个难题:一是不易读,二是不好用。说"不易读",是因"四书"篇幅虽不算长,总共五万多字,但毕竟是两千多年前的文献,如不加以注释、翻译,现代读者便不易读懂。

至于"不好用",我们知道,《论语》《孟子》或为听课笔记,或为论辩记录,在编排上系统性不强,论题较为散漫,时有交叉重复。古代读书人把背诵"四书"当作童子功,参加科举选拔者个个能倒背如流,故能东挹西撷，运用自如。现代读者则每每临书慨叹，有"不得其门而入"之慨。——本书所做的工作，正是要帮助读者解决这两个难题。

针对"不易读"的难题，本书所引"四书"条目均有译文，对一些生僻词语做了必要的注释。——古今学者在"四书"译注方面做过大量工作，为本书的注译提供了有益的参考。

解决"不好用"的困难，是本书编纂的最大难题，也算本书的创新点所在。具体做法，是将"四书"文本全部打通，按内容分门别类、重新组合。全书共三编六章：上编《德行》《伦常》，中编《君子》《为学》，下编《大道》《治国》。每章又分若干节，如第一章《德行》下分为13节，分别辑录"四书"中"仁""义""忠""恕""智""勇""耻""信"等方面的论述。依此类推，六章共辖58节，辑录先哲语录近900条。

这样做的便利之处，是使初学者不必遍翻四本典籍，即可将所需同题素材"打包下载"、一览无遗，从而为传统文化的学习研究、借鉴引用乃至扬弃批判提供方便。

有几点需要说明：

1. 书中六章58节，章有章序，节有节序，对本章节的内容做简要介绍。将这些序言连起来阅读，可对儒家思想有一较为系统而概括的了解。

2. 每一条目又分序号、原文、出处、译注四部分，例如：

1·7·13　子曰："参乎！吾道一以贯之。"曾子曰："唯。"子出，门人问曰："何谓也？"曾子曰："夫子之道，忠恕而已矣。"（《论语·里仁》一五）

【译注】孔子说："曾参呀，我们的学说贯穿着一个根本理念。"曾参回答："是了。"孔子出门去，别的学生问曾子："先生说的什么意思呢？"曾子说："先生的学说不过是忠恕罢了。"●贯：贯穿。唯：应答语，表同意。◎这是"忠恕"连用的例子。朱熹说："尽己之谓忠，推己之谓恕。"这对理解"忠"与"恕"的内涵及关系，有参考价值。

其中1·7·13是序号，表示该条位于本书第一章第七节第十三条，序号连着语录引文。末尾括号标示出该段文字的原始出处。下面的【译注】部分，为白话翻译、字词注释和文义解说。其中●是"注释"符号，◎是"解说"符号——最后两项视需要而设，不是每条都有。

3. 本书非"四书"全编本，编选时对一些意蕴重复的条目有所割爱，一些篇幅较长的原文，在引述时也有所剪裁，尽量将所删内容控制在30%以内。

4. 同一条语录适用于不同章节，为节省篇幅，在该条目第二、第三次出现时，或仅列原文（译注部分标明参见某条），或于该节小序中提示序号及关键词。

编　者

上编

1 德 行

"德行"即道德品行,所谓"在心为德,施之为行"(郑玄《周礼》注)。儒家格外重视个人的道德培养及修习,认为仁、义、忠、恕等美德皆出于人的本性,但也需要人们去努力求取。本章《德行》共13节,分别辑录儒家先哲关于道德品行的论述。

"仁"是儒家道德观念中的大题目。本章以六节篇幅辑录先哲对"仁"的阐述(包括1·1—1·4谈"仁"、1·6谈"仁义"及1·13谈"性善")。此外,涉及"仁政"的内容则可参看6·6"仁政得民,王道可期"等章节。

1·1 仁(一):仁者爱人,亲亲及物

"仁"的内涵十分丰富,核心则是人与人相互亲爱。本节重点讨论"爱人"。值得注意,在"爱人"问题上,儒、墨两家是有分歧的。墨家强调"兼爱";儒家则强调"爱有差等",把"亲亲"(爱亲人)放在首位,由此推广到爱他人、爱万物("仁民""爱物")。

1·1·1 樊迟问仁。子曰:"爱人。"(《论语·颜渊》二二)

【译注】孔子的学生樊迟(名须,字子迟)问"仁"是怎么一

回事。孔子回答："仁就是爱人。"◎"仁"字的本义即人与人相互亲爱，故孔子把它归纳为"爱人"。在《论语·子路》一九、《论语·雍也》二二中，孔子对"樊迟问仁"另有答案，参见1·2·4、1·3·18。"仁"的含义很广，包含孝、悌、忠、恕、礼、智、信、勇等，从后面的语录可知。

1·1·2　子曰："道千乘之国，敬事而信，节用而爱人，使民以时。"（《论语·学而》五）

【译注】孔子说："治理拥有千辆兵车的国家，严肃恭敬地对待政事，言而有信，节俭而爱人，役使百姓要合于时令。"●道：这里意为治理。乘（shèng）：古人以四马拉一辆兵车，为一乘。

1·1·3　孟子曰："仁也者，人也。合而言之，道也。"（《孟子·尽心下》一六）

【译注】孟子说："仁是做人的道理。仁与人相合，就是道了。"

1·1·4　孟子曰："君子所以异于人者，以其存心也。君子以仁存心，以礼存心。仁者爱人，有礼者敬人。爱人者，人恒爱之；敬人者，人恒敬之。"（《孟子·离娄下》二八）

【译注】孟子说："君子与一般人不同的地方，就在于居心。君子居心于仁，居心于礼。仁者爱别人，有礼者尊敬别人。爱别人的，别人也总是爱他；尊敬别人的，别人也总是尊敬他。"

1·1·5　孟子曰："爱人不亲，反其仁。"（《孟子·离娄上》四）

【译注】孟子说："爱别人，别人却不亲近我，这就要反思：是

我不够仁爱吗？"●反：反思。

1·1·6　子曰："唯仁者能好人，能恶人。"（《论语·里仁》三）

【译注】孔子说："只有仁人才能喜爱某人，厌恶某人。（因为他的爱憎标准是正确的。）"●好（hào）：喜爱。恶（wù）：厌憎。◎仁者是爱憎分明的，不是没有是非的"老好人"。

1·1·7　此谓唯仁人为能爱人，能恶人。见贤而不能举，举而不能先，命也。见不善而不能退，退而不能远，过也。好人之所恶，恶人之所好，是谓拂人之性，灾必逮夫身。（《大学》第一一章）

【译注】这是说只有仁者能喜爱人、憎恶人。发现贤者而不能选拔，选拔了又不能极力推荐，这是怠慢。发现恶人而不能罢免，罢免了又不能把他赶得远远的，这是大错。喜欢大家所厌恶的，厌恶大家所喜好的，这是背离人性，祸患一定会降临到他身上。●命：此处意为怠慢。退：使之退，罢免。拂：违背。逮：及，到。

1·1·8　（孟子曰：）"仲尼曰：'始作俑者，其无后乎！'为其象人而用之也。"（《孟子·梁惠王上》四）

【译注】（孟子说：）"孔子说：'那个最早制作偶人来殉葬的人，大概会断子绝孙吧！'（孔子为何这样讲呢？）因为偶人模拟人形，却拿来殉葬。"●俑：用来祭祀的陶制或木制偶人。◎古人最早用活人殉葬，后改用偶人。孔子大概误认为俑殉在先，人殉在后，故有"始作俑者，其无后乎"的诅咒。

1·1·9 有子曰:"其为人也孝弟,而好犯上者,鲜矣!不好犯上,而好作乱者,未之有也。君子务本,本立而道生。孝弟也者,其为仁之本与!"(《论语·学而》二)

【译注】孔子的学生有子说:"为人孝顺父母、敬爱兄长,却喜欢冒犯上级,这种人很少见。不喜欢冒犯上级,却喜欢造反作乱的,则从未见过。君子致力于根本性工作,根本确立了,道就产生了。孝顺父母、敬爱兄长,这就是仁的根本。"●有子:孔子弟子有若,字子有。孝:儿女敬爱父母。弟:同"悌"(tì),弟弟敬爱哥哥及年长于自己的人。鲜(xiǎn):少。务:致力。◎儒家讲仁爱,是以近在身边的亲戚之爱为出发点的。这里涉及孝、悌,都是儒家重要的伦常,下节"伦常"还要重点讲说。

1·1·10 孟子曰:"仁之实,事亲是也。"(《孟子·离娄上》二七)

【译注】孟子说:"仁的实在内容,就是侍奉父母。"●事:服侍。◎《孟子·尽心上》一五还有"亲亲,仁也;敬长,义也;无他,达之天下也"的论述,见1·5·3的译注。

1·1·11 仁者,人也,亲亲为大;义者,宜也,尊贤为大。亲亲之杀,尊贤之等,礼所生也。(《中庸》第二〇章)

【译注】仁就是爱人,爱亲人是最大的仁。义就是处世适宜,尊重贤者就是最大的义。爱亲人要分亲疏,尊重贤者要分等级,这就产生了礼。●亲亲:爱亲人。前一个亲是动词,亲近、爱护。杀(shài):差等。

1·1·12 （子曰：）"君子笃于亲，则民兴于仁；故旧不遗，则民不偷。"（《论语·泰伯》二）

【译注】（孔子说：）"君子敦睦亲族，百姓就会归附仁德；君子不抛弃老朋友，百姓也会民风淳厚，不致待人冷漠。" ●笃(dǔ)：忠实，一心一意。偷：这里指人情淡薄。

1·1·13 《康诰》曰："惟命不于常。"道善则得之，不善则失之矣。《楚书》曰："楚国无以为宝，惟善以为宝。"舅犯曰："亡人无以为宝，仁亲以为宝。"（《大学》第一一章）

【译注】《尚书·康诰》说："只有天命是不常在的。"（君主）如能行仁善之政，就能保有它；不行仁善之政，就会失掉它。《楚书》说："楚国没什么可宝贵的，只把善人当作宝贝。"舅犯也说过："流亡在外的人没什么可宝贵的，只把仁爱亲人当作宝贝。" ●舅犯：晋文公重耳的舅舅狐偃，字子犯。亡人：这里指流亡的人。

1·1·14 孟子曰："君子之于物也，爱之而弗仁；于民也，仁之而弗亲。亲亲而仁民，仁民而爱物。"（《孟子·尽心上》四五）

【译注】孟子说："君子对于万物，爱惜而不用仁德对待。对于百姓，用仁德对待却不必亲爱他。君子亲爱亲人，由此推广到仁爱百姓、爱惜万物。"

1·1·15 孟子曰："知者无不知也，当务之为急；仁者无不爱也，急亲贤之为务。尧舜之知而不遍物，急先

务也；尧舜之仁不遍爱人，急亲贤也。"（《孟子·尽心上》四六）

【译注】孟子说："智者没有什么不该知道的，但应当急于做眼下的重要工作；仁者没有什么不该爱惜的，但应当把爱亲人、爱贤人放在首要地位。尧舜的智慧不能知道所有的事，是因为他们急于去做最重要的事；尧舜的仁爱不能普及所有的人，是因为他们把爱亲人和贤人放在首要地位。"●务：事情，任务。

1·1·16 厩焚。子退朝，曰："伤人乎？"不问马。（《论语·乡党》一七）

【译注】马棚失火了。孔子下朝后，问："伤人了吗？"不问马的情况。◎这个具体事例，正可体现仁的"爱人"内涵。

1·1·17 子钓而不纲，弋不射宿。（《论语·述而》二七）

【译注】孔子钓鱼时，不用带纲绳的网截断流水来取鱼，射鸟时不射已经归巢的鸟。●纲：网上的大绳。这里指捕捞。弋（yì）：带丝绳的箭。这里指射鸟。◎这是把爱人之心扩展到爱物。

1·1·18 （孟子曰：）"君子之于禽兽也，见其生，不忍见其死；闻其声，不忍食其肉。是以君子远庖厨也。"（《孟子·梁惠王上》七）

【译注】（孟子说：）"君子对于禽兽的态度是见到它活着时的样子，就不忍见它死；听到它的悲鸣，就不忍吃它的肉。因此君子总是远离厨房。"●庖（páo）厨：厨房。

1·2 仁（二）：复礼为仁，内涵丰富

儒家推崇礼治，认为"克己复礼"，则"天下归仁"。儒家对"仁"的阐释角度很多，总的来说，就是依礼而行，仁民爱物，做个君子。本节尚可与5·1"礼（一）：克己复礼，以和为贵"等节参看。

1·2·1　颜渊问仁。子曰："克己复礼为仁。一日克己复礼，天下归仁焉。为仁由己，而由人乎哉？"颜渊曰："请问其目。"子曰："非礼勿视，非礼勿听，非礼勿言，非礼勿动。"颜渊曰："回虽不敏，请事斯语矣。"（《论语·颜渊》一）

【译注】孔子的学生颜渊（名回，字子渊）问什么是仁。孔子回答："克制自己的欲望，使自己的言行合于礼的规范，这就是仁。一旦这样做，天下的人都会称赞你的仁德。实践仁靠的是自己，难道靠别人吗？"颜渊说："请告诉我一些具体内容。"孔子说："不合礼的事不去看，不合礼的话不去听，不合礼的意思不去表达，不合礼的事不去做。"颜渊说："我虽然迟钝，也要努力照着您的教导去做。"●归仁：犹言"称仁"。目：条目。敏：聪敏，灵活。事：力行。斯：这，此。

1·2·2　子曰："人而不仁，如礼何？人而不仁，如乐何？"（《论语·八佾》三）

【译注】孔子说："人如果不讲仁，又如何对待礼？人如果不讲仁，又如何对待乐？"◎礼是礼仪制度，乐即音乐。西周时，周公旦在承袭前代文化的基础上制礼作乐，作为贵族的政治生活准则，是为周礼。孔子一生追求礼乐文化的复兴，他认为礼乐的本质就是仁。

1·2·3 仲弓问仁。子曰:"出门如见大宾,使民如承大祭。己所不欲,勿施于人。在邦无怨,在家无怨。"仲弓曰:"雍虽不敏,请事斯语矣。"(《论语·颜渊》二)

【译注】孔子的学生仲弓(即冉雍)向孔子求问如何做到仁,孔子说:"出门做事好像去接待贵宾,使唤百姓好像去承担祭祀大典(都要兢兢业业,不可轻视敷衍)。对自己不愿承受的,就不要强加于人。无论为公家做事还是在家赋闲,都没有怨恨情绪(这就是仁的表现)。"仲弓说:"我虽然迟钝,也要努力照您的话去做。"●邦:国家。

1·2·4 樊迟问仁。子曰:"居处恭,执事敬,与人忠。虽之夷狄,不可弃也。"(《论语·子路》一九)

【译注】樊迟问什么是仁。孔子说:"生活起居端正庄重,做事严肃敬业,对人尽心尽力。这些品德,即便到了外国也不可丢弃。"●居处(chǔ):指日常居家。恭:肃敬,谦逊有礼。敬:尊重,以礼相待。忠:尽心竭力地做事、待人。之:往。夷狄:华夏以外文化相对落后的部落及地区。

1·2·5 子曰:"当仁,不让于师。"(《论语·卫灵公》三六)

【译注】孔子说:"面对仁,就是老师也不必跟他谦让。"◎西谚有"我爱吾师,我更爱真理",与此同。

1·2·6 子曰:"刚、毅、木、讷,近仁。"(《论语·子路》二七)

【译注】孔子说:"刚强、果决、质朴、少言慢语,这四种品德最接近仁。"●刚:刚强少欲。毅:果敢,有决断。木:质朴。讷(nè):语言迟钝。

1·2·7　子曰:"巧言令色,鲜矣仁!"(《论语·学而》三)

【译注】孔子说:"花言巧语、面目伪善的人,少有仁德。"●令色:伪善谄媚的脸色。◎孔子这句话,说了不止一次。

1·2·8　或曰:"雍也仁而不佞。"子曰:"焉用佞?御人以口给,屡憎于人。不知其仁,焉用佞?"(《论语·公冶长》五)

【译注】有人说:"冉雍有仁德,却没有口才。"孔子说:"何必要口才呢?滔滔不绝地跟人家辩论,常常招人讨厌。冉雍算不算仁我不知道,但何必要有口才?"●佞(nìng):能言善辩,有口才。口给(jǐ):能说,有口才。

1·2·9　司马牛问仁。子曰:"仁者,其言也讱。"曰:"其言也讱,斯谓之仁已乎?"子曰:"为之难,言之得无讱乎?"(《论语·颜渊》三)

【译注】孔子的学生司马牛(名耕,字子牛)问什么是仁,孔子回答:"仁就是出言谨慎。"司马牛又问:"出言谨慎就可以叫作仁吗?"孔子说:"做起来不容易,说起来能不谨慎吗?"●讱(rèn):出言缓慢谨慎,义近于"讷"。

1·2·10　(孟子曰:)"分人以财谓之惠,教人以善谓之忠,为天下得人者谓之仁。"(《孟子·滕文公上》四)

【译注】(孟子说:)"把钱财分给别人叫作惠,把好的德行传授给人叫作忠,为天下找到出色的人才叫作仁。"●惠:恩惠,施恩于人。

1·2·11　子曰:"知者乐水,仁者乐山。知者动,仁者静。知者乐,仁者寿。"(《论语·雍也》二三)

【译注】孔子说:"智者喜欢水,仁者喜欢山。智者好动,仁者好静。智者快乐,仁者长寿。"●知(zhì)者:知,同"智"。"乐水""乐山"之"乐":音yào,动词,喜欢。"知者乐"之"乐":音lè,形容词,快乐。

1·2·12　子曰:"苟志于仁矣,无恶也。"(《论语·里仁》四)

【译注】孔子说:"如果立志行仁,至少不会干坏事。"●苟:如果。

1·2·13　子曰:"君子而不仁者有矣夫,未有小人而仁者也。"(《论语·宪问》六)

【译注】孔子说:"君子之中不仁的人也有吧,但小人中绝不会有仁人。"◎在孔孟的语汇中,君子、小人既指有德者和无德者,也指在位者和老百姓。这里似指后者。

1·2·14　子曰:"不仁者,不可以久处约,不可以长处乐。仁者安仁,知者利仁。"(《论语·里仁》二)

【译注】孔子说:"不仁的人不能长久地处于穷困之中,也不能长久地处于安乐之中。仁者安于仁的境界(因此无论贫富都能泰然处之),聪明人能利用仁(因为知道仁会带来长远的好处)。"●约:俭约,物质条件匮乏。

1·2·15　(原宪问:)"克、伐、怨、欲不行焉,可以为仁矣?"子曰:"可以为难矣,仁则吾不知也。"(《论

语·宪问》一）

【译注】（孔子的学生原宪问：）"好胜、自夸、怨恨、贪婪这四种毛病都克服了，可以称仁了吧？"孔子说："可以说难能可贵，但若说仁，我还不能同意。" ●克：好胜。伐：自夸。

1·2·16 （孟子曰：）"孔子曰：'道二，仁与不仁而已矣。'暴其民甚，则身弑国亡；不甚，则身危国削，名之曰'幽''厉'。虽孝子慈孙，百世不能改也。《诗》云：'殷鉴不远，在夏后之世。'此之谓也。"（《孟子·离娄上》二）

【译注】（孟子说：）"孔子说：'治理国家的方法无非两种：施仁政、不施仁政罢了。'君主残暴地对待百姓，过了头，就会身死而国亡；不过头，也会使自身危惧、国力削弱，死后被加以'幽''厉'一类的谥号。即使有孝顺的子孙，再过百代也是改换不得。《诗经·大雅·荡》说：'殷商有面镜子，离得并不远，就是前面灭亡的夏朝。'说的就是这个意思啊。" ●弑（shì）：杀，专指臣杀君，子杀父。鉴：镜子。夏后：夏王。

1·3 仁（三）：仁为己任，上下求索

本节所辑语录重在展示先哲求仁的决心，也有对求仁方法的讨论。

1·3·1 曾子曰："士不可以不弘毅，任重而道远。仁以为己任，不亦重乎？死而后已，不亦远乎？"（《论语·泰伯》七）

【译注】曾子（孔子的学生曾参，字子舆）说："士人不可以不刚强果敢，因为他肩上的担子重，前面的路途远。以实行仁德

作为自己的责任，这担子还不重吗？至死方休，这道路还不远吗？"●士：古代的士既是贵族中仅次于大夫的等级，也泛指书生、武士，或作为成年男子的美称，可与"君子"相通。弘毅：坚强果决。

1·3·2　子曰："志士仁人，无求生以害仁，有杀身以成仁。"(《论语·卫灵公》九)

【译注】孔子说："志士仁人不肯因贪生怕死而损害仁，只有豁出性命去成全它！"

1·3·3　子曰："仁远乎哉？我欲仁，斯仁至矣。"(《论语·述而》三〇)

【译注】孔子说："仁离我们远吗？我想要达到仁的境界，它就会来到。"

1·3·4　子曰："道不远人。人之为道而远人，不可以为道。《诗》云：'伐柯伐柯，其则不远。'执柯以伐柯，睨而视之，犹以为远。故君子以人治人，改而止。"(《中庸》第一三章)

【译注】孔子说："道距离人并不远。如果有人行道而远离人，就不可以行道。《诗经·豳风·伐柯》说：'砍削斧柄，砍削斧柄，斧柄的式样就在手上。'攥着斧柄削制斧柄，斜眼就能看到，还认为远。所以说，君子就是按为人的道理来治理人，有错改了就是了。"●柯：斧柄。则：样范。

1·3·5　子张问仁于孔子。孔子曰："能行五者于天下，为仁矣。""请问之。"曰:"恭、宽、信、敏、惠。恭则不侮,宽则得众,信则人任焉,敏则有功,惠则足以使人。"(《论语·阳货》六)

【译注】子张(孔子的学生颛孙师)向孔子讨教什么是仁。孔子说:"能在天下实行五种品德,就达到仁的境界了。"子张问:"请问是哪五种呢?"孔子说:"恭敬、宽厚、诚信、勤敏、慈惠。恭敬就不会受侮辱,宽厚就能获得众人拥护,诚信就会得到任用,勤敏就容易取得功效,慈惠就能役使别人。"◎仁的内容很丰富,由此可见一斑。

1·3·6 子曰:"富与贵,是人之所欲也。不以其道得之,不处也。贫与贱,是人之所恶也。不以其道得之,不去也。君子去仁,恶乎成名?君子无终食之间违仁,造次必于是,颠沛必于是。"(《论语·里仁》五)

【译注】孔子说:"财富与尊贵,是人人都盼望的事,但不用正当的方法获得,君子就不接受。贫穷和卑贱,是人人都讨厌的事,但不用正当的方法去除,君子也绝不回避。君子离开了仁,又如何能成就名声?君子没有一顿饭的工夫离开仁,就是在紧急仓促的情况下,也一定与仁同在,在颠沛流离时,也一定与仁同在。"●恶(wū):怎样。造次:匆忙、仓促。颠沛:受磨难、挫折。

1·3·7 子曰:"里仁为美。择不处仁,焉得知?"(《论语·里仁》一)

【译注】孔子说:"住在仁德之地是最好的。择居却不选仁德之所,怎么算得上聪明呢?"●里:居住。知:同"智"。

1·3·8（孟子曰：）"孔子曰：'里仁为美。择不处仁，焉得知？'夫仁，天之尊爵也，人之安宅也。莫之御而不仁，是不智也。不仁、不智，无礼、无义，人役也。人役而耻为役，由弓人而耻为弓，矢人而耻为矢也。如耻之，莫如为仁。"《孟子·公孙丑上》七）

【译注】（孟子说：）"孔子说：'住在仁德之地是最好的。择居却不选仁德之所，怎么算得上聪明呢？'仁啊，是老天安排的最尊贵的爵位，是人的最安稳的住宅。没人阻挡你，你却不求仁，这是不聪明。不仁、不智，无礼、无义，只能被人奴役。被人奴役又耻于服役，就像造弓的人耻于造弓、造箭的人耻于造箭一样。如果感到耻辱，就不如去行仁。" ●御：拦挡。由：同"犹"。

1·3·9 孟子自范之齐，望见齐王之子，喟然叹曰："居移气，养移体，大哉居乎！夫非尽人之子与？"孟子曰："王子宫室、车马、衣服多与人同，而王子若彼者，其居使之然也；况居天下之广居者乎！"《孟子·尽心上》三六）

【译注】孟子从范城到齐都，远远看见齐国王子，感叹说："居处环境能改变气度，奉养能改变体态。一个人的居处环境真是太重要了！他不也同样是人的儿子吗？"又说："王子的住宅、车马、衣服大多跟别人相同，但王子却有如此风度。是他特殊的居处环境使他变成这样啊。何况居住在'仁'这所普天之下最宽广的住宅里呢！" ●范：地名，在今河南范县一带。喟（kuì）然：叹气貌。广居：这里指仁。◎在孟子的语汇中，"仁"常被比作精神的"广居""安宅"；参见1·6"仁义：仁宅义路，居仁由义"。

1·3·10　子贡问为仁。子曰:"工欲善其事,必先利其器。居是邦也,事其大夫之贤者,友其士之仁者。"(《论语·卫灵公》一〇)

【译注】子贡(孔子的学生端木赐)问如何培养仁德,孔子说:"工匠要做好他的工作,一定要先磨快他的工具。住在这个国家里,到贤明的大夫手下工作,跟士人中的仁者交朋友(这都是培养仁德的好途径)。"

1·3·11　子曰:"君子道者三,我无能焉:仁者不忧,知者不惑,勇者不惧。"子贡曰:"夫子自道也。"(《论语·宪问》二八)

【译注】孔子说:"君子所行之道有三件事,我都没有做到:仁者不忧愁,智者不迷惑,勇者不畏惧。"子贡说:"这正是他老人家对自己的描述啊。"◎另见《论语·子罕》二九:"子曰:知者不惑,仁者不忧,勇者不惧。"

1·3·12　子曰:"好学近乎知,力行近乎仁,知耻近乎勇。"知斯三者,则知所以修身;知所以修身,则知所以治人;知所以治人,则知所以治天下国家矣。(《中庸》第二〇章)

【译注】孔子说:"好学接近于智,努力行善接近于仁,知耻接近于勇。"了解这三者,就知道如何修养自身;知道如何修养自身,就知道如何治理他人;知道如何治理他人,就知道怎样治理天下国家了。◎注意"知"的不同用法。

1·3·13　知、仁、勇三者,天下之达德也。(《中庸》第二〇章)

【译注】智、仁、勇这三种品德，是天下共通行的品德。●达德：通行天下古今的道德。

1·3·14 子曰："有德者必有言，有言者不必有德。仁者必有勇，勇者不必有仁。"（《论语·宪问》四）

【译注】孔子说："有道德的人一定能说出有价值的话，而能说出有价值的话的，不一定有道德。有仁爱的人一定是勇敢的，但勇敢的人不一定有仁爱。"

1·3·15 子贡曰："如有博施于民而能济众，何如？可谓仁乎？"子曰："何事于仁，必也圣乎！尧舜其犹病诸！夫仁者，己欲立而立人，己欲达而达人。能近取譬，可谓仁之方也已。"（《论语·雍也》三〇）

【译注】子贡问孔子："假如有个人广泛地施惠而能周济民众，怎么样？能说做到仁了吗？"孔子说："哪里止于仁呢，已经达到圣的境界了！古代圣贤尧和舜还做不到呢！仁啊，就是自己要立得住，也要让别人立得住；自己要行得通，也要让别人行得通。能够就近找到范例，一步步去做，可以说是实行仁的好方法。"●济：帮助困苦者。病：难，不易。◎学者以为，"己欲立而立人，己欲达而达人"是"忠"的内涵。

1·3·16 子曰："我未见好仁者恶不仁者。好仁者，无以尚之；恶不仁者，其为仁矣，不使不仁者加乎其身。有能一日用其力于仁矣乎？我未见力不足者。盖有之矣，我未之见也。"（《论语·里仁》六）

【译注】孔子说："我没见过喜好仁德的人厌恶不行仁德的人。喜好仁德的人，是无法超越的。厌恶不行仁德的人，他们奉行

仁德的方式，只是不让不仁的东西加在自己身上。（喜好仁德的人不怕这个。）有谁能试着在一天中致力于仁德的吗？我没见过力量不够的。也许有吧？但我没见过。"◎第一句话通常这样断句："我未见好仁者、恶不仁者"，将"好仁者"和"恶不仁者"并列，从句法和义理上，都难以说通。"好仁者"爱一切人，也不排除爱"不仁者"，因此才能达到"无以尚之"的境界。此外，孔子还说过"人而不仁，疾之已甚，乱也"（1·10·5）的话，可参看。

1·3·17　子曰："民之于仁也，甚于水火。水火，吾见蹈而死者矣，未见蹈仁而死者也。"（《论语·卫灵公》三五）

【译注】孔子说："百姓对仁德的需要，比需要水火更紧迫。（不同的是，水火有时还能带来灾难。）我见过奔往水火而死的，还没见过追求仁而死的呢。"

1·3·18　（樊迟）问仁。曰："仁者先难而后获，可谓仁矣。"（《论语·雍也》二二）

【译注】（樊迟）问仁。孔子说："仁者要有难事做在前、有成果收在后，这便可以说是仁了。"◎在此之前，孔子批评了敬鬼神而轻百姓的行为，这里是从为民做事的角度来解释仁。又《论语·颜渊》二一所说的"先事后得"与此相类。

1·3·19　子曰："知及之，仁不能守之，虽得之，必失之。知及之，仁能守之，不庄以莅之，则民不敬。知及之，仁能守之，庄以莅之，动之不以礼，未善也。"（《论语·卫灵公》三三）

【译注】孔子说："凭智力能够得到，仁德却不足以保守它，即

使得到了，也一定会失掉。凭智力能够得到，仁德也足以保守它，却不能态度庄重地治理，百姓也不会尊敬你。凭智力足以得到，仁德也能保守，又能态度庄重地治理，却不能严格按礼法去做，也不能做到最好。"●庄：严肃，端重。莅（lì）：来临，治理。

1·3·20 子曰："由也！女闻六言六蔽矣乎？"对曰："未也。""居，吾语女。好仁不好学，其蔽也愚；好知不好学，其蔽也荡；好信不好学，其蔽也贼；好直不好学，其蔽也绞；好勇不好学，其蔽也乱；好刚不好学，其蔽也狂。"（《论语·阳货》八）

【译注】孔子对学生子路（名仲由）说："仲由啊！你听说过六种品德有六种弊病吗？"子路回答："没听说过。"孔子说："坐下，听我告诉你。喜爱仁德却不喜爱学习，弊病在于愚昧易受骗；喜爱耍小聪明却不喜爱学习，弊病在于放荡无底线；喜爱诚信却不喜爱学习，弊病在于容易受伤害；喜爱直率却不喜爱学习，弊病在于说话易伤人；喜爱勇敢却不喜爱学习，弊病在于容易作乱；喜爱刚强却不喜爱学习，弊病在于胆大妄为。"●言：此处指德。蔽：同"弊"，弊病。居：坐。荡：放荡，无底线。贼：害。绞：出语尖刻。

1·3·21 孟子曰："万物皆备于我矣。反身而诚，乐莫大焉。强恕而行，求仁莫近焉。"（《孟子·尽心上》四）

【译注】孟子说："一切我都具备了。反躬自问，自己是真诚的，这便是无可比拟的快乐。坚定地按照恕道去做，是追求仁德的终南捷径。"●强：勉力。恕：这里指恕道。◎关于恕道，本书1·8"恕：吾道一贯，忠恕而已"还有专门论述。

1·3·22 孟子曰:"仁之胜不仁也,犹水胜火。今之为仁者,犹以一杯水救一车薪之火也;不熄,则谓之水不胜火。此又与于不仁之甚者也,亦终必亡而已矣。"(《孟子·告子上》一八)

【译注】孟子说:"仁能够战胜不仁,就如用水能够灭火。而今行仁的人,犹如拿一杯水去救一车柴燃起的大火;救不灭,就说水不能救火。这又跟那些毫无仁德之心的人一样了,最终连仅有的仁也丧失了。"

1·3·23 孟子曰:"五谷者,种之美者也;苟为不熟,不如荑稗。夫仁,亦在乎熟之而已矣。"(《孟子·告子上》一九)

【译注】孟子说:"五谷是庄稼里最好的品种,但如果籽粒不成熟,反不如稊米和稗子之类。仁德跟这个一样,也在于让它成熟才行。" ●荑(tí)稗(bài):稊稗,两种都是草籽,可以喂牲口。

1·4 仁(四):今昔人物,谁可称仁?

本节辑录孔孟对古今人物的评价。孔子很少用"仁"来称许他人,孟子的标准则稍许宽松些。

1·4·1 微子去之,箕子为之奴,比干谏而死。孔子曰:"殷有三仁焉。"(《论语·微子》一)

【译注】(商纣王无道,)微子出走,箕子被贬为奴,比干因进谏而被杀(三人都为仁付出了代价)。孔子因此说:"殷朝有三

位仁人。"●微子：纣王的同母哥哥。箕子、比干：都是纣王的叔叔。◎纣王无道，三人都曾拼死劝谏，孔子因而以仁相称许。

1·4·2 冉有曰："夫子为卫君乎？"子贡曰："诺。吾将问之。"入，曰："伯夷、叔齐何人也？"曰："古之贤人也。"曰："怨乎？"曰："求仁而得仁，又何怨？"出，曰："夫子不为也。"（《论语·述而》一五）

【译注】冉有（孔子的学生，名求，字子有）问子贡："咱们的老师会赞成卫君吗？"子贡说："好，我去问问。"子贡进去问孔子："伯夷、叔齐是怎样的人？"孔子回答："是古代的贤人。"子贡又问："他们是否（为自己的行为）怨悔呢？"孔子说："他们追求仁德，便得到了仁德，又有什么可怨悔的呢？"子贡出来对冉有说："老师看来不会赞成卫君的。"●为（夫子为卫君乎）：帮助，赞同。伯夷、叔齐：殷朝末年孤竹君的两个儿子。两人曾相互谦让君位，又反对周武王起兵伐纣；后耻食周粟，饿死于首阳山。◎卫君为了争夺权位而父子反目，子贡借问伯夷、叔齐，探明孔子的态度。

1·4·3 子路曰："桓公杀公子纠，召忽死之，管仲不死。"曰："未仁乎？"子曰："桓公九合诸侯，不以兵车，管仲之力也。如其仁！如其仁！"（《论语·宪问》一六）

【译注】子路说："齐桓公杀死哥哥公子纠，召忽为此而自杀，管仲却没有死。"问孔子："管仲够不上仁吧？"孔子回答："齐桓公后来多次纠合诸侯会盟，制止了战争，这都是管仲的力量。这就是他的仁，这就是他的仁啊！"●九合诸侯：齐桓公多次主持诸侯会盟。◎公子纠与齐桓公争君位被杀，作为公子纠的老师，召忽自杀，管仲却做了齐桓公的宰相。子路因而有此一问。

1·4·4　子贡曰:"管仲非仁者与?桓公杀公子纠,不能死,又相之。"子曰:"管仲相桓公,霸诸侯,一匡天下,民到于今受其赐。微管仲,吾其被发左衽矣。岂若匹夫匹妇之为谅也,自经于沟渎而莫之知也?"(《论语·宪问》一七)

【译注】子贡说:"管仲不是仁人吧?齐桓公杀了公子纠,管仲不能殉难,反而去辅佐桓公。"孔子回答:"管仲辅佐桓公,称霸诸侯,匡正天下,百姓至今还享受他的恩赐。假使没有管仲,我们都会披散头发、穿着左开襟的夷狄服装。难道要他像普通百姓那样,守着小诚小信,在山沟里自杀而无人知晓吗?"●匡:匡正。微:没有。被(披)发左衽:北方游牧民族的打扮。谅:小诚小信。自经:自杀。◎此则可与前一则参看。孔子评价一个人,往往能从大处着眼,而原谅他们的个人缺失。此则还可与1·12"信:无信不立,无征不信"参看。

1·4·5　子曰:"回也,其心三月不违仁,其余则日月至焉而已矣。"(《论语·雍也》七)

【译注】孔子说:"颜回(孔子的学生颜渊)啊,他的心能长久不离开仁;别的学生嘛,只是偶然做到仁罢了。"

1·4·6　子张问曰:"令尹子文三仕为令尹,无喜色;三已之,无愠色。旧令尹之政,必以告新令尹。何如?"子曰:"忠矣。"曰:"仁矣乎?"曰:"未知。焉得仁?"(《论语·公冶长》一九)

【译注】子张问:"楚国令尹子文几次被任命为令尹,却没有高兴的神色;又几次被罢免,也没有怨怒的表情。每次罢官

时,都要把自己的政务要领告诉继任者。这个人怎么样?"孔子说:"可以算得上忠了。"子张问:"算不算仁呢?"孔子说:"不知道。这怎么算得上仁呢?" ●令尹:楚国官名,相当于宰相。已:罢免。愠(yùn)色:怨怒不悦之色。◎此则可见,在孔子心目中,"忠"的价值要低于"仁"。

1·4·7 孟武伯问:"子路仁乎?"子曰:"不知也。"又问。子曰:"由也,千乘之国,可使治其赋也,不知其仁也。""求也何如?"子曰:"求也,千室之邑,百乘之家,可使为之宰也,不知其仁也。""赤也何如?"子曰:"赤也,束带立于朝,可使与宾客言也,不知其仁也。"(《论语·公冶长》八)

【译注】鲁国大夫孟武伯问孔子:"子路有仁德吗?"孔子回答:"不知道。"他再问,孔子说:"仲由这个人,到拥有千辆战车的国家,可以让他负责兵赋、军政工作。至于他有没有仁,我就不清楚了。"孟武伯又问:"冉求这个人怎么样?"孔子说:"冉求嘛,如果有千户人口的城邑,百辆战车的大夫封地,可以让他做总管。至于他有没有仁,我就不清楚了。"孟武伯再问:"公西赤又怎样呢?"孔子回答:"公西赤啊,穿上礼服立在朝廷上,可以让他接待宾客。至于他有没有仁,我就不清楚了。"◎这里提到的子路、冉求、公西赤(字子华)都是孔子的学生。由孔子的回答可知,老人家很少拿"仁"来称许人。

1·4·8 曾子曰:"堂堂乎张也,难与并为仁矣。"(《论语·子张》一六)

【译注】曾子说:"子张仪表堂堂,但难以携带别人一同进入仁的境界。" ●堂堂:形容仪容庄重大方。张:子张。◎子张重在

言语形貌，故曾子对他的评价是有保留的。

1·4·9 淳于髡曰："先名实者，为人也；后名实者，自为也。夫子在三卿之中，名实未加于上下而去之，仁者固如此乎？"孟子曰："居下位，不以贤事不肖者，伯夷也；五就汤，五就桀者，伊尹也；不恶污君，不辞小官者，柳下惠也。三子者不同道，其趋一也。一者何也？曰：仁也。君子亦仁而已矣，何必同？"（《孟子·告子下》六）

【译注】淳于髡问："看重名誉功业的，是为了济世救民；轻视名誉功业的，是为了独善其身。您作为齐国三卿之一，名誉功业于君于民都无所建树就离开了，仁人本应是这样的吗？"孟子回答："身处下位的贤人不去侍奉不肖者，那是伯夷。五次去商汤那里，又五次去夏桀那里的，是伊尹。不厌恶昏君，不拒绝微贱职位的，是柳下惠。尽管三人作为不同，但追求却是一致的。这个追求是什么？就是仁。君子只要守住仁就够了，何必做相同的事呢？"● 淳于髡：齐国的学者。名实：名誉和功业实绩。不肖：这里指不贤。汤：商朝的开国贤君。桀：夏朝的末代暴君。伊尹：奴隶出身的商初大臣，关于他"五就汤，五就桀"的说法，显系传说。污君：昏君。柳下惠：鲁国大夫，为人正直，屡遭贬斥，却能安之若素。趋：追求。

1·5 义：义者宜也，舍生取义

"义"是指合乎正义或道德规范，有恰到好处、不偏不倚之意。如尊贤、敬长、为正义挺身而出、有羞耻心等，都是"义"的表现。

孟子尚有"四端"（仁、义、礼、智）之说，认为"义"是良知良能，为人性所固有（参见1·13"性善：良知良能，天然四端"）。此外，孔孟还常将

"义"与"利"对举（见本节1·5·13"君子喻于义，小人喻于利"），其间褒贬，不问可知。

1·5·1 义者，宜也，尊贤为大。（《中庸》第二〇章）

【译注】参见1·1·11。◎"义"训为"宜"，有合宜、合理、恰当之意。

1·5·2 （孟子曰：）"义之实，从兄是也。"（《孟子·离娄上》二七）

【译注】（孟子说：）"义的实在内容，是顺从兄长。"

1·5·3 （孟子曰：）"亲亲，仁也；敬长，义也；无他，达之天下也。"（《孟子·尽心上》一五）

【译注】（孟子说：）"爱父母，就是仁；敬兄长，就是义；这没有别的原因，因为这两种品德（发自人性、）通行天下。"

1·5·4 子曰："君子之于天下也，无适也，无莫也，义之与比。"（《论语·里仁》一〇）

【译注】孔子说："君子对于天下的事，没有一定要做的，也没有一定不要做的。只要合于义，就可以去做。"●适（dí）：可。莫：不可。比：比邻，靠近。◎关于适和莫，还有不同理解，如以适为亲厚，以莫为疏远。

1·5·5 孟子曰："大人者，言不必信，行不必果，惟义所在。"（《孟子·离娄下》一一）

【译注】孟子说："有德行的人，说话不一定句句守信，行为不一定坚持到底，只要符合义就是了。"●果：实现，与预料相合。

1·5·6 子路曰:"君子尚勇乎?"子曰:"君子义以为上。君子有勇而无义为乱,小人有勇而无义为盗。"(《论语·阳货》二三)

【译注】子路问孔子:"君子崇尚勇敢吗?"孔子说:"君子崇尚义。君子有勇无义,就会犯上作乱;小人有勇无义,便要当强盗了!"

1·5·7 子曰:"非其鬼而祭之,谄也。见义不为,无勇也。"(《论语·为政》二四)

【译注】孔子说:"不是自己应祭祀的鬼神,却去祭祀,这是谄媚。见到该挺身而出的事却仙于旁观,这是怯懦。"●鬼:鬼神或祖先都可称鬼。谄(chǎn):谄媚。

1·5·8 子张曰:"士见危致命,见得思义,祭思敬,丧思哀,其可已矣。"(《论语·子张》一)

【译注】子张说:"士面临危局勇于牺牲生命,面对利益考虑取舍要合于义,祭祀时考虑态度要恭敬,居丧时考虑情绪要哀痛,这样做就够格了。"●致命:献出生命。得:利益。◎尚可参看《论语·宪问》一二:"见利思义,见危授命,久要不忘平生之言,亦可以为成人矣。"(3·1·12)

1·5·9 子问公叔文子于公明贾曰:"信乎,夫子不言,不笑,不取乎?"公明贾对曰:"以告者过也,夫子时然后言,人不厌其言;乐然后笑,人不厌其笑;义然后取,人不厌其取。"子曰:"其然?岂其然乎?"(《论语·宪问》一三)

【译注】孔子向公明贾印证有关公叔文子的传闻,说:"听说他

老先生不说话，不笑，也不求取财物，这是真的吗？"公明贾回答："这是传话的人说错了。老先生在应该说话时才说，别人也就不讨厌他说话。在高兴时才笑，别人也就不讨厌他笑。在应该求取的时候才求取，别人也就不讨厌他求取了。"孔子说："原来是这样吗？真的是这样吗？"●公叔文子：卫国大夫。公明贾：卫国人。夫子：此处指公叔文子。以：这。时：适当的时候。

1·5·10　有子曰："信近于义，言可复也。恭近于礼，远耻辱也。因不失其亲，亦可宗也。"（《论语·学而》一三）

【译注】有子说："许诺的话合乎义，便有可能实现。态度恭敬合乎礼仪，就可以远离耻辱。所依靠的人关系亲近，也就十拿九稳了。"●复：实践，履行。因：依靠，凭借。宗：主，可靠。

1·5·11　子曰："君子义以为质，礼以行之，孙以出之，信以成之。君子哉！"（《论语·卫灵公》一八）

【译注】孔子说："君子做事，以义为根本，依礼法推行，谦逊地表达，诚信地完成。这样做，才是真君子啊。"●质：本质，根本。孙：逊，谦逊。出：出言，表达。◎礼的本质是义，言行举止遵礼而行，便是合于义了。

1·5·12　孟子曰："可以取，可以无取，取伤廉；可以与，可以无与，与伤惠；可以死，可以无死，死伤勇。"（《孟子·离娄下》二三）

【译注】孟子说："对于可以拿可以不拿的，拿了有伤于廉洁；对于可以给可以不给的，给了有伤于恩惠；对于可以死可以不

死的,死了有损于勇敢。"●廉:廉洁不贪。与:给予。◎这里所说的三件事,都与"义"相关。

1·5·13 子曰:"君子喻于义,小人喻于利。"(《论语·里仁》一六)

【译注】孔子说:"君子懂得义,小人懂得利。"●喻:懂得,明白。

1·5·14 孟子曰:"鱼,我所欲也;熊掌,亦我所欲也,二者不可得兼,舍鱼而取熊掌者也。生,亦我所欲也;义,亦我所欲也,二者不可得兼,舍生而取义者也。"(《孟子·告子上》一〇)

【译注】孟子说:"鱼是我所喜欢的,熊掌也是我所喜欢的,如果两者不能同时拥有,我会舍掉鱼而取熊掌。生命是我喜欢的,义也是我喜欢的,如果两者不能同时拥有,我宁可舍弃生命也要坚守义。"

1·5·15 (孟子曰:)"生亦我所欲,所欲有甚于生者,故不为苟得也;死亦我所恶,所恶有甚于死者,故患有所不辟也。如使人之所欲莫甚于生,则凡可以得生者,何不用也?使人之所恶莫甚于死者,则凡可以辟患者,何不为也?由是则生而有不用也,由是则可以辟患而有不为也,是故所欲有甚于生者,所恶有甚于死者。非独贤者有是心也,人皆有之,贤者能勿丧耳。"(《孟子·告子上》一〇)

【译注】(孟子说:)"生命也是我所喜爱的,但所喜爱若有超过

生命的，那么我就不会苟且地活；死亡是我所厌憎的，但我厌憎的事若有超过死亡的，那么祸患临头我也不会躲避。如果人们所喜欢的没有超过生命的，那凡是可以求生的方法，有哪个不能用呢？如果人们所厌恶的没有超过死亡的，那么凡是可以避祸的方法，又有哪个不能使呢？（然而有的人，）用此法可以活命，他却不用；用此法可以避祸，他却不做。可见还有比生命更值得喜爱的东西（就是义）；还有比死亡更令人憎恶的东西（就是违背义）。不只是贤能的人有这样的心，一般人也都有，只是贤者从不丢掉罢了。"●苟得：不该得而得，这里指苟活。患：祸患。辟：避。丧：丧失，丢弃。

1·5·16　（孟子曰：）"伊尹耕于有莘之野，而乐尧舜之道焉。非其义也，非其道也，禄之以天下，弗顾也；系马千驷，弗视也。非其义也，非其道也，一介不以与人，一介不以取诸人。"《孟子·万章上》七）

【译注】（孟子说：）"伊尹在莘国的田野里种地，以尧舜之道为乐。如果不合道义，就是把天下财富都送给他，他也不回头看一下；就是把四千匹马系在那儿，他也不看一眼。如果不合道义，他一点也不会给人，一点也不会拿人家的。"●有莘（shēn）：莘，古国名，在今山东曹县一带。禄：俸禄，"禄之以天下"即把天下当俸禄（送给他）。顾：回头看。驷：四匹马为一驷。一介：一点点。◎从"非其义也，非其道也"的句式来看，"义"与"道"是一回事，故译为"道义"。此外，《论语·季氏》一〇有"见得思义"（1·7·3）之说，可以参看。

1·5·17　孟子曰："于不可已而已者，无所不已。于所厚者

薄，无所不薄也。其进锐者，其退速。"（《孟子·尽心上》四四）

【译注】孟子说："对不可停止的工作却停止了，那就没有什么不能停止的了。对于本应当厚待的人而慢待，就没有谁不能慢待的了。前进过猛，后退也快。"●已：停止。锐：快。◎这里说的三件事，都是不合于"义"的举动。

1·5·18 孟子曰："春秋无义战。彼善于此，则有之矣。征者，上伐下也。敌国不相征也。"（《孟子·尽心下》二）

【译注】孟子说："春秋时没有正义战争。那国的君主比这国的好一点，还是有的。征讨这个词的意思是上级讨伐下级，同级别的国家是不能相互征讨的。"◎这里的"义"，可译成"正义"，仍有合理的意思。

1·5·19 子谓子产："有君子之道四焉：其行己也恭，其事上也敬，其养民也惠，其使民也义。"（《论语·公冶长》一六）

【译注】孔子评价子产说："他有四种表现合于君子之道：他自己为人处世恭敬严肃，对待上级敬慎负责，教养百姓广施恩惠，役使百姓合于义理。"●子产：公孙侨的字，是郑国的贤相。

1·6 仁义：仁宅义路，居仁由义

"仁""义"是儒家道德体系的核心价值，二者常常并提。孟子将仁比作心之"安宅"，把义比作人之"正路"；并说人的仁爱之心很容易丢失

（"放其心"），需要人们像寻找丢失的鸡犬那样把它找回来。居于仁宅，行于义路，则人人有望成为君子、圣人。

1·6·1　（孟子曰：）"仁，人之安宅也；义，人之正路也。旷安宅而弗居，舍正路而不由，哀哉！"（《孟子·离娄上》一〇）

【译注】（孟子说：）"仁是人的最安适的住宅，义是人的最正确的道路。空着最安适的住宅不住，舍弃最正确的道路不走，太可悲了！"●旷：空着。

1·6·2　孟子曰："仁，人心也；义，人路也。舍其路而弗由，放其心而不知求，哀哉！人有鸡犬放，则知求之；有放心而不知求。学问之道无他，求其放心而已矣。"（《孟子·告子上》一一）

【译注】孟子说："仁指的是人的心，义指的是人的路。放弃这条路不走，丢失了仁心不知道寻求，太可悲了！人丢了鸡狗，便知道去寻找，有人丢了良心却不知道寻找。学问之道没别的，就是把丢失的良心找回来罢了。"●由：沿此而行。放：放失，丢失。

1·6·3　（孟子曰）："居天下之广居，立天下之正位，行天下之大道；得志，与民由之；不得志，独行其道。富贵不能淫，贫贱不能移，威武不能屈，此之谓大丈夫。"（《孟子·滕文公下》二）

【译注】（孟子说：）"居住在天下最宽敞的住宅——仁中，立在天下最端正的位置——礼上，走着天下最宽阔的大路——义

路。得志时,偕同百姓沿大道前行;不得志时,就独自坚持自己的理念。富贵不能诱惑他,贫贱不能改变他,武力不能让他屈服,这才是大丈夫!" ●淫:摇荡其心。移:改变节操。屈:使屈服。

1·6·4 王子垫问曰:"士何事?"孟子曰:"尚志。"曰:"何谓尚志?"曰:"仁义而已矣。杀一无罪非仁也,非其有而取之非义也。居恶在?仁是也。路恶在?义是也。居仁由义,大人之事备矣。"(《孟子·尽心上》三三)

【译注】王子垫问孟子:"士应该做些什么?"孟子说:"使自己志行高尚。"又问:"什么叫志行高尚?"回答说:"施行仁义罢了。杀掉一个无罪的人,就是不仁,不该自己拥有的却夺取,就是不义。人的精神家园在哪里?仁就是。人的人生道路在哪里?义就是。居住在仁宅中,行走在义路上,仁人君子该做的事全在这里了。" ●王子垫:齐国王子。事(士何事):这里是动词,做事。恶(wū):何处。

1·6·5 孟子曰:"人之所以异于禽兽者几希,庶民去之,君子存之。舜明于庶物,察于人伦,由仁义行,非行仁义也。"(《孟子·离娄下》一九)

【译注】孟子说:"人跟禽兽的区别,只有那么一点儿。老百姓丢弃了这一点儿,君子则保存了这一点儿。舜明了事物的道理,体察人类的伦理,遵循仁义的大道前进,而不是把仁义仅当作治理百姓的手段。" ●几希:不多,一点儿。庶民:百姓。庶物:众物。

1·6·6　子曰："谁能出不由户？何莫由斯道也？"（《论语·雍也》一七）

【译注】孔子说："谁能不经过门而走出屋子？（当然不能。）可为什么没人从仁义这条路上行走呢？"

1·6·7　孟子曰："自暴者，不可与有言也；自弃者，不可与有为也。言非礼义，谓之自暴也；吾身不能居仁由义，谓之自弃也。"（《孟子·离娄上》一〇）

【译注】孟子说："自我残害的人，不能跟他讲道理；自我毁弃的人，不能同他共事。什么是自我残害呢？就是话语违背礼义。什么是自我毁弃呢？就是自身不能居于仁宅、行于义路。"◎这是"自暴自弃"一语的由来。

1·6·8　孟子曰："人皆有所不忍，达之于其所忍，仁也；人皆有所不为，达之于其所为，义也。人能充无欲害人之心，而仁不可胜用也；人能充无穿窬之心，而义不可胜用也；人能充无受尔汝之实，无所往而不为义也。"（《孟子·尽心下》三一）

【译注】孟子说："人都有不忍心干的事，把它扩充到忍心干的事上，（让忍变成不忍，）便是仁。人都有不肯干的事，把它扩充到肯干的事上，（让肯干变成不肯干，）便是义。人能把不想害人的心扩充起来，仁也就用不尽了。人能把不干坏事的心扩充起来，义也就用不尽了。人如果能把不受轻贱的言行举止扩充起来，那无论怎样做都会符合义了。"●穿窬（yú）：挖洞跳墙干坏事。窬，从墙上爬过。尔汝：尔、汝，都是"你"的意思。当面讲话时以"尔""汝"称呼对方，是很不客气的。

◎ "无受尔汝"即不被人轻贱,不被人轻贱取决于你的言行,你的言行符合义,也就不会被人轻贱了。

1·6·9 孟子见梁惠王。王曰:"叟!不远千里而来,亦将有以利吾国乎?"孟子对曰:"王何必曰利?亦有仁义而已矣。王曰:'何以利吾国?'大夫曰:'何以利吾家?'士庶人曰:'何以利吾身?'上下交征利而国危矣。万乘之国弑其君者,必千乘之家;千乘之国弑其君者,必百乘之家。万取千焉,千取百焉,不为不多矣。苟为后义而先利,不夺不餍。未有仁而遗其亲者也,未有义而后其君者也。王亦曰仁义而已矣,何必曰利?"(《孟子·梁惠王上》一)

【译注】孟子谒见梁惠王。惠王说:"老先生!您不辞劳苦千里而来,是要给我国带来利益吧?"孟子回答说:"王何必一开口就说到利益呢?有仁义也就够了。王张口就说:'怎么才能对我的国家有利?'大夫张口就说:'怎么才能对我的家族有利?'一般士人百姓张口就说:'怎么才能对我自身有利?'上下争相追逐利益,国家就危险了。拥有万辆兵车的大国,杀掉国君的一定是有千辆兵车的公卿;拥有千辆兵车的国家,杀掉国君的一定是有着百辆兵车的大夫。在万辆兵车的国家中拥有千辆兵车,在千辆兵车的国家里拥有百辆兵车,这不能算少了。如果把义放在后头、把利放到前头,不继续争夺便永不会满足。反之,从没有这样的事发生:讲仁的人会遗弃他的双亲,讲义的人会怠慢他的君主。所以,王只要讲仁义就行了,何必总把利益放在嘴边呢?" ●梁惠王:魏惠王,公元前370年即位为侯,后将都城自安邑迁到大梁(今开封),并自封为王。叟:老丈。征:取。餍(yàn):满足。

1·6·10（孟子曰：）"公明仪曰：'庖有肥肉，厩有肥马；民有饥色，野有饿莩，此率兽而食人也。'杨墨之道不息，孔子之道不著，是邪说诬民，充塞仁义也。仁义充塞，则率兽食人，人将相食。吾为此惧，闲先圣之道，距杨墨，放淫辞，邪说者不得作。作于其心，害于其事；作于其事，害于其政。圣人复起，不易吾言矣。"(《孟子·滕文公下》九)

【译注】（孟子说：）"公明仪说：'厨房里有肥肉，马棚中有肥马，百姓却面有菜色，田野里躺着饿死的人，这是率领禽兽来吃人啊。'杨朱、墨翟的主张不消除，孔子的主张就不能彰显。这就形成邪说误导百姓、仁义之路被堵塞的局面。仁义之路被堵塞，就等于率领禽兽来吃人，甚至人与人也要相互吞噬了。我为此深深忧惧，因而出来捍卫圣贤之道，对抗杨朱、墨翟，驱除错误言论，使宣扬邪说者不能得逞。这种邪说，产生于心中，便会危害工作；危害工作，就会危害政治。——就是圣人再度出现，也不会反对我这番见解。"●厩(jiù)：马棚。饿莩(piǎo)：饿死的人，莩同"殍"。杨墨：杨朱和墨翟，是两位先秦学者，前者主张"贵生""重己"，拔一毛利天下而不为；后者主张"兼爱"，反对战争。著：彰明昭著。诬民：蒙骗百姓。充塞：阻塞。闲：学习。距：同"拒"，排抵。放：摒弃，驱除。淫辞：邪说。作：起，兴。易：换。

1·7 忠：尽心竭力，善为人谋

"忠"的本义是做事待人尽心竭力、诚恳无私，亦即"己欲立而立人，己欲达而达人"（参见1·3·15）。"忠"既是对待上级的态度，也是对待朋友乃至下属、晚辈的态度。孔孟原典中对"忠"的表述不多，且多出现于"忠恕""忠信"等复合词中。——相关论述尚有前举"居处恭,执事敬,与人忠"(1·2·4)、"教人以善谓之忠"(1·2·10)等。

1·7·1 子以四教:文、行、忠、信。(《论语·述而》二五)

【译注】孔子用四种内容教育学生:历代文献,社会实践,待人做事要尽心,与人交往要守信。

1·7·2 子张问政。子曰:"居之无倦,行之以忠。"(《论语·颜渊》一四)

【译注】子张询问政事。孔子说:"在位不要倦怠,执政要尽心竭力。"

1·7·3 孔子曰:"君子有九思:视思明,听思聪,色思温,貌思恭,言思忠,事思敬,疑思问,忿思难,见得思义。"(《论语·季氏》一〇)

【译注】孔子说:"君子有九种事要考虑:看时要考虑看得明,听时要考虑听得清,脸色要考虑温和,态度要考虑恭敬,建言要考虑尽心,做事要考虑敬业,有疑虑要考虑向人求问,发火要考虑后患,见到可得的利益要考虑是否符合义。"●聪:听觉灵敏。难(nàn):祸患。

1·7·4 曾子曰:"吾日三省吾身:为人谋而不忠乎?与朋友交而不信乎?传不习乎?"(《论语·学而》四)

【译注】曾子说:"我每天多次反省自己:为别人做事没有尽心竭力吗?跟朋友交往不曾诚实守信吗?老师传授的功课没有复习实践吗?"●省(xǐng):省问,反思。习:复习实践。

1·7·5 定公问："君使臣，臣事君，如之何？"孔子对曰："君使臣以礼，臣事君以忠。"（《论语·八佾》一九）

【译注】鲁定公问："君主使用臣下，臣下服侍君主，应当如何做？"孔子说："君主使用臣下要合于礼，臣下服侍君主要尽心竭力。"●定公：鲁国国君。◎孔子认为，"臣事君以忠"不是无条件的，前提是"君使臣以礼"。

1·7·6 季康子问："使民敬、忠以劝，如之何？"子曰："临之以庄，则敬；孝慈，则忠；举善而教不能，则劝。"（《论语·为政》二〇）

【译注】季康子问："要使百姓敬顺、尽心、相互勉励，应当怎样做？"孔子说："你以严肃认真的态度对待百姓，百姓就会敬顺；你孝顺长辈、慈爱幼小，（给百姓做出榜样，）百姓就会尽心竭力；你提拔好人、教导能力低下者，百姓就会相互勉励。"●季康子：鲁国大臣。以（忠以劝）：同"与"。临：对待。举：举荐、提拔。劝：相互勉励。

1·7·7 子曰："爱之，能勿劳乎？忠焉，能勿诲乎？"（《论语·宪问》七）

【译注】孔子说："爱他，能不让他劳苦吗？全心全意待他，能不让他受教育吗？"●劳：使之劳。诲：教诲。◎《国语·鲁语下》说"夫民劳则思，思则善心生；逸则淫，淫则忘善，忘善则恶心生"，可作参考。另有解释，认为"爱"与"忠"的对象是国君，而"诲"有劝谏、诱导义。可译为：爱他，能不为他操劳吗？忠于他，能不对他衷心劝谏吗？

1·7·8 子张问曰:"令尹子文三仕为令尹,无喜色;三已之,无愠色。旧令尹之政,必以告新令尹。何如?"子曰:"忠矣。"曰:"仁矣乎?"曰:"未知。焉得仁?"(《论语·公冶长》一九)

【译注】参见1·4·6。◎待人诚恳,做事尽责,是忠的表现。

1·7·9 (孟子曰:)"有人于此,其待我以横逆,则君子必自反也:我必不仁也,必无礼也,此物奚宜至哉?其自反而仁矣,自反而有礼矣,其横逆由是也,君子必自反也:我必不忠。自反而忠矣,其横逆由是也,君子曰:'此亦妄人也已矣。如此,则与禽兽奚择哉?于禽兽又何难焉?'是故君子有终身之忧,无一朝之患也。"(《孟子·离娄下》二八)

【译注】(孟子说:)"有个人在这里,他对我蛮横无理,那么君子一定要反躬自问:我一定有不仁的地方,我一定有无礼的地方,否则,这种态度又是怎么来的呢?通过反省,我确实行仁,确实有礼,对方的蛮横无理却依然故我。君子一定又会反躬自问:我一定没有尽心尽力。通过反省,我确实尽心尽力,对方的蛮横无理仍旧不改。君子于是说:'这不过是个狂人罢了。既然如此,这又跟禽兽有什么区别?那么我对禽兽又有什么可责难的呢?'因此君子有长久的忧虑,却没有短期的痛苦。"●横逆:待人恶劣无礼。自反:自我反省。奚:何。由:同"犹"。奚择:何异,有何区别。难:责难,责备。

1·7·10 子曰:"主忠信,毋友不如己者,过则勿惮改。"(《论语·子罕》二五)

【译注】孔子说:"以忠诚信实为主,不要跟道德上不如自己的

人过分亲密,有了过错不怕承认、改正。"●毋(wú):不,不要。惮(dàn):怕。◎此则在《论语》中出现两次(另一次在《学而》篇)。以下三则(含本则)是"忠信"连用的例子。"忠信""忠恕"连用时,有时侧重于后者。

1·7·11 是故君子有大道,必忠信以得之,骄泰以失之。(《大学》第一一章)

【译注】因此君子有正道,一定是靠忠诚信实而获取天下,又会因骄奢放纵而失掉它。●骄泰:骄恣放纵。

1·7·12 忠信重禄,所以劝士也。(《中庸》第二〇章)

【译注】竭诚信实地对待士人,颁给他们丰厚的俸禄,这是奖劝士人的原则。●劝:鼓励,劝勉。

1·7·13 子曰:"参乎!吾道一以贯之。"曾子曰:"唯。"子出,门人问曰:"何谓也?"曾子曰:"夫子之道,忠恕而已矣。"(《论语·里仁》一五)

【译注】孔子说:"曾参呀,我们的学说贯穿着一个根本理念。"曾参回答:"是了。"孔子出门去,别的学生问曾子:"先生说的什么意思呢?"曾子说:"先生的学说不过是忠恕罢了。"●贯:贯穿。唯:应答语,表同意。◎这是"忠恕"连用的例子。朱熹说:"尽己之谓忠,推己之谓恕。"这对理解"忠"与"恕"的内涵及关系,有参考价值。

1·8 恕:吾道一贯,忠恕而已

"恕"本义为原谅、宽容,在孔孟思想中突出其推己及人之义,即"己所不欲，勿施于人"。恕常与忠连用，表达设身处地理解、体贴他人。孔子认为忠、恕是通向仁的方法、路径。——相关论述尚有前举"强恕而行，求仁莫近焉"（1·3·21）等。

1·8·1　子贡问曰："有一言而可以终身行之者乎？"子曰："其'恕'乎！己所不欲，勿施于人。"（《论语·卫灵公》二四）

【译注】孔子的学生子贡问："有没有一句话可以奉行一辈子的呢？"孔子回答："那应该是'恕'吧！自己不想承受的事，就不要施加到别人身上。"

1·8·2　子曰："参乎！吾道一以贯之。"曾子曰："唯。"子出，门人问曰："何谓也？"曾子曰："夫子之道，忠恕而已矣。"（《论语·里仁》一五）

【译注】参见1·7·13。

1·8·3　子曰："赐也，女以予为多学而识之者与？"对曰："然。非与？"曰："非也，予一以贯之。"（《论语·卫灵公》三）

【译注】孔子说："端木赐（子贡），你认为我是杂学旁收又能记得牢的人吗？"子贡回答："是啊，难道不是吗？"孔子说："不是的，我的学问中有一个理念贯穿始终（，就是忠恕）。"●女：同"汝"，你。予：我。识（zhì）：记。

1·8·4　仲弓问仁。子曰："出门如见大宾，使民如承大祭。己所不欲，勿施于人。在邦无怨，在家无怨。"仲

弓曰:"雍虽不敏,请事斯语矣。"(《论语·颜渊》二)

【译注】参见1·2·3。◎仲弓问仁,孔子回答"己所不欲,勿施于人",可见"仁"和"恕"是相互表里的,恕是达到仁的方法途径。

1·8·5　子曰:"忠恕违道不远。施诸己而不愿,亦勿施于人。君子之道四,丘未能一焉。所求乎子以事父,未能也;所求乎臣以事君,未能也;所求乎弟以事兄,未能也;所求乎朋友先施之,未能也。庸德之行,庸言之谨,有所不足,不敢不勉。有余不敢尽;言顾行,行顾言,君子胡不慥慥尔?"(《中庸》第一三章)

【译注】孔子说:"一个人能做到忠恕,离道就不远了。所谓忠恕,就是自己不愿意承受的事,也不要强加于人。君子之道有四种表现,我孔丘一样也未做到:用要求儿子侍奉父亲的标准来对待自己的父亲,我没做到;用要求臣子服侍君主的标准来对待自己的君主,我没做到;用要求弟弟尊重兄长的标准来对待自己的兄长,我没做到;用要求朋友的标准来对待朋友,自己应该先做到的,我也没做到。平常的道德实践,平常的言辞慎重,也都有所不足,因此不敢不努力奉行。讲话要留有余地,不要说得太满;言论要符合自己的行为,行为也要符合自己的言论,这样做,君子怎么会不忠厚诚实呢?"●庸:平常。顾:顾念,注意。胡:何。慥(zào)慥:忠厚诚实貌。

1·8·6　子贡曰:"我不欲人之加诸我也,吾亦欲无加诸人。"子曰:"赐也,非尔所及也。"(《论语·公冶长》一二)

【译注】子贡说:"我不想让别人欺侮我,我也不想欺侮别人。"孔子说:"端木赐啊,这可不是你能做到的。"●诸:之于。

1·8·7 所恶于上，毋以使下；所恶于下，毋以事上；所恶于前，毋以先后；所恶于后，毋以从前；所恶于右，毋以交于左；所恶于左，毋以交于右。此之谓絜矩之道。(《大学》第一一章)

【译注】厌恶上司的某些作为，就不要这样去对待下属；厌恶下属的某些作为，就不要这样去对待上司；厌恶前面人的某些作为，就不要这样去对待后面的人；厌恶后面人的某些作为，就不要这样对待前面的人；厌恶右面人的某些作为，就不要这样去对待左面的人；厌恶左面人的某些作为，就不要这样去对待右面的人。这就是所谓君子推己及人的"絜矩之道"。●恶(wù)：厌恶。絜(xié)矩：规范，法度。◎"絜矩之道"是儒家的伦理思想之一，即以推己及人的标准来处理人际关系的法则。

1·8·8 尧、舜帅天下以仁，而民从之；桀、纣帅天下以暴，而民从之。其所令反其所好，而民不从。是故君子有诸己而后求诸人，无诸己而后非诸人。所藏乎身不恕，而能喻诸人者，未之有也。(《大学》第一〇章)

【译注】圣君尧、舜用仁爱来统率天下，百姓都跟着学仁爱。暴君桀、纣以暴政统领天下，百姓都跟着变凶暴。如果君主的命令跟他的好尚相反(如自己残暴却要求百姓仁爱之类)，百姓是不会顺从的。因而君子总是自己做到了，然后才去要求别人；自己没有这样的缺点不足，然后才去责备别人。如果自己内心没有推己及人的恕道，却能让别人明白事理，那是从未有过的事。●帅：率领。非：非难，责备。喻：晓喻，使人明白。

1·8·9 (孟子曰：)"老吾老，以及人之老；幼吾幼，以及人之幼，天下可运于掌。《诗》云：'刑于寡妻，至于兄弟，以御于家邦。'言举斯心加诸彼而已。故推恩足以保四海，不推恩无以保妻子。古之人所以大过人者，无他焉，善推其所为而已矣。今恩足以及禽兽，而功不至于百姓者，独何与？"（《孟子·梁惠王上》八）

【译注】（孟子说：）"尊敬自家老人，也推广到尊敬别人家的老人；爱护自家孩子，也推广到爱护别人家的孩子。这样做，治理天下就像在手心里摆弄玩意儿一样容易了。《诗经·大雅·思齐》说：'先给妻子做表率，再扩展至兄弟，更推广到家族封邑。'说的就是把自己的仁心施展于大家而已。由此可知，施恩惠则足以安抚四海，不施恩惠则连妻儿都难保。古代圣贤所以能远远超过常人，没别的，就是善于推广仁心的缘故。如今您的恩惠足以施及鸟兽，但功利却不能让百姓沾光，又是为了什么呢？" ●老：做动词，意为尊敬（老人）。幼：做动词，意为爱护（孩子）。刑：同"型"，示范。寡妻：嫡妻。御：统御。推恩：推广恩德。

1·8·10 子曰："伯夷、叔齐不念旧恶，怨是用希。"（《论语·公冶长》二三）

【译注】孔子说："伯夷、叔齐不记旧仇，因而很少有人怨恨他们。" ●用：因而。希：稀，少。◎"不念旧恶"也是恕的表现。

1·8·11 哀公问社于宰我。宰我对曰："夏后氏以松，殷人以柏，周人以栗，曰，使民战栗。"子闻之，曰："成事不说，遂事不谏，既往不咎。"（《论语·八佾》二一）

【译注】鲁哀公向宰我（孔子的学生宰予，字子我）问做社主

用什么木头。宰我回答:"夏代用松木,殷代用柏木,周代用栗木——意思是让百姓战栗。"孔子听了说:"已经做了的事就不用再解释,已完成的事就不必再挽救,已经过去的事就不必再追责。"●社:这里指社主,即土地神的牌位。栗:战栗。说:解释,说明。遂事:已经完成的事。谏(jiàn):规劝。这里有匡救的意思。咎:怪罪。◎这是孔子责备宰我乱说话,但又表示既往不咎。也有学者认为,孔子同意宰我的说法,但又偏袒周朝,认为不要再算周初暴力夺权、暴力施治的那笔账。

1·8·12 子夏之门人问交于子张。子张曰:"子夏云何?"对曰:"子夏曰:'可者与之,其不可者拒之。'"子张曰:"异乎吾所闻:君子尊贤而容众,嘉善而矜不能。我之大贤与,于人何所不容?我之不贤与,人将拒我,如之何其拒人也?"(《论语·子张》三)

【译注】子夏(孔子的学生,名卜商)的学生向子张请教如何交友。子张先问:"子夏怎么说?"回答说:"子夏说:'可以结交的就交往,不可结交的就拒绝。'"子张说:"这跟我听说的不一样。应该是:君子尊重贤者,同时也接纳普通人。称赏好的,也怜惜无能的。我是大贤,又对什么样的不能容纳呢?我不贤,别人自会拒绝我,我又怎么能拒绝别人呢?"●嘉:称赏,鼓励。矜:同情,怜惜。◎在子张的回答中,处处从自己的角度来设想对方,深得恕道精神。此则还可与"我未见好仁者恶不仁者"(1·3·16)参读。

1·8·13 互乡难与言,童子见,门人惑。子曰:"与其进也,不与其退也,唯何甚? 人洁己以进,与其洁也,不保其往也。"(《论语·述而》二九)

【译注】互乡那地方的人难与交谈。有个童子却得到孔子的接见，孔子的学生们很疑惑。孔子说："鼓励他们的进步，不鼓励他们的退步，何必做得太过？有人把自己搞得干干净净来见你，我们赞赏他的清洁，却不必纠缠他们以前的缺失。"●互乡：地名，所在不详。与：赞许。洁己：洁身自好，修身。◎恕本身有宽容、宽恕之义，于此则可见。

1·9 智：知人成物，智者不惑

"知"做名词，读zhī，意为知识；做形容词，读zhì，同"智"，意为智慧、聪明；此外还有知道、了解之意，读zhī，是动词用法。孔子重视"知（智）"，多次把它与"仁""勇"并提，提倡一种老老实实的求知态度。

相关论述尚有"知者无不知也，当务之为急"（1·1·15）、"知者乐水，仁者乐山"（1·2·11）、"仁者安仁，知者利仁"（1·2·14）、"择不处仁，焉得知"（1·3·7）、"知者不惑"（1·3·11）、"好学近乎知"（1·3·12）、"天下之达德也"（1·3·13）、"知及之，仁不能守之，虽得之，必失之"（1·3·19）、"好知不好学，其蔽也荡"（1·3·20）、"是非之心，智之端也"（1·13·4）、"恶徼以为知者"（3·15·3）等。

1·9·1 子曰："由，诲女知之乎？知之为知之，不知为不知，是知也。"（《论语·为政》一七）

【译注】孔子对子路说："仲由，教你的内容都知道了吧？知道就是知道，不知道就是不知道，这才是真正的聪明。"◎本则中出现多个"知"，用法不同，可注意分辨。

1·9·2 子曰："吾有知乎哉？无知也。有鄙夫问于我，空空如也。我叩其两端而竭焉。"（《论语·子罕》八）

【译注】孔子说:"我有知识吗?没有啊。有个粗人向我请教,我对他的问题一无所知。于是我从问题的两头去盘问,然后把我的理解无保留地告诉他。"●鄙夫:粗鄙的人。空空如:一无所知的样子。叩:问。竭:穷尽。

1·9·3 子曰:"道之不行也,我知之矣。知者过之,愚者不及也。道之不明也,我知之矣。贤者过之,不肖者不及也。人莫不饮食,鲜能知味也。"(《中庸》第四章)

【译注】孔子说:"中庸之道不能推行的原因,我知道了。智者总是理解过头,愚者又总是不到位。中庸之道不能彰明的原因,我知道了。贤者总是做过了,不贤者又总是达不到。人没有不吃饭的,但真正能品出滋味的却不多。"●这里的"道"指中庸之道。◎关于中庸之道,本书5·6"中庸之道,过犹不及"还有专门讨论。

1·9·4 子曰:"宁武子,邦有道,则知;邦无道,则愚。其知可及也,其愚不可及也。"(《论语·公冶长》二一)

【译注】孔子说:"宁武子这个人,国家政治清明时,他就表现出聪明来;国家政治混浊,他就装傻。他的聪明别人赶得上,他装傻,别人可学不来。"●宁武子:卫国大夫。及:赶上。

1·9·5 子曰:"可与言而不与之言,失人;不可与言而与之言,失言。知者不失人,亦不失言。"(《论语·卫灵公》八)

【译注】孔子说:"可以同他交谈却不去同他交谈,这是错失人才;不应同他交谈却同他交谈,这是浪费言辞。智者既不错失

人才,也不浪费言辞。"

1·9·6 樊迟问知。子曰:"务民之义,敬鬼神而远之,可谓知矣。"(《论语·雍也》二二)

【译注】樊迟向孔子请教智。孔子说:"专注于为百姓做合乎义理的事;敬重鬼神,但离它们远点,这就可以称为智了。"●远(yuàn):疏远,远离。

1·9·7 (樊迟)问知。子曰:"知人。"樊迟未达。子曰:"举直错诸枉,能使枉者直。"……子夏曰:"富哉言乎!舜有天下,选于众,举皋陶,不仁者远矣。汤有天下,选于众,举伊尹,不仁者远矣。"(《论语·颜渊》二二)

【译注】(樊迟)向孔子请教智。孔子说:"善于鉴别人。"樊迟没有理解透。孔子说:"把正直的人提拔起来,置于不正直的人之上,这样做就能使不正直者也变得正直。"……子夏说:"这话真是含义丰富啊!舜有了天下,从众人中把皋陶选拔出来,不仁者就远离了。汤得了天下,从众人中把伊尹选拔出来,不仁者也都远离了。(就是这个意思啊。)"●错:措,放置。枉:屈曲,不直。皋陶(Gāoyáo):传说中虞舜时代的司法官。◎孔子在《为政》中也提到这一观点,参见6·3·1。

1·9·8 子曰:"臧文仲居蔡,山节藻棁,何如其知也?"(《论语·公冶长》一八)

【译注】孔子说:"臧文仲为大龟盖了房子,斗拱彩绘,十分考究,他的智慧怎么样?"●臧文仲:鲁国大夫。居:安置。蔡:

一种大龟。山节藻棁（zhuō）：山形的斗拱，绘着藻草花纹的梁上短柱。

1·9·9 子曰："人皆曰予知。驱而纳诸罟擭陷阱之中，而莫之知辟也。人皆曰予知，择乎中庸而不能期月守也。"（《中庸》第七章）

【译注】孔子说："人们都说自己聪明，但驱赶他们进入网罗陷阱，却没人知道躲避。人们都说自己聪明，但选择了中庸之道，却连一个月也坚持不下来。"●罟（gǔ）：网。擭（huò）：捕兽之具。辟：避。期（jī）月：一个月。

1·9·10 子曰："唯上智与下愚不移。"（《论语·阳货》三）

【译注】孔子说："只有特别聪明的和特别愚笨的是难以改变的。"◎有人解释说，"上智"是指"生而知之者"，"下愚"是指"困而不学者"。孔子认为自己不是"生而知之者"，参见4·1·6。

1·9·11 诚者，非自成己而已也，所以成物也。成己，仁也；成物，知也。性之德也，合内外之道也。故时措之宜也。（《中庸》第二五章）

【译注】诚，并非自我完善就罢了，还要以诚来完善外物。自我完善是仁，完善外物是智。仁和智都是出于本性的德行，是融合自身与外物的不二法门，因此适时施行，无往不宜。●时：适时。措：施行。

1·9·12 孟子曰："仁之实，事亲是也；义之实，从兄是也；智之实，知斯二者弗去是也；礼之实，节文斯二者是也；乐之实，乐斯二者，乐则生矣；生则恶可已也，恶可已，则不知足之蹈之手之舞之。"（《孟子·离娄上》二七）

【译注】孟子说："仁的主要内容是侍奉父母，义的主要内容是顺从兄长，智的主要内容是明白这两者的道理而不背离；礼的主要内容是对这两者进行调节、修饰；乐的主要内容是喜欢这两者，于是快乐就产生出来。快乐一旦产生，又怎么能停下来？不能停下来，于是不知不觉（随着音乐节拍）手舞足蹈起来。"●乐："乐之实"的"乐"读yuè，音乐，是名词。"乐斯二者"的"乐"读yào，喜欢，以此为乐，是动词。"乐则生矣"的"乐"为快乐，形容词。节文：调节、修饰。

1·9·13 （孟子曰：）"……昔者子贡问于孔子曰：'夫子圣矣乎？'孔子曰：'圣则吾不能，我学不厌而教不倦也。'子贡曰：'学不厌，智也；教不倦，仁也。仁且智，夫子既圣矣。'"（《孟子·公孙丑上》二）

【译注】（孟子说：）"……当年子贡问孔子：'先生是圣人吧？'孔子说：'圣人我还做不到，我只是学习不知满足，教人不知疲倦罢了。'子贡说：'学习不知满足，是智的表现；教人不知疲倦，是仁的表现。既仁又智，先生已经是圣人了。'"

1·9·14 孟子曰："爱人不亲，反其仁；治人不治，反其智；礼人不答，反其敬。行有不得者皆反求诸己，其身正而天下归之。《诗》云：'永言配命，自求多福。'"（《孟子·离娄上》四）

【译注】孟子说:"爱别人,别人不亲近你,就要反问自己:是我不够仁爱吗?治理别人但效果不佳,就要反问自己:是我智慧不足吗?礼貌待人,别人却不能礼貌回应,就要反问自己:是我不够恭敬吗?任何行为如果没得到预期效果,都要反过来检查自己。自己行端言正,天下的人才会归附于你。《诗经·大雅·文王》说:'与天命相配才能永恒,幸福全靠自己寻求。'" ●反:反思,反省。配命:与天意相配。

1·9·15 孟子曰:"天下之言性也,则故而已矣。故者以利为本。所恶于智者,为其凿也。如智者若禹之行水也,则无恶于智矣。禹之行水也,行其所无事也。如智者亦行其所无事,则智亦大矣。天之高也,星辰之远也,苟求其故,千岁之日至,可坐而致也。"(《孟子·离娄下》二六)

【译注】孟子说:"天下人讨论物性或人性,只要找到规律就是了。那规律就是以顺其自然为根本。我们讨厌耍小聪明的,就因为他总是穿凿。如果智者像大禹治水那样,也就不必厌恶他的聪明了。大禹治水,好像无所作为,(实则是因势利导,顺其自然。)如果智者也都这样无所作为、顺其自然,这就是最大的智慧!天极高,星辰极远,只要求得其规律,就是千年以后的夏至冬至,也可以坐着推算出来呢。" ●故:所以然,规律。利:顺。凿:穿凿。日至:夏至,冬至。◎孟子认为最大的智慧是掌握并顺应自然规律。

1·9·16 (孟子曰:)"昔者有馈生鱼于郑子产,子产使校人畜之池。校人烹之,反命曰:'始舍之,圉圉焉;少则洋洋焉,攸然而逝。'子产曰:'得其所哉!得其所哉!'校人出,曰:'孰谓子产智?予既烹而食之,曰:得其所哉,得其所哉。'——故君子可欺以其方,难罔以非其道。"(《孟子·万章上》二)

【译注】(孟子说:)"从前有个人把一条活鱼送给郑相子产,子产让小吏把鱼养到池塘里。小吏却把鱼煮着吃了,回报说:'刚把它放到池塘里,它还是半死不活的,不一会儿就活动起来,突然间就不知游到什么地方去了。'子产说:'它得到了好地方啊,得到了好地方啊!'小吏出来说:'谁说子产聪明?我已把鱼煮着吃了,他还说得了好地方啊,得了好地方啊!'——所以说,对待君子,可以用合乎情理的方式欺骗他,却难以用违反情理的方式去迷惑他。"●馈(kuì):送。校人:主管池塘的小吏。反命:回报。舍:放。圉(yǔ)圉:困而未舒貌。洋洋:舒缓摇尾貌。方:方法,这里指合于情理的方式。罔:迷惑,愚弄。

1·10 勇:见义勇为,无礼则乱

"勇"即勇敢,有胆量。孔子常将"知(智)、仁、勇"并提(1·3·13),但又对"勇"持保留态度,一方面认为"见义不为,无勇也"(1·5·7),另一方面又指出"勇而无礼则乱"(1·10·4)。孟子也不鼓励"匹夫之勇"。本节在谈勇时,捎带也收入谈"刚""强"的语录。

相关论述尚有"勇者不惧"(1·3·11)、"知耻近乎勇"(1·3·12)、"仁者必有勇"(1·3·14)、"好勇不好学,其蔽也乱"(1·3·20)、"君子有勇而无义为乱"(1·5·6)、"恶勇而无礼者"(3·15·3)等。

1·10·1 子曰:"知者不惑,仁者不忧,勇者不惧。"(《论语·子罕》二九)

【译注】孔子多次将"智(知)、仁、勇"并提,参见1·3·11、1·3·12、1·3·13。

1·10·2 子曰:"道不行,乘桴浮于海。从我者,其由与?"子路闻之喜。子曰:"由也好勇过我,无所取材。"
(《论语·公冶长》七)

【译注】孔子说:"如果我的主张不能推行,我就坐着木筏到海外去。能跟随我的,大概只有仲由(子路)吧?"子路听了很高兴。孔子又说:"仲由好勇,超过了我,这就不可取了。"●桴(fú):木筏。材:同"哉",语气词。◎孔子倡导中庸,认为过犹不及,因此认为子路"好勇过我"是缺点。另外,关于"无所取材"还有几种理解:一、把材理解为"裁",是说子路无法裁度事理;二、把材解释为"材",是说无法得到造木筏的木材。

1·10·3 子路曰:"子行三军,则谁与?"子曰:"暴虎冯河,死而无悔者,吾不与也。必也临事而惧,好谋而成者也。"(《论语·述而》一一)

【译注】子路问:"老师若统率三军,跟谁共事?"孔子说:"空手打虎、弃船渡河,死了还不知悔悟,这种人我不能跟他共事。一定要找面临重任心怀畏惧、喜欢思考以成大事的人。"●与:偕同,共事。暴虎冯(píng)河:空手打虎,无船涉河。◎子路有勇无谋,孔子所以说了这样的话。

1·10·4 (子曰:)"勇而无礼则乱。"(《论语·泰伯》二)

【译注】(孔子说:)"一味勇猛却不遵礼节,就会导致祸乱。"

1·10·5 子曰:"好勇疾贫,乱也。人而不仁,疾之已甚,乱也。"(《论语·泰伯》一〇)

【译注】孔子说:"自恃勇敢却又不安于贫困的,必定导致祸乱。对不仁者恨得过头的,也必定导致祸乱。"●疾:恨。

1·10·6 (孟子曰:)"昔者曾子谓子襄曰:'子好勇乎?吾尝闻大勇于夫子矣:自反而不缩,虽褐宽博,吾不惴焉;自反而缩,虽千万人,吾往矣!'"(《孟子·公孙丑上》二)

【译注】(孟子说:)"从前曾子对子襄说:'你喜欢勇敢吗?我曾从孔老师那里听说过什么是大勇:就是自问如果是不义之事,即便是卑贱者,我也不去恐吓他;自问如果是正义的,即使面对千军万马,我也勇往直前、毫不畏缩!'"●子襄:曾参弟子。缩:直,引申为正义。褐宽博:即褐夫,是指穿麻布衣的下等人。惴(zhuì):忧惧。这里有恐吓意。

1·10·7 (齐宣王曰:)"……寡人有疾,寡人好勇。"对曰:"王请无好小勇。夫抚剑疾视曰,'彼恶敢当我哉!'此匹夫之勇,敌一人者也。王请大之!《诗》云:'王赫斯怒,爰整其旅,以遏徂莒,以笃周祜,以对于天下。'此文王之勇也。文王一怒而安天下之民。《书》曰:'天降下民,作之君,作之师,惟曰其助上帝宠之。四方有罪无罪惟我在,天下曷敢有越厥志?'一人衡行于天下,武王耻之。此武王之勇也。而武王亦一怒而安天下之民。今王亦一怒而安天下之民,民惟恐王之不好勇也。"(《孟子·梁惠王下》三)

【译注】(孟子去见齐宣王,两人谈论国与国的交往之道。齐宣

王说:)"……我有个毛病,我喜爱勇武。"孟子回答:"(这也不算毛病,)希望王不要喜爱小勇。有人按着剑瞪着眼说:'他怎么敢拦挡我呢!'这是个人的小勇,只能对付一个人。希望王能把它扩大起来。《诗经·大雅·皇矣》说:'文王勃然大怒,整顿军队,前去阻击侵略莒国之敌,增强周朝的福祉,以报答天下百姓的期望。'这是文王式的勇武。文王一旦发怒,天下万民得以安定。《尚书·泰誓》说:'老天生下万民,也为万民安排了君主和老师。叮嘱他们辅助上帝、爱护万民。四方有罪的我来征讨、无罪的我来保护,天下谁敢超越本分胡作非为?'纣王横行天下,武王引以为耻(发兵讨伐),这是武王式的勇武。武王一旦发怒,天下万民得以安定。如今王若也一怒而安天下万民,百姓唯恐王不喜欢勇武呢!" ● 疾视:怒视。恶(wū):何。当:阻挡。赫:盛怒貌。爰(yuán):于是。遏:阻止。徂(cú):往。莒(Jǔ):地名,今山东莒县。笃(dǔ):加厚。祜(hù):福。曷(hé):何。厥:其。一人:这里指商纣王。衡行:横行。

1·10·8 子曰:"吾未见刚者。"或对曰:"申枨。"子曰:"枨也欲,焉得刚?"(《论语·公冶长》一一)

【译注】孔子说:"我没见过真正的刚毅之人。"有人回答:"申枨就是一位。"孔子说:"申枨是欲望多多,哪里称得上刚毅呢?" ● 申枨(chéng):孔子的学生申党。

1·10·9 孔子曰:"君子有三戒:少之时,血气未定,戒之在色;及其壮也,血气方刚,戒之在斗;及其老也,血气既衰,戒之在得。"(《论语·季氏》七)

【译注】孔子说:"君子有三件事应当警戒:年轻时,血气未

定，要警戒放纵情欲；到了壮年，血气正盛，要警戒赌气争斗；到了老年，血气已衰，要警戒贪得无厌。"●得：获取。这里指贪得无厌。

1·10·10　子路问强。子曰："南方之强与？北方之强与？抑而强与？宽柔以教，不报无道，南方之强也，君子居之。衽金革，死而不厌，北方之强也，而强者居之。故君子和而不流，强哉矫！中立而不倚，强哉矫！国有道，不变塞焉，强哉矫！国无道，至死不变，强哉矫！"（《中庸》第一〇章）

【译注】子路问什么是强。孔子说："你问的是南方的强呢，还是北方的强呢，抑或是你自认为的强呢？用宽容柔和的精神去教育人，人家对我蛮横无理也不报复，这是南方的强，君子便具有这种强。坐卧不离兵甲，死而后已，这是北方的强，勇武好斗的人就具有这种强。所以，君子和顺而不随波逐流，这才是真强啊！保持中立而不偏不倚，这才是真强啊！国家政治清平时不改变志向，这才是真强啊！国家政治黑暗时坚持操守、宁死不变，这才是真强啊！"●抑：或者。而（抑而强与）：同"尔"，你。衽（rèn）：卧席。强哉矫：强者貌。

1·11　耻：行己有耻，知耻近勇

"耻"即耻辱感、羞恶心。孟子认为羞耻心植根于人的本性，是"义之端"；"无羞恶之心，非人也"（1·13·4）。人有耻辱感，方能由此产生出雪耻的勇气，故孔子说"知耻近乎勇"（1·3·12）。

1·11·1　子贡问曰："何如斯可谓之士矣？"子曰："行己有

耻,使于四方,不辱君命,可谓士矣。"曰:"敢问其次。"曰:"宗族称孝焉,乡党称弟焉。"曰:"敢问其次。"曰:"言必信,行必果,硜硜然小人哉!抑亦可以为次矣。"曰:"今之从政者何如?"子曰:"噫!斗筲之人,何足算也?"(《论语·子路》二〇)

【译注】子贡问:"怎样做才可以称得上士呢?"孔子回答:"自己立身行事有羞耻感,出使外国,可以很好地完成使命,这便可以称得上士了。"子贡问:"请问次一等的呢?"孔子说:"宗族都称赞他孝顺父母,乡亲都称赞他尊敬兄长。"子贡再问:"请问更次一等的。"孔子回答:"说话一定信实,做事一定果决,这是不问是非、只管贯彻言行的下等人。但也可以说是再次一等的士了。"子贡再问:"当今的执政者怎么样?"孔子说:"咳!这帮器识狭小的家伙,不值一提!" ●乡党:古代五百家为党,一万二千五百家为乡,合称乡党。这里指乡亲。弟(tì):同"悌",指敬顺兄长。硜(kēng)硜然:语言确实。斗筲(shāo):斗是古代量名,筲是能容五升的饭篮。这里形容见识狭小。

1·11·2 子曰:"巧言、令色、足恭,左丘明耻之,丘亦耻之。匿怨而友其人,左丘明耻之,丘亦耻之。"
(《论语·公冶长》二五)

【译注】孔子说:"花言巧语、表情伪善、过于恭顺,左丘明认为可耻,我也认为可耻。掩藏着内心的怨恨,表面与对方友善,左丘明认为可耻,我也认为可耻。" ●巧言、令色:本指好的言语和表情,这里有为取悦于人故意作态的意思。左丘明:《左传》作者,也有人认为是同名者。匿(nì):掩藏。

1·11·3　有子曰:"信近于义,言可复也。恭近于礼,远耻辱也。因不失其亲,亦可宗也。"《论语·学而》一三)

【译注】参见1·5·10。

1·11·4　子曰:"古者言之不出,耻躬之不逮也。"(《论语·里仁》二二)

【译注】孔子说:"古人的话不轻易说出口,因为耻于自己的行动跟不上。"●躬:身体。逮:及,赶上。

1·11·5　子曰:"君子耻其言之过其行。"(《论语·宪问》二七)

【译注】孔子说:"君子以说得多做得少为羞耻。"◎可与《孟子·离娄下》一八"故声闻过情,君子耻之"(4·3·27)参看。

1·11·6　(子曰:)"天下有道则见,无道则隐。邦有道,贫且贱焉,耻也。邦无道,富且贵焉,耻也。"(《论语·泰伯》一三)

【译注】(孔子说:)"天下太平就显身扬名,不太平就埋名隐居。国家政治清明却甘于贫贱,这是耻辱;国家政治混沌仍追求富贵,同样是耻辱。"●见(xiàn):同"现"。

1·11·7　宪问耻。子曰:"邦有道,谷;邦无道,谷,耻也。"(《论语·宪问》一)

【译注】原宪问如何是耻辱。孔子说:"国家政治清明,可以做官领俸禄;如果国家政治混沌,仍旧做官领俸禄,那就是耻

辱。"●谷：这里指官员的俸禄。

1·11·8　孟子曰："人不可以无耻，无耻之耻，无耻矣。"
（《孟子·尽心上》六）

【译注】孟子说："人不可以没有羞耻，不知羞耻的羞耻，是真正的无耻！"

1·11·9　孟子曰："耻之于人大矣，为机变之巧者，无所用耻焉。不耻不若人，何若人有？"（《孟子·尽心上》七）

【译注】孟子说："羞耻心对于人来说关系重大，那些投机取巧的人，没地方用得上他们的羞耻心。不以落后他人为耻，又怎能赶得上他人？"

1·11·10　（孟子曰：）"位卑而言高，罪也；立乎人之本朝，而道不行，耻也。"（《孟子·万章下》五）

【译注】（孟子说：）"地位低下而议论国事，这是罪过；立于朝廷做官，自己的正确主张却得不到推行，这是耻辱。"

1·11·11　子曰："道之以政，齐之以刑，民免而无耻；道之以德，齐之以礼，有耻且格。"（《论语·为政》三）

【译注】孔子说："用政令去指导百姓，用刑罚去规范百姓，百姓可以暂时免于犯罪，却没有羞耻心。用道德去引导百姓，用礼去规范百姓，百姓有羞耻心，而且心悦诚服。"●道：同"导"，引导。齐：规范。免：免于犯罪。格：归服。

1·11·12　齐人有一妻一妾而处室者，其良人出，则必餍酒肉而后反。其妻问所与饮食者，则尽富贵也。其妻告其妾曰："良人出，则必餍酒肉而后反；问其与饮食者，尽富贵也，而未尝有显者来，吾将瞷良人之所之也。"蚤起，施从良人之所之，遍国中无与立谈者。卒之东郭墦间，之祭者，乞其余；不足，又顾而之他，此其为餍足之道也。其妻归，告其妾，曰："良人者，所仰望而终身也，今若此。"与其妾讪其良人，而相泣于中庭，而良人未之知也，施施从外来，骄其妻妾。——由君子观之，则人之所以求富贵利达者，其妻妾不羞也，而不相泣者，几希矣。(《孟子·离娄下》三三)

【译注】有个齐国人，与一妻一妾一起生活。当他出门，总是吃饱喝足才回来。妻子问他一块儿吃喝的有谁，他说全是些富贵之人。妻子对妾说："丈夫出门，总是吃饱喝足回来，问谁跟他吃喝，（他说）都是富贵之人。但从未见有显贵之人来访。我准备偷偷侦察丈夫的去向。"第二天早上，她尾随着丈夫，见丈夫走遍城中，没人跟他站下来说话。最终来到东门外的墓地，见丈夫走到祭扫坟墓的人那里，向人家乞讨剩余的祭品。一家没吃够，又转头奔另一家。他就是靠这个吃饱喝足的。妻子回来，告诉妾说："丈夫是我们所仰望和终身依靠的，如今竟是这个样子。"妻妾怨谤丈夫，在院子里哭泣，而丈夫还不知道呢，依旧得意扬扬地从外面回来，在妻妾面前摆谱。——在君子看来，有些人追求升官发财的种种手段，能不让妻妾感到羞耻并相对而泣的，简直没有！●良人：丈夫。餍：足。反：返回。瞷（jiàn）：偷看。蚤：同"早"。施（yí）从：有偷随之意；施，有斜的意思。国：这里指都城。卒：最后。墦（fán）：坟墓。讪（shàn）：怨谤。施（yí）施：志得意满的样

子。几希：不多，一点儿。◎此则通过寓言谈耻，把世上不惜放弃尊严廉耻、追求富贵利达者的面目刻画得入木三分。

1·12 信：无信不立，无征不信

"信"即信实、诚信，也有信任之意。信是孔门教育的核心内容之一（1·7·1"子以四教：文、行、忠、信"）。孔子特别强调在位者的诚信，认为获得百姓的信任是为政的第一要义［见"民无信不立"（1·12·8）］。此外，孔孟对"信"的态度又是灵活的，认为"大人者，言不必信，行不必果，惟义所在"（1·5·5）。在孔子语录中，"忠""信"多连用。——相关论述尚有"信则人任焉"（1·3·5）、"信近于义，言可复也"（1·5·10）、"好信不好学，其蔽也贼"（1·3·20）、"岂若匹夫匹妇之为谅也，自经于沟渎而莫之知也"（1·4·4）、"是故君子有大道，必忠信以得之"（1·7·11）、"忠信重禄，所以劝士也"（1·7·12）等。

1·12·1　子曰："人而无信，不知其可也。大车无輗，小车无軏，其何以行之哉？"（《论语·为政》二二）

【译注】孔子说："做人却不讲信用，那又怎么可以！这就像大车没有輗，小车没有軏，怎么能驾牲口行走呢？"●輗（ní）、軏（yuè）：分别是大、小车子上用来套牲口的关键部件。

1·12·2　子曰："十室之邑，必有忠信如丘者焉，不如丘之好学也。"（《论语·公冶长》二八）

【译注】孔子说："只有十户人家的小村镇，也一定有像我这样忠诚信实的人，只是他们不如我好学罢了。"

1·12·3　子曰："君子不重则不威，学则不固。主忠信，无

友不如己者，过则勿惮改。"(《论语·学而》八)

【译注】孔子说："君子如果不庄重，就没有威仪；即使学习，知识也不会巩固。作为君子，要以忠诚信实为主，不要主动结交不如自己的人，有了过错不要怕改正。"◎孔子在《论语·子罕》二五也说过"主忠信，毋友不如己者，过则勿惮改"（1·7·10）的话。

1·12·4 子张问崇德辨惑。子曰："主忠信，徙义，崇德也。爱之欲其生，恶之欲其死。既欲其生，又欲其死，是惑也。……"(《论语·颜渊》一〇)

【译注】子张问如何提高品德、辨别迷惑。孔子说："以忠诚信实为主，随着义走，这就可以提高品德。（常人有一种表现：）爱这个人，就希望他长生不老；等到恨他时，又恨不能让他马上死掉。既要让他长寿，又要让他死掉，这就是迷惑。……"●徙（xǐ）：迁移。

1·12·5 子张问行。子曰："言忠信，行笃敬，虽蛮貊之邦，行矣。言不忠信，行不笃敬，虽州里，行乎哉？立则见其参于前也，在舆则见其倚于衡也，夫然后行。"子张书诸绅。(《论语·卫灵公》六)

【译注】子张问怎样才能行得通。孔子说："说话忠诚信实，行为恳切恭敬，即使到落后的蛮荒之国，也能行得通。说话不诚恳信实，做事轻浮随意，即使在本州本土，能行得通吗？站立的时候，觉得'忠信笃敬'几个字就在眼前，坐着车子，觉得'忠信笃敬'几个字就写在横木上。这样，走到哪儿都行得通。"子张把这话写在自己衣带上。●笃敬：恳切恭敬。蛮貊

（mò）之邦：指中原以外文明较落后的部族。衡：车上的横木。绅：士大夫束腰的大带。

1·12·6　子夏曰："贤贤易色；事父母，能竭其力；事君，能致其身；与朋友交，言而有信。虽曰未学，吾必谓之学矣。"（《论语·学而》七）

【译注】子夏说："（对妻子）看重品德，不看重容貌；侍奉父母，能尽心尽力；服侍君主，能全力以赴；跟朋友交往，说话讲信用。这样的人，即使不曾学习，我也一定说他是学习过的。"●贤贤：看重贤能品德。前一个贤是动词，以……为贤。易色：不看重容貌。易，看轻。

1·12·7　获乎上有道：不信乎朋友，不获乎上矣。（《中庸》第二〇章）

【译注】获得上级信任是有方法的，（先要得到朋友的信任，）得不到朋友的信任，也就得不到上级的信任。◎又见《孟子·离娄上》一二："获于上有道：不信于友，弗获于上矣。"（3·2·11）

1·12·8　子贡问政。子曰："足食，足兵，民信之矣。"子贡曰："必不得已而去，于斯三者何先？"曰："去兵。"子贡曰："必不得已而去，于斯二者何先？"曰："去食。自古皆有死，民无信不立。"（《论语·颜渊》七）

【译注】子贡问如何施政。孔子说："备足粮食，备足军备，获得百姓的信任。"子贡说："如果迫不得已要去掉一项，这三者

中先去掉哪个?"孔子说:"去掉军备。"子贡问:"如果迫不得已再去一项,这二者中去掉哪个?"孔子说:"去掉粮食吧,(没有粮食,人会饿死。)自古谁能不死呢?但失去百姓信任,国家还立得住吗?"

1·12·9　子夏曰:"**君子信而后劳其民;未信,则以为厉己也。信而后谏;未信,则以为谤己也。**"(《论语·子张》一〇)

【译注】子夏说:"君子在获得百姓信任后才去役使百姓,否则百姓会认为是在折腾他们。获得君主信任后才去进谏,否则君主就会认为是在毁谤他。"●劳:役使。厉:折磨,虐待。谤:诽谤。

1·12·10　**王天下有三重焉,其寡过矣乎! 上焉者虽善无征,无征不信,不信民弗从;下焉者虽善不尊,不尊不信,不信民弗从。**(《中庸》第二九章)

【译注】君临天下有三件重要的事(即议定礼仪、制定法度、考订文字),做好这些,就可以少犯错误了。在上位者(如夏商等朝君主)做得虽好,但已无可验证;无可验证也就不能令人信服;不能令人信服,则百姓不会听从。在下位者(如孔子)虽然有美德,但没有尊贵的地位;没有尊贵的地位,也不能令人信服;不能令人信服,百姓也不会听从。●过:过错。征:验证。

1·12·11　子曰:"**君子贞而不谅。**"(《论语·卫灵公》三七)

【译注】孔子说:"君子讲大信用,却不拘泥于小诚小信。"●贞:言行相合,大信用。谅:小信用;但有时也作为正面判断,见下则。

1·12·12　孟子曰："君子不亮，恶乎执？"（《孟子·告子下》一二）

【译注】孟子说："君子不讲诚信，如何能有操守？"●亮：同"谅"，这里指诚信。执：把持，持守。

1·12·13　子路无宿诺。（《论语·颜渊》一二）

【译注】子路许下的诺言从不拖延。●宿诺：未实现的诺言。

1·12·14　浩生不害问曰："乐正子何人也？"孟子曰："善人也，信人也。""何谓善？何谓信？"曰："可欲之谓善，有诸己之谓信，充实之谓美，充实而有光辉之谓大，大而化之之谓圣，圣而不可知之之谓神。乐正子，二之中，四之下也。"（《孟子·尽心下》二五）

【译注】浩生不害问孟子："乐正子这人怎么样？"孟子说："是个好人，是个信实的人。"浩生不害又问："怎么叫好，怎么叫信实？"孟子说："值得喜欢就叫'好'；那些好真实存在于他本身就叫'信实'；那些好充满他本身叫作'美'；不但充满，还光大于外，叫'大'；既光大于外又能融会贯通，叫'圣'；圣德到了不可测度之境，叫'神'。乐正子介乎于'好'和'信实'二者之间、'美''大''圣''神'四者之下。"●浩生不害：齐国人。乐正子：孟子弟子。

1·13　性善：良知良能，天然四端

孔孟主"性善"之说。孟子认为"恻隐之心""羞恶之心""辞让（恭敬）之心""是非之心"源于人的天性，分别为仁、义、礼、智的萌芽，称为"四端"。此说至少可以看作儒家对人性之善的期许与鼓励。

1·13·1　子曰：“性相近也，习相远也。”（《论语·阳货》二）

【译注】孔子说："人的本性原是相近的，由于后天习染不同，便有了差异。"

1·13·2　孟子曰："大人者，不失其赤子之心者也。"（《孟子·离娄下》一二）

【译注】孟子说："有德之人，就是没丢掉初生婴儿纯真本性的人。"

1·13·3　孟子曰："人之所不学而能者，其良能也；所不虑而知者，其良知也。孩提之童无不知爱其亲者，及其长也，无不知敬其兄也。亲亲，仁也；敬长，义也；无他，达之天下也。"（《孟子·尽心上》一五）

【译注】孟子说："人不待学就能做到的，是良能；不待思考就能知道的，是良知。两三岁的小儿，没有不知爱父母的，等他长大了，也没有不知敬爱兄长的。爱父母，就是仁；敬兄长，就是义。这没有别的原因，因为这两种品德（发自天然、）通行天下。"●孩提：两三岁的小儿。

1·13·4　（孟子曰：）"所以谓人皆有不忍人之心者，今人乍见孺子将入于井，皆有怵惕恻隐之心，非所以内交于孺子之父母也，非所以要誉于乡党朋友也，非恶其声而然也。由是观之，无恻隐之心，非人也；无羞恶之心，非人也；无辞让之心，非人也；无是非之心，非人也。恻隐之心，仁之端也；羞恶之心，义之端也；辞让之心，礼之端

也；是非之心，智之端也。人之有是四端也，犹其有四体也。"（《孟子·公孙丑上》六）

【译注】（孟子说：）"所以说人都有怜恤别人的心，即在于：如今有人突然见到有个孩子就要掉到井里了，无论谁都会有震惊怜悯的心情产生，不是要跟孩子的父母攀交情，不是要在乡亲朋友中博取好名声，也不是厌恶孩子的哭喊才如此（，这是发自内心的）。由此看来，没有同情心就不是人，没有羞耻心就不是人，没有谦让心就不是人，没有是非心就不是人。同情心是仁的苗头，羞耻心是义的苗头，谦让心是礼的苗头，是非心是智的苗头。人有这四种苗头，就像人有四肢一样（，都是与生俱来的）。" ●怵（chù）惕恻隐：惊惧、同情。内（nà）交：纳交，主动结交。要（yāo）：求取。端：苗头。四体：四肢。◎在另外的表述中，"辞让之心"也作"恭敬之心"，见下则。

1·13·5 孟子曰："乃若其情，则可以为善矣，乃所谓善也。若夫为不善，非才之罪也。恻隐之心，人皆有之；羞恶之心，人皆有之；恭敬之心，人皆有之；是非之心，人皆有之。恻隐之心，仁也；羞恶之心，义也；恭敬之心，礼也；是非之心，智也。仁义礼智，非由外铄我也，我固有之也，弗思耳矣。故曰：'求则得之，舍则失之。'或相倍蓰而无算者，不能尽其才者也。"（《孟子·告子上》六）

【译注】（公都子引用告子"性无善无不善"之说，质疑孟子的性善说。）孟子回答说："从天生资质看，是可以使它变善的，这就是我们所说的性善。至于那些不善的，不能归罪于他的本性。同情之心，人人都有；羞耻之心，人人都有；恭敬之心，人人都有；是非之心，人人都有。同情之心属于仁，羞耻之

心属于义，恭敬之心属于礼，是非之心属于智。仁、义、礼、智，不是由外人授予我的，是我天性中固有的，只是不曾思考探求罢了。因此说：'一探求就能得到，一放弃就会失掉。'人跟人有差一倍、五倍乃至无数倍的，就是因为有人不能充分发掘人性美善的缘故。"●乃若：相当于"若夫"，发语词。才（非才之罪也）：指人的初生之性。铄（shuò）：这里意为授。倍：一倍。蓰（xǐ）：五倍。

1·13·6 （孟子曰：）"有是四端而自谓不能者，自贼者也；谓其君不能者，贼其君者也。凡有四端于我者，知皆扩而充之矣，若火之始然，泉之始达。苟能充之，足以保四海；苟不充之，不足以事父母。"
（《孟子·公孙丑上》六）

【译注】（孟子说：）"有这四种苗头（指恻隐之心、羞恶之心、谦让之心、是非之心）却自认为不能实行仁义的，便是自暴自弃。说他的国君不能实行仁义的，便是毁谤他的国君。凡是有这四种苗头的，如果知道把它们扩充发挥，就如火刚点燃（，必能成燎原之势），泉刚流淌（，必能汇成汪洋）。如果能把这些苗头扩充，足以保四海、安天下；如果不能扩充，则连侍奉父母都做不到啊。"●贼：伤害，毁谤。然：同"燃"。

1·13·7 孟子曰："仁之实，事亲是也；义之实，从兄是也；智之实，知斯二者弗去是也；礼之实，节文斯二者是也；乐之实，乐斯二者，乐则生矣；生则恶可已也，恶可已，则不知足之蹈之手之舞之。"（《孟子·离娄上》二七）

【译注】参见1·9·12。◎本则析解仁、义、礼、智的关系，

指出仁与义又是四端的核心。

1·13·8　孟子曰:"口之于味也,目之于色也,耳之于声也,鼻之于臭也,四肢之于安佚也,性也,有命焉,君子不谓性也。仁之于父子也,义之于君臣也,礼之于宾主也,知之于贤者也,圣人之于天道也,命也,有性焉,君子不谓命也。"(《孟子·尽心下》二四)

【译注】孟子说:"口对于美味,眼对于美色,耳对于美声,鼻子对于香味,四肢对于安逸舒服,都有出于天性的爱好,但能否得到也有命运的成分,因此君子认为这些都非天性之必然(,不去强求)。而仁在父子之间,义在君臣之间,礼在宾主之间,智慧之于贤者,圣人之于天道,能否实现有命运的成分,但又是人性之必然。因此君子总到本性中去追求,不认为那是命定的。"●臭(xiù):同"嗅",气味。◎孟子持"性善论",批评者认为他过分美化人的本性,无视人性中的"消极"因素。然由这则文字来看,孟子并非无视人们与生俱来对食色安逸的欲求,只是从倡导仁善的角度出发,人为地将"口之于味也,目之于色也……"从天性范畴中摒除("君子不谓性也")。其意在于引导、鼓励人们克服对物质享受的追求,开掘并培养形而上的美德。只是孟子试图用"命"来解释这一切,反而削弱了说服力。

1·13·9　孟子曰:"广土众民,君子欲之,所乐不存焉;中天下而立,定四海之民,君子乐之,所性不存焉。君子所性,虽大行不加焉,虽穷居不损焉,分定故也。君子所性,仁、义、礼、智根于心,其生色也睟然,见于面,盎于背,施于四体,四体不

言而喻。"(《孟子·尽心上》二一)

【译注】孟子说:"拥有广阔的土地和众多的百姓,这是君子希望的,但乐趣不在这儿;居于天下中央,安定四海百姓,这是君子的乐趣所在,但他所秉受于天的本性不在这儿。君子的本性,纵使自己的主张通行天下也不因而增益;即使穷困隐居,也不因而减损,这是他本分已定的缘故。君子受之于天的本性,仁、义、礼、智都根植于心中,发挥在外则呈现出清和温润之色,表现于面目,显示于肩背,延及四肢。只看他的肢体姿态,不用开口就能让人明白。"●大行:指自己的主张通行天下。睟(suì)然:清和润泽之貌。盎(àng):显现。

2 伦 常

儒家有"五伦"之说，即要求人们依照礼的规定处理好"君臣""父子""夫妇""兄弟""朋友"这五对伦常关系。本章《伦常》以六节篇幅论述这五种关系。

2·1 君君臣臣，关系对等

本节讨论君臣关系。值得注意的是，孔孟并不赞成无条件服从君主权威。孔子认为"臣事君以忠"的前提是"君使臣以礼"（1·7·5）；又说臣对君要敢于提出不同意见［见"勿欺也，而犯之"（2·1·15）］。孟子的态度更激烈，认为国君有错不改，便可废黜；主张"君之视臣如土芥，则臣视君如寇雠"（2·1·20）。这些言论刺痛了专制统治者，明代官方出版的《孟子节文》将这些内容删除。

2·1·1　天下之达道五，所以行之者三。曰：君臣也，父子也，夫妇也，昆弟也，朋友也，五者天下之达道也。知、仁、勇三者，天下之达德也。所以行之者一也。（《中庸》第二〇章）

【译注】天下通行的伦理大道有五条，用来运行这五条大道的德行有三种。（五条大道）是：君臣之道，父子之道，夫妇之道，兄弟之道，朋友之道，这五者是天下通行的大道。（三种德行是：）智、仁、勇，这三种品德是天下通行的德行。用来实行五道三德的只有一个字（，就是"诚"）。●达：通行天下古今。

2·1·2　齐景公问政于孔子。孔子对曰："君君，臣臣，父父，子子。"公曰："善哉！信如君不君，臣不臣，父不父，子不子，虽有粟，吾得而食诸？"（《论语·颜渊》——）

【译注】齐景公向孔子求问国政的要素。孔子回答说："君要像君，臣要像臣，父要像父，子要像子。"景公说："好啊！假若君不像君，臣不像臣，父不像父，子不像子，即使有粮食，我能吃得着吗？"●齐景公：齐国国君，与孔子同时。诸：之乎。

2·1·3　子曰："事君，敬其事而后其食。"（《论语·卫灵公》三八）

【译注】孔子说："事奉国君，要郑重而努力地为他工作，然后再考虑食禄等事。"

2·1·4　君命召，不俟驾行矣。（《论语·乡党》二〇）

【译注】国君呼唤，孔子不等驾好马车便立即动身。●俟（sì）：等。

2·1·5　万章曰："孔子，君命召，不俟驾而行；然则孔子非与？"曰："孔子当仕有官职，而以其官召之也。"

（《孟子·万章下》七）

【译注】万章说:"孔子听说国君召唤,不等驾好马车就动身,那么孔子是做错了吗?"孟子说:"孔子正在做官,有职务在身,国君以他担任的官职去召唤他(,他立即动身是合于为臣之礼的)。"◎在此之前,万章与孟子讨论如何对待国君的召唤,孟子推奖一个不肯听从国君错误召唤的虞人,所以万章有此一问。

2·1·6　子曰:"事君尽礼,人以为谄也。"(《论语·八佾》一八)

【译注】孔子说:"事奉君主,一切依礼而行,有人却以为是谄媚。(这是不懂礼的缘故。)"

2·1·7　(子曰:)"君子之道四,丘未能一焉。所求乎子以事父,未能也;所求乎臣以事君,未能也;所求乎弟以事兄,未能也;所求乎朋友先施之,未能也。庸德之行,庸言之谨,有所不足,不敢不勉。有余不敢尽;言顾行,行顾言,君子胡不慥慥尔?"(《中庸》第一三章)

【译注】参见1·8·5。

2·1·8　子夏曰:"贤贤易色;事父母,能竭其力;事君,能致其身;与朋友交,言而有信。虽曰未学,吾必谓之学矣。"(《论语·学而》七)

【译注】参见1·12·6。◎子夏把"事父母"排在"事君"之前。

2·1·9　为人君,止于仁;为人臣,止于敬;为人子,止于孝;为人父,止于慈;与国人交,止于信。(《大学》第四章)

【译注】做国君的，要以仁爱为依归；做臣子的，要以敬业为依归；做儿子的，要以孝顺为依归；做父亲的，要以慈爱为依归；与他人交往，要以诚信为依归。

2·1·10 （孟子曰：）"父子有亲，君臣有义，夫妇有别，长幼有叙，朋友有信。"《孟子·滕文公上》四）

【译注】（孟子说：）"父子相亲，君臣守义，夫妻分内外，长幼有次序，朋友重诚信。" ●叙：同"序"，次序。

2·1·11 孟子曰："规矩，方员之至也；圣人，人伦之至也。欲为君，尽君道；欲为臣，尽臣道。二者皆法尧舜而已矣。"《孟子·离娄上》二）

【译注】孟子说："圆规曲尺是画方圆的标准，圣人是人伦的标准。要做君主，就要尽君主之道；要做臣子，就要尽臣子之道。这二者都效法尧舜就是了。" ●员：同"圆"。法：效法。

2·1·12 （孟子曰：）"世衰道微，邪说暴行有作，臣弑其君者有之，子弑其父者有之。孔子惧，作《春秋》。《春秋》，天子之事也；是故孔子曰：'知我者其惟《春秋》乎，罪我者其惟《春秋》乎！'"
（《孟子·滕文公下》九）

【译注】（孟子说：）"世道衰微，仁义不振，荒谬之说、残暴之行自会兴起，也有臣僚杀掉国君的，也有儿子杀掉父亲的。孔子因此而忧惧，于是撰写《春秋》。撰写《春秋》（总结历史以警诫后人）本是天子应做的事。因此孔子说：'了解我的，在于这部《春秋》；怪罪我的，恐怕也在于这部《春秋》吧！'"
●作：兴起。

2·1·13 （孟子曰：）"孔子成《春秋》，而乱臣贼子惧。"
（《孟子·滕文公下》九）

【译注】（孟子说：）"孔子撰写了《春秋》，那些叛乱之臣、不孝之子才有所畏惧。"

2·1·14 （孟子曰):"圣王不作，诸侯放恣，处士横议，杨朱、墨翟之言盈天下。天下之言不归杨，则归墨。杨氏为我，是无君也；墨氏兼爱，是无父也。无父无君，是禽兽也。"（《孟子·滕文公下》九）

【译注】（孟子说：）"圣王不再出现，诸侯肆无忌惮，士人胡乱发表意见，杨朱、墨翟的言论充斥天下。乃至天下言论不是属于杨朱一派，就是属于墨翟一派。杨朱主张一切为我，这是目无君主；墨翟主张爱所有人，这是目无父母。目无父母、君主，这等同于禽兽啊。"●作：兴起。放恣：放肆、不遵礼法。处士：无官无职的读书人。横议：恣意议论。

2·1·15 子路问事君。子曰："勿欺也，而犯之。"（《论语·宪问》二二）

【译注】子路问如何事奉君主。孔子说："不要阳奉阴违地欺骗他，但可以当面提出不同看法。"●犯：冒犯。

2·1·16 子游曰："事君数，斯辱矣；朋友数，斯疏矣。"
（《论语·里仁》二六）

【译注】子游（孔子的学生言偃，字子游）说："事奉国君过于烦琐，这会招致羞辱；对待朋友过于烦琐，这会导致疏远。"●数（shuò）：密，屡屡。

2·1·17 季子然问:"仲由、冉求可谓大臣与?"子曰:"吾以子为异之问,曾由与求之问。所谓大臣者,以道事君,不可则止。今由与求也,可谓具臣矣。"曰:"然则从之者与?"子曰:"弑父与君,亦不从也。"(《论语·先进》二四)

【译注】季子然问:"仲由和冉求可以说是大臣吗?"孔子说:"我以为你问别人,问的竟是仲由和冉求啊。所谓为臣之道,是以正道来对待君主,行不通就干脆辞职。(拿这个衡量,)眼下仲由和冉求两人都称得上有才具的大臣了。"季子然又问:"那么他们是顺从的臣僚吗?"孔子说:"(一般而言是顺从之臣,)若是杀父亲、杀君主的事,他们也不会顺从的。"●季子然:鲁国季氏同族。曾:竟。具臣:有才能的臣子。

2·1·18 定公问:"一言而可以兴邦,有诸?"孔子对曰:"言不可以若是其几也。人之言曰:'为君难,为臣不易。'如知为君之难也,不几乎一言而兴邦乎?"曰:"一言而丧邦,有诸?"孔子对曰:"言不可以若是其几也。人之言曰:'予无乐乎为君,唯其言而莫予违也。'如其善而莫之违也,不亦善乎?如不善而莫之违也,不几乎一言而丧邦乎?"(《论语·子路》一五)

【译注】鲁定公问孔子:"一句话就能让国家振兴,有这样的话吗?"孔子回答:"说话不能这样机械。不过人们常说:'做国君难,做大臣也不易。'如果知道做国君难(因而兢兢业业地治理国家),这不就接近一句话可以让国家振兴吗?"鲁定公又问:"一句话就能让国家衰亡,有这样的话吗?"孔子回答:"说话不能这样机械。不过有人说:'我当国君没别的快乐,就

是我说话没人敢违抗。'假如你说的是好话，没人违抗，这不是好事吗？可如果说的是坏话，也没人违抗，这不就等于一句话可以亡国吗？" ●诸：之乎的合词。几（若是其几）：拘泥。莫予违：没人反抗我；予，我。

2·1·19 齐宣王问曰："汤放桀，武王伐纣，有诸？"孟子对曰："于传有之。"曰："臣弑其君，可乎？"曰："贼仁者谓之'贼'，贼义者谓之'残'。残贼之人谓之'一夫'。闻诛一夫纣矣，未闻弑君也。"（《孟子·梁惠王下》八）

【译注】齐宣王问孟子："商汤流放夏桀，武王讨伐商纣，有这事吗？"孟子回答："史传上确有记载。"齐宣王又问："臣子杀掉他的君王，这样做难道可以吗？"孟子说："戕害仁的称作'贼'，戕害义的称作'残'，既'贼'且'残'的称作'独夫'。我只听说周武王杀掉了独夫纣这回事，没听说以臣弑君的。" ●放：放逐。传：史传。贼：戕害。

2·1·20 孟子告齐宣王曰："君之视臣如手足，则臣视君如腹心；君之视臣如犬马，则臣视君如国人；君之视臣如土芥，则臣视君如寇雠。"（《孟子·离娄下》三）

【译注】孟子对齐宣王说："君主把臣下视为自己的手脚，臣下便把君主视为自己的腹心；君主把臣下视为狗马，臣下便把君主视为一般人；君主把臣下视为泥土小草，臣下便把君主视为仇敌。" ●土芥：泥土杂草。雠：同"仇"。◎此条阐释了孟子的君臣对等原则，即为君不仁，臣下照样可以敌视、反抗他。

2·1·21　齐宣王问卿。孟子曰:"王何卿之问也?"王曰:"卿不同乎?"曰:"不同;有贵戚之卿,有异姓之卿。"王曰:"请问贵戚之卿。"曰:"君有大过则谏;反覆之而不听,则易位。"王勃然变乎色。曰:"王勿异也。王问臣,臣不敢不以正对。"王色定,然后请问异姓之卿。曰:"君有过则谏,反覆之而不听,则去。"(《孟子·万章下》九)

【译注】齐宣王向孟子垂问公卿的职责。孟子说:"王问的是哪一种公卿?"齐宣王说:"公卿还有不同吗?"孟子说:"有不同。分为王族公卿和非王族公卿两种。"齐宣王问:"请问王族公卿如何?"孟子说:"君主有大的过错,他们应加以劝阻;反复劝阻仍不听从,就可以把王换掉。"齐宣王听了脸色大变。孟子说:"王不要奇怪。王问我,我不能不照直回答。"齐宣王脸色恢复正常,又问非王族公卿的职责,孟子回答:"君主有过错就劝阻,反复劝阻不听从,自己便辞官而去。"●贵戚之卿:与王同族的同姓公卿。易位:更换王位。去:(公卿自己)离开。

2·1·22　孟子曰:"民为贵,社稷次之,君为轻。是故得乎丘民而为天子,得乎天子为诸侯,得乎诸侯为大夫。诸侯危社稷,则变置。牺牲既成,粢盛既絜,祭祀以时,然而旱干水溢,则变置社稷。"(《孟子·尽心下》一四)

【译注】孟子说:"老百姓最尊贵,政权居次席,君主分量最轻。所以得到百姓的欢心可以做天子,得到天子的欢心可以做诸侯,得到诸侯的欢心可以做大夫。诸侯危害国家,就改立。祭祀用的牺牲已经肥壮,祭品也已洁净,按时祭祀,但仍然遭到旱灾水灾,(使百姓承受苦难,)就要变易政权。"●社稷:土

谷神，这里指政权。丘民：众民，百姓。得：得……认同、欢心。变置：改立，换掉。粢盛：供祭祀的黍稷等粮食。絜：同"洁"。以时：按时。水溢：发洪水。

2·1·23　（孟子曰：）"君子之事君也，务引其君以当道，志于仁而已。"（《孟子·告子下》八）

【译注】（孟子说：）"君子服侍君王，只是要一心一意引导君王走正道，向往仁政就是了。"◎这是孟子与好战的鲁国将军慎滑釐辩论时说的话，他认为慎滑釐诱导国君发动战争是不走正路，有悖于仁。此条背景可参看6·7·11。

2·1·24　孟子曰："无罪而杀士，则大夫可以去；无罪而戮民，则士可以徙。"（《孟子·离娄下》四）

【译注】孟子说："士无罪被杀，做大夫的就可以离开。百姓无罪被杀，士就可以迁走。"

2·1·25　公孙丑曰："伊尹曰：'予不狎于不顺，放太甲于桐，民大悦。太甲贤，又反之，民大悦。'贤者之为人臣也，其君不贤，则固可放与？"孟子曰："有伊尹之志，则可；无伊尹之志，则篡也。"（《孟子·尽心上》三一）

【译注】公孙丑（孟子的学生）问："伊尹说：'我不愿亲近违背礼义的人，为此把太甲放逐到桐邑，老百姓因此大为高兴。太甲变贤明了，又恢复了他的王位，老百姓同样大为高兴。'贤者做大臣，如果君主不贤德，原来是可以放逐的吗？"孟子说："有伊尹那样的公正之心，就可以；没有伊尹那样的公正之心，就是篡逆啊。"●狎（xiá）：亲近。顺：依礼而行。太

甲：商代君主，因破坏法度，被伊尹流放到桐邑。后改过自新，又重登君位。篡：篡逆。

2·2 孝悌（一）：父子兄弟，事亲为大

孝、悌是父子兄弟间遵守的伦常规范。"孝"指儿女爱敬顺从父母，"悌"（也作"弟"）指弟弟爱敬顺从哥哥。古人常将孝、悌放到一起谈论。这里用三节篇幅讨论孝悌，（一）（二）偏重于"孝"，（三）偏重于"悌"。

相关论述尚有"临之以庄，则敬；孝慈，则忠"（1·7·6）、"宗族称孝焉，乡党称弟焉"（1·11·1）、"事父母，能竭其力"（1·12·6）、"天下之达道五"（2·1·1）、"父父，子子"（2·1·2）、"所求乎子以事父""所求乎弟以事兄"（1·8·5）、"为人父，止于慈"（2·1·9）等。此外，《大学》第一一章"上老老而民兴孝；上长长而民兴弟"（6·2·10），则强调统治者的示范作用，可以参看。

2·2·1 子曰："弟子入则孝，出则弟，谨而信，泛爱众，而亲仁。行有余力，则以学文。"（《论语·学而》六）

【译注】孔子说："年轻人在家要孝顺父母，出门要敬爱兄长。言行谨慎，讲求信用，博爱大众，亲近仁者。做到这些还有余力，就学习文献。" ●弟：同"悌"。文：指文献。◎有人认为，"弟"（出则弟）的对象包括兄长及年长于自己的人。也有人说，这里的"入"和"出"是互文关系。

2·2·2 有子曰："其为人也孝弟，而好犯上者，鲜矣！不好犯上，而好作乱者，未之有也。君子务本，本立而道生。孝弟也者，其为仁之本与！"（《论语·学而》二）

【译注】参见1·1·9。

2·2·3 子夏问孝。子曰:"色难。有事,弟子服其劳;有酒食,先生馔,曾是以为孝乎?"(《论语·为政》八)

【译注】子夏请教孝道。孔子说:"晚辈在服侍长辈时表情愉悦最难。有活计,年轻人替他效劳;有酒肉,年长的吃喝,这样竟也可以叫尽孝吗?"●色:脸色,表情。馔(zhuàn):吃喝。曾(céng):竟。◎这里说的不仅是脸色,也是指发自内心的态度。

2·2·4 或谓孔子曰:"子奚不为政?"子曰:"《书》云:'孝乎惟孝,友于兄弟,施于有政。'是亦为政,奚其为为政?"(《论语·为政》二一)

【译注】有人对孔子说:"您为什么不参政?"孔子说:"《尚书》说:'孝啊,孝啊,由此扩展到友爱兄弟,进而影响到政治。'(孝顺父母、友爱兄弟,)也是参政啊,你以为怎样做才叫参政呢?"●友于:兄弟友爱。施:延及。

2·2·5 所谓治国必先齐其家者,其家不可教而能教人者,无之。故君子不出家而成教于国:孝者,所以事君也;悌者,所以事长也;慈者,所以使众也。(《大学》第一〇章)

【译注】所谓治理国家,一定先要把家庭整顿好;连家人都教不好却能教育好别人,这样的人是没有的。因而君子不出家门就能把教化推广到全国:孝顺父母的道理,可以用来事奉君主;恭敬兄长的道理,可以用来尊敬长者;慈爱子女的道理,可以用来仁爱民众。●齐:使之整齐有序。

2·2·6　子曰:"武王、周公其达孝矣乎! 夫孝者,善继人之志,善述人之事者也。……践其位,行其礼,奏其乐,敬其所尊,爱其所亲,事死如事生,事亡如事存,孝之至也。"(《中庸》第一九章)

【译注】孔子说:"武王、周公是天下公认的最孝顺的人吧。所谓孝,是指善于继承先人的遗志,善于传承先人的事业。……站在先王的位置上,举行先王的礼仪,演奏先王的乐曲,尊敬先王所尊敬的,爱护先王所亲爱的,侍奉死者如同侍奉生者,奉祭消亡的如同奉祭存在的,这是孝道的极致。"●达:通,公认。践:处于,立。述:遵循,继承。

2·2·7　(孟子曰:)"尧舜之道,孝弟而已矣。"(《孟子·告子下》二)

【译注】(孟子说:)"尧舜之道,核心不过是孝悌二字而已。"

2·2·8　孟子曰:"君子有三乐,而王天下不与存焉。父母俱存,兄弟无故,一乐也;仰不愧于天,俯不怍于人,二乐也;得天下英才而教育之,三乐也。君子有三乐,而王天下不与存焉。"(《孟子·尽心上》二○)

【译注】孟子说:"君子有三种乐趣,不包括称王于天下那样的事。父母都健在,兄弟没灾祸,这是第一种乐趣;举头无愧于天,低头无愧于人,这是第二种乐趣;得到天下的优秀人才去教育他们,这是第三种乐趣。君子有以上三种乐趣,不包括称王于天下那样的事。"●王(wàng):这里指以德称王。不与存:不同在。故:事故,灾病。怍(zuò):愧疚。

2·2·9 孟子曰:"道在迩而求诸远,事在易而求诸难:人人亲其亲,长其长,而天下平。"(《孟子·离娄上》一一)

【译注】孟子说:"道在近处却要到远处寻求,事容易做却向难处求取,(其实答案很简单:)人人都爱自己的双亲,尊敬年长者,天下就太平了。"●迩(ěr):近。长(zhǎng)其长:前一个长为动词,尊敬;后一个长为名词,年长者。

2·2·10 孟子曰:"事,孰为大?事亲为大;守,孰为大?守身为大。不失其身而能事其亲者,吾闻之矣;失其身而能事其亲者,吾未之闻也。孰不为事?事亲,事之本也;孰不为守?守身,守之本也。……"(《孟子·离娄上》一九)

【译注】孟子说:"侍奉谁最重要?侍奉父母最重要。守护什么最重要?守护自身(节操)最重要。不丧失节操又能侍奉父母的,我听说过;丧失了节操还能侍奉父母的,我就没听过了。谁不该侍奉?侍奉父母是根本;哪个不该守护?守护自身节操是根本。……"●孰:哪一个。

2·3 孝悌(二):养生送死,民德归厚

上节是对孝悌的一般论述,本节则讨论一些具体问题,如孝养父母的态度,孝与不孝的区别,如何教育儿子,如何养生送死等。

2·3·1 子游问孝。子曰:"今之孝者,是谓能养。至于犬马,皆能有养;不敬,何以别乎?"(《论语·为政》七)

【译注】子游请教孝道。孔子说:"今天所说的孝的行为,只是

能奉养父母。狗、马也能被饲养，如果对父母（只是供吃供穿）没有敬爱之心，那又怎么跟饲养狗马相区别呢？"●养：读为yàng，孝养父母之养。

2·3·2 （孟子曰：）"曾子养曾晳，必有酒肉；将彻，必请所与；问有余，必曰'有'。曾晳死，曾元养曾子，必有酒肉；将彻，不请所与；问有余，曰'亡矣'，将以复进也。此所谓养口体者也。若曾子，则可谓养志也。事亲若曾子者，可也。"（《孟子·离娄上》一九）

【译注】（孟子说：）"从前曾子奉养父亲曾晳，每餐一定要有酒有肉。桌上的饭菜要撤掉时，一定要问给谁。若父亲问还有富余的吗，一定说'还有'。曾晳死了，曾子的儿子曾元奉养曾子，吃饭也一定有酒肉。桌上的饭菜要撤掉时，也不问给谁；若问还有富余的吗，就说'没了'。——其实是准备下顿再端上来。这个叫作奉养身体。至于曾子，那才叫顺从亲意。侍奉父母像曾子这样，就可以了。"●曾晳（xī）：曾参的父亲。彻：同"撤"。曾元：曾参的儿子。养志：这里指顺从亲意，愉悦其精神。

2·3·3 子曰："出则事公卿，入则事父兄，丧事不敢不勉，不为酒困，何有于我哉？"（《论语·子罕》一六）

【译注】孔子说："出外做官就辅佐公卿，回家隐居就侍奉父兄，主持丧事不敢不尽力，不被酒所困扰。我做到了哪些？"

2·3·4 子曰："父母之年，不可不知也。一则以喜，一则以惧。"（《论语·里仁》二一）

【译注】孔子说："父母的年龄不能不记在心里。一方面感到喜

悦，一方面感到忧惧。"◎因父母高寿感到高兴，又因父母衰老感到忧愁。

2·3·5　子曰："父母在，不远游，游必有方。"（《论语·里仁》一九）

【译注】孔子说："父母健在，儿子不要出远门。如果要外出，一定要告知去处。"●方：具体方位。

2·3·6　孟武伯问孝。子曰："父母唯其疾之忧。"（《论语·为政》六）

【译注】孟武伯请教孝道。孔子说："做父母的唯一担心的是儿子的疾病。"●孟武伯：鲁国人。◎孝子不但要关心父母的健康，也要注意自己的健康，不让父母担忧。

2·3·7　孟子曰："不孝有三，无后为大。舜不告而娶，为无后也。君子以为犹告也。"（《孟子·离娄上》二六）

【译注】孟子说："不孝有三种表现，没有后嗣是最大的不孝。舜没有预先禀告父母就娶妻，只为了怕没有后代。君子认为，虽然没有禀告，却同禀告了一样（，都是合乎礼的）。"◎"不孝有三"的另两项是"阿意曲从，陷亲不义"和"家贫亲老，不为禄仕"。

2·3·8　（孟子曰：）"世俗所谓不孝者五，惰其四支，不顾父母之养，一不孝也；博弈好饮酒，不顾父母之养，二不孝也；好货财，私妻子，不顾父母之养，三不孝也；从耳目之欲，以为父母戮，四不孝也；好勇

斗很，以危父母，五不孝也。"（《孟子·离娄下》三〇）

【译注】（孟子说：）"世俗所说的不孝有五种表现：四肢懒惰，不孝养父母，这是一不孝；赌博、酗酒，不孝养父母，这是二不孝；爱财，偏疼妻儿，不孝养父母，这是三不孝；放纵耳目欲望，令父母因此受辱，这是四不孝；逞勇好斗，危及父母，这是五不孝。"●四支：四肢。私妻子：偏袒妻子儿女。从：放纵。戮：羞辱。很：同"狠"。◎又《论语·颜渊》二一："一朝之忿，忘其身，以及其亲，非惑与？"（5·4·2）可参看。

2·3·9 孟子曰："吾今而后知杀人亲之重也：杀人之父，人亦杀其父；杀人之兄，人亦杀其兄。然则非自杀之也，一间耳。"（《孟子·尽心下》七）

【译注】孟子说："我今后才知道杀死别人亲人的严重性：杀死别人的父亲，别人也会杀死他的父亲；杀死别人的兄弟，别人也会杀死他的兄弟。虽然不是自己杀死自己的父兄，但差别只有一点点。"●一间（jiàn）：指距离极小。

2·3·10 孟子曰："仕非为贫也，而有时乎为贫；娶妻非为养也，而有时乎为养。"（《孟子·万章下》五）

【译注】孟子说："做官不完全因为贫穷，但有时也是因为贫穷。娶妻不完全为了孝养父母，但有时也是为了孝养父母。"◎在孟子看来，男女结合是人之大欲，也包含孝养父母的因素。

2·3·11 叶公语孔子曰："吾党有直躬者，其父攘羊，而子证之。"孔子曰："吾党之直者异于是：父为子隐，

子为父隐。——直在其中矣。"(《论语·子路》一八)

【译注】叶公对孔子说:"我们那里有个正直的人,他的父亲偷了人家的羊,他便去告发。"孔子说:"我们那里所谓正直跟这个不同:父亲替儿子隐瞒,儿子替父亲隐瞒。正直就表现在这里。"●叶(shè)公:楚国大夫。党:古代五百家为一党。直躬者:正直的人。攘(rǎng):偷。

2·3·12 公孙丑曰:"君子之不教子,何也?"孟子曰:"势不行也,教者必以正;以正不行,继之以怒。继之以怒,则反夷矣。'夫子教我以正,夫子未出于正也。'则是父子相夷也。父子相夷,则恶矣。古者易子而教之,父子之间不责善。责善则离,离则不祥莫大焉。"(《孟子·离娄上》一八)

【译注】公孙丑说:"君子不亲自教育儿子,为什么呢?"孟子说:"情势行不通啊。要教育就必然用正理,用正理无效,接着就会发脾气;接着发脾气,反而伤了和气。(儿子会说:)'您拿正理教导我,您自己(乱发脾气)就有悖于正理。'于是父子感情便受到伤害。父子相互伤感情,这结果很不好。因而古人交换儿子来教育,使父子间不为求好而相互责备。为求好而相互责备就会导致隔阂,父子间有隔阂,这是最不妙的事。"●夷:伤害。易:交换。责善:因要对方好而责备。离:隔阂。不祥:不吉,不善。◎关于君子教子,尚可参看《论语·季氏》一三"又闻君子之远其子也"(4·4·9)。

2·3·13 公都子曰:"匡章,通国皆称不孝焉,夫子与之游,又从而礼貌之,敢问何也?"孟子曰:"……夫章子,子父责善而不相遇也。责善,朋友之道也;

父子责善，贼恩之大者。"（《孟子·离娄下》三〇）

【译注】公都子（孟子的学生）问："匡章这个人，全国都说他不孝，先生却同他来往，而且很尊重他，请问这是为什么？"孟子说："……匡章这个人，因父子之间以善相责，所以说不到一起。以善相责，这是朋友相处之道。父子间以善相责，没有比这更容易伤害感情的。"●夫子：这里指孟子。礼貌：这里是以礼相待之意。贼恩：伤害父子恩情。◎匡章是齐国的将军，其父杀掉其母，匡章遂与父亲产生隔阂，齐人以为不孝。孟子替他辩白，强调了"父子不责善"的原则。可与上一则参看。

2·3·14 孟子曰："中也养不中，才也养不才，故人乐有贤父兄也。如中也弃不中，才也弃不才，则贤不肖之相去，其间不能以寸。"（《孟子·离娄下》七）

【译注】孟子说："有中庸之德的人教育熏陶道德修养不高的人，有才能的人教育熏陶才能不高的人。因此人们都乐于有个好父亲、好兄长。假如有中庸之德的鄙弃道德修养不高的，有才能的鄙弃才能不高的，那么好的、不好的，相差就太小了。"●中：有中庸之德。不中：过或不及。不肖：不好。其间不能以寸：指两者相差很小。◎鄙弃"不中"与"不才"的人，自己也难称"中""才"。孟子因此说："则贤不肖之相去，其间不能以寸。"

2·3·15 子曰："事父母几谏，见志不从，又敬不违，劳而不怨。"（《论语·里仁》一八）

【译注】孔子说："侍奉父母，（如他们有过错）要婉转劝阻，见自己的心意不被理解，仍旧恭敬地顺从，内心忧愁却不怨

恨。"●几（jī）：轻微，婉转。劳：忧愁。

2·3·16 孟懿子问孝。子曰："无违。"樊迟御，子告之曰："孟孙问孝于我，我对曰，无违。"樊迟曰："何谓也？"子曰："生，事之以礼；死，葬之以礼，祭之以礼。"（《论语·为政》五）

【译注】孟懿子请教孝道。孔子说："不违背礼。"樊迟替孔子驾车，孔子告诉他："孟孙向我问孝道，我回答他：不违背礼。"樊迟问："这是什么意思？"孔子说："父母活着时，依礼侍奉他们；不在了，依礼安葬他们，依礼祭祀他们。"●孟懿子：姓孟孙，鲁国大夫。御：驾车。

2·3·17 （孟子曰：）"亲丧，固所自尽也。曾子曰：'生，事之以礼；死，葬之以礼，祭之以礼，可谓孝矣。'诸侯之礼，吾未之学也；虽然，吾尝闻之矣。三年之丧，齐疏之服，飦粥之食，自天子达于庶人，三代共之。"（《孟子·滕文公上》二）

【译注】（孟子说：）"双亲死了，本就该自动地尽孝。曾子说：'父母活着时，依礼侍奉他们；死了，依礼安葬他们，依礼祭祀他们。这可以说尽孝道了。'诸侯的礼仪我不曾学过，但还是听说过的：要服丧三年，穿粗布缝边的衣服，吃稀饭。从天子到百姓，三代都是这样做的。"●齐（zī）疏之服：缝衣边的粗布丧服。飦（zhān）：同"馇"，稀饭。三代：指夏、商、周。

2·3·18 曾子曰："慎终追远，民德归厚矣。"（《论语·学而》九）

【译注】曾子说："恭谨地办理父母的丧事，追祭远代的祖先，

社会的道德风气自会笃实厚道。"

2·3·19 孟子曰:"养生者不足以当大事,惟送死可以当大事。"(《孟子·离娄下》一三)

【译注】孟子说:"养活父母算不上大事,只有给他们送终,才可算得上大事。"

2·3·20 子曰:"予之不仁也!子生三年,然后免于父母之怀。夫三年之丧,天下之通丧也。予也有三年之爱于其父母乎?"(《论语·阳货》二一)

【译注】(孔子的学生宰予认为给父母守丧三年,时间太长,一年就足够了。)孔子说:"宰予不仁啊!小孩子出生三年,才脱离父母的怀抱。这三年的丧期,是天下的通行丧礼。宰予难道没从父母怀里获得三年的抚爱呵护吗?" ●予:宰予。

2·3·21 曾子曰:"吾闻诸夫子:人未有自致者也,必也亲丧乎!"(《论语·子张》一七)

【译注】曾子说:"我从先生那儿听说:人没有充分宣泄感情的时候,如果有,一定在父母去世的时候吧!" ●诸:之于的合词。自致:充分宣泄自己的感情。

2·3·22 子曰:"父在,观其志;父没,观其行;三年无改于父之道,可谓孝矣。"(《论语·学而》一一)

【译注】孔子说:"父亲在世时,要观察他的志向;父亲过世了,要看他的行为。如果三年后还不改变父亲以前的做法,就可以称得上合于孝道了。" ●没(mò):死。◎这里当然说的是

继承父亲的优点和善行。又《论语·里仁》二〇:"子曰:'三年无改于父之道,可谓孝矣。'"与此同。

2·3·23 曾子曰:"吾闻诸夫子:孟庄子之孝也,其他可能也;其不改父之臣与父之政,是难能也。"(《论语·子张》一八)

【译注】曾子说:"我从老师那里听说:孟庄子的孝,别的都容易做到,只有他依旧任用父亲的臣仆、依旧坚守父亲的政治措施,这一点是最难做到的。"●孟庄子:鲁国孟孙氏第六代宗主。◎尚可参看《中庸》第一九章"夫孝者,善继人之志,善述人之事者也"(2·2·6)。

2·4 孝悌(三):宜兄宜弟,象喜亦喜

本节重点论述兄弟之爱。孟子把舜善待象的事例树为榜样(象是舜的异母弟弟),其中显然带有传说及夸饰的成分。

2·4·1 子路问曰:"何如斯可谓之士矣?"子曰:"切切偲偲,怡怡如也,可谓士矣。朋友切切偲偲,兄弟怡怡。"(《论语·子路》二八)

【译注】子路问孔子:"怎样做可以称为士呢?"孔子说:"相互批评,和睦相处,便可称作士了。朋友之间要相互批评,兄弟之间要和睦相处。"●切切偲(sī)偲:相互责善。怡怡如:和顺貌。

2·4·2 《诗》云:"宜兄宜弟。"宜兄宜弟,而后可以教国人。《诗》云:"其仪不忒,正是四国。"其为父

子兄弟足法，而后民法之也。此谓治国在齐其家。

（《大学》第一〇章）

【译注】《诗经·小雅·蓼萧》说："兄弟和睦。"兄弟和睦，然后才能教导国人。《诗经·曹风·鸤鸠》又说："仪轨无差错，教正四方国。"只有当一个人无论是作为父亲、儿子，还是哥哥、弟弟，都优秀到足以令人效法时，百姓才会效法他们。这就叫治国先要整顿好自己的家。●宜兄宜弟：兄弟和睦。忒（tè）：差错。四国：四周国家。法：效法。

2·4·3 （陈贾）见孟子，问曰"周公何人也？"曰："古圣人也。"曰："使管叔监殷，管叔以殷畔也，有诸？"曰："然。"曰："周公知其将畔而使之与？"曰："不知也。""然则圣人且有过与？"曰："周公，弟也；管叔，兄也。周公之过，不亦宜乎？"（《孟子·公孙丑下》九）

【译注】（齐大夫陈贾）见孟子，问："周公是什么人？"孟子说："是古代的圣人。"陈贾问："周公派管叔监管殷人，结果管叔率领殷人反叛，有这事吗？"孟子说："有。"陈贾问："周公知道管叔会反叛，还要派他去吗？"孟子说："不知道。"陈贾问："那么圣人也会有过错的了？"孟子说："周公是弟弟，管叔是哥哥。周公犯的过错，不是合乎情理的吗？"●畔：同"叛"。

2·4·4 万章曰："父母使舜完廪，捐阶，瞽瞍焚廪。使浚井，出，从而揜之。象曰：'谟盖都君咸我绩，牛羊父母，仓廪父母，干戈朕，琴朕，弤朕，二嫂使治朕栖。'象往入舜宫，舜在床琴。象曰：'郁陶思君尔。'忸怩。舜曰：'惟兹臣庶，汝其于予

治。'不识舜不知象之将杀己与?"曰:"奚而不知也?象忧亦忧,象喜亦喜。"(《孟子·万章上》二)

【译注】(相传舜的父亲瞽瞍和弟弟象心眼很坏,总想谋害舜。这是孟子的学生万章和孟子的一段对话。)万章问:"舜的父母让舜修缮仓廪,却抽去了梯子,瞽瞍还点燃仓廪(,幸而舜逃脱了)。瞽瞍又派舜去淘井,舜从旁边的洞穴逃出,瞽瞍向井中填土石(要害舜)。弟弟象以为舜死了,说:'谋害舜都是我的功劳,牛羊、仓廪归父母,干戈、琴、弤弓归我;两位嫂子嘛,让她们给我铺床。'象进入舜的房间,发现舜正坐在床上弹琴。象说:'啊呀,我好想你啊。'(因为说的不是真话,)神情十分扭捏。舜说:'我考虑我的臣下百姓,你来替我管理吧。'不知此刻舜是否知道象要杀自己?"孟子说:"怎么会不知道呢?(舜爱弟弟,)象忧愁,他也忧愁;象高兴,他也高兴。" ●完廪(lǐn):修补仓廪。捐阶:撤去梯子。浚(jùn)井:淘井。掩(yǎn):通"掩",填土覆井。谟盖:谋害。都君:指舜。咸:都。朕(zhèn):我。弤(dǐ):雕弓。栖:床。郁陶:思念貌。忸怩:扭捏。惟:思考。兹:这。臣庶:臣仆百姓。

2·4·5 (孟子曰:)"仁人之于弟也,不藏怒焉,不宿怨焉,亲爱之而已矣。"(《孟子·万章上》三)

【译注】(孟子说:)"仁人对自己的弟弟,有愤怒不藏于心,有怨恨不过夜。最终仍是亲他爱他就是了。" ●宿怨:隔宿之怨。

2·4·6 司马牛忧曰:"人皆有兄弟,我独亡。"子夏曰:"商闻之矣:死生有命,富贵在天。君子敬而无失,与人恭而有礼,四海之内,皆兄弟也。君子何患乎无兄弟也?"(《论语·颜渊》五)

【译注】司马牛忧虑说："别人都有兄弟，唯独我没有。"子夏（卜商）说："我听说：一个人的死生富贵都听天由命。君子只要严肃敬业、没有过失，待人恭谨有礼貌，走到哪里都有兄弟。君子何愁没有兄弟呢？" ●亡：无。

2·5 交友之道，辅仁友德

本节讨论朋友之道。——相关论述尚有"友其士之仁者"（1·3·10）、"所求乎朋友先施之"（1·8·5）、"无友不如己者"（1·12·3）、"与朋友交，言而有信"（1·12·6）、"天下之达道五"（2·1·1）、"与国人交，止于信"（2·1·9）、"责善，朋友之道也"（2·3·13）、"朋友切切偲偲"（2·4·1）、"四海之内，皆兄弟也"（2·4·6）等。

2·5·1 子曰："学而时习之，不亦说乎？有朋自远方来，不亦乐乎？人不知而不愠，不亦君子乎？"（《论语·学而》一）

【译注】孔子说："学过了，按时去实习，不也很愉快吗？有志同道合的人从远方来相会，不也很快乐吗？别人不了解我，我也不恼怒，不也是君子之行吗？" ●习：实习，实践。说（yuè）：同"悦"。愠（yùn）：恼怒。

2·5·2 曾子曰："君子以文会友，以友辅仁。"（《论语·颜渊》二四）

【译注】曾子说："君子凭借文章学问来呼朋聚友，用朋友来帮助自己培养仁德。"

2·5·3 孔子曰："益者三友，损者三友。友直，友谅，友多闻，益矣。友便辟，友善柔，友便佞，损矣。"

(《论语·季氏》四)

【译注】孔子说:"有益的朋友有三种,有害的朋友也有三种。同正直者交友,同诚信者交友,同见识广博者交友,都是有益的。同谄媚者交友,同伪善者交友,同夸夸其谈者交友,都是有害的。"●益:增益,使受益。损:减损,使受害。直:正直。谅:诚信。便辟:谄媚,巴结。善柔:伪善,巧言令色。便佞:语言不实,巧舌如簧。

2·5·4 孟子谓万章曰:"一乡之善士斯友一乡之善士,一国之善士斯友一国之善士,天下之善士斯友天下之善士。以友天下之善士为未足,又尚论古之人。颂其诗,读其书,不知其人,可乎?是以论其世也。是尚友也。"(《孟子·万章下》八)

【译注】孟子对万章说:"一个乡村中的优秀人士,便与本乡中的优秀人士交朋友;全国性的优秀人士,便与全国的优秀人士交朋友;天下有名的优秀人士,便与普天下的优秀人士交朋友。认为跟天下的优秀人士交朋友还不满足,就又往上追论古人。吟古人的诗,读古人的书,不了解他们的为人又怎么行?所以又要研究他们那个时代,这是往上跟古代的优秀人士交朋友。"●万章:孟子的学生。友:与……为友。尚:同"上"。

2·5·5 子贡问友。子曰:"忠告而善道之,不可则止,毋自辱焉。"(《论语·颜渊》二三)

【译注】子贡问交友之道。孔子说:"忠心劝告、好言诱导,不听就罢了,不要自取其辱。"●道:劝导。◎参看"朋友数,斯疏矣"(2·1·16)。

2·5·6 朋友死，无所归，曰："于我殡。"（《论语·乡党》二二）

【译注】朋友死了，没有人负责丧葬事宜。孔子说："丧葬我来料理。"

2·5·7 万章问曰："敢问友。"孟子曰："不挟长，不挟贵，不挟兄弟而友。友也者，友其德也，不可以有挟也。孟献子，百乘之家也，有友五人焉，……献子之与此五人者友也，无献子之家者也。此五人者，亦有献子之家，则不与之友矣。非惟百乘之家为然也，虽小国之君亦有之。费惠公曰：'吾于子思，则师之矣；吾于颜般，则友之矣；王顺、长息则事我者也。'非惟小国之君为然也，虽大国之君亦有之。……舜尚见帝，帝馆甥于贰室，亦飨舜，迭为宾主，是天子而友匹夫也。用下敬上，谓之贵贵；用上敬下，谓之尊贤。贵贵尊贤，其义一也。"
（《孟子·万章下》三）

【译注】万章问道："请问交友的原则。"孟子说："不倚仗自己年长，不倚仗自己显贵，不倚仗兄弟的势力而与对方交友。交友，是互相看重对方的品德才结交，不能有所倚仗。鲁大夫孟献子家有百辆车马，他有五个好友，……献子跟这五人交友，心中没有自己身家地位的观念。而这五个人，如果也心存孟献子身家地位的观念，就不会同他交友了。不但拥有百辆车马的大夫是这样，即便是小国之君也有这样的人。费惠公说：'我对子思，是当作老师看待的；对颜般，是当作朋友看待的；至于王顺、长息，不过是服侍我的人罢了。'不但小国之君是这样，即便是大国君主，也有这样的人。……舜去拜见尧，尧让这位女婿住在另一宅邸里，也请他吃饭，（舜也回请，）两人

互为宾主,这是天子跟平民交朋友的范例。在下位的去礼敬在上位的,这叫尊重贵人;在上位的礼敬在下位的,这叫尊重贤者。尊重贵人和尊重贤者,两者的道理是一致的。" ●挟(xié):倚仗某种势力或优长逼人服从。孟献子:鲁国重臣。费惠公:战国时费国国君,鲁国季孙氏后代。子思:名孔伋,孔子嫡孙。帝:这里指唐尧。馆:以馆舍接待。甥:女婿,舜是尧的女婿。贰室:另外的宫室。飨(xiǎng):招待吃喝。迭:相互。贵贵:尊敬贵人。前一贵为动词。◎这里强调了交友的平等之义。

2·6 夫妻男女,齐之以礼

"夫妇"在五伦序列中的位置仅次于君臣、父子。《中庸》说:"君子之道,造端乎夫妇。"(2·6·3)孟子也说:"男女居室,人之大伦也。"(2·6·4)不过在具体论述中,儒者对妇女及两性交往常抱贬抑态度,体现了徘徊于人性及道德之间的矛盾心态。

关于夫妇男女的讨论,还可参看"少之时,血气未定,戒之在色"(1·10·9)、"贤贤易色"(1·12·6)、"天下之达道五"(2·1·1)、"舜不告而娶"(2·3·7)、"娶妻非为养也"(2·3·10)、"色与礼孰重"(3·11·4)等。

2·6·1《诗》云:"桃之夭夭,其叶蓁蓁。之子于归,宜其家人。"宜其家人,而后可以教国人。(《大学》第一〇章)

【译注】《诗经·周南·桃夭》说:"桃花美艳,绿叶茂盛。此女入门,和睦家人。"和睦家人,然后才能教育国人。●夭(yāo)夭:绚丽茂盛貌。蓁(zhēn)蓁:枝叶茂盛貌。之:这。于归:女子嫁到丈夫家,称归;于归即出嫁。宜:和顺。

2·6·2 《诗》曰:"妻子好合,如鼓瑟琴,兄弟既翕,和乐且耽。宜尔室家,乐尔妻帑。"子曰:"父母其顺矣乎。"(《中庸》第一五章)

【译注】《诗经·小雅·常棣》说:"跟妻子和睦相处,就像弹琴鼓瑟一样和谐。跟兄弟关系融洽,和顺又快乐。让你的家庭和睦,让你的妻儿幸福。"孔子说:"这样一来,父母也就顺心了。"●好合:和好。翕(xī):合,融洽。耽:快乐。妻帑(nú):妻儿。

2·6·3 君子之道费而隐。夫妇之愚,可以与知焉,及其至也,虽圣人亦有所不知焉。夫妇之不肖,可以能行焉,及其至也,虽圣人亦有所不能焉。天地之大也,人犹有所憾,故君子语大,天下莫能载焉,语小,天下莫能破焉。《诗》云:"鸢飞戾天,鱼跃于渊。"言其上下察也。君子之道,造端乎夫妇,及其至也,察乎天地。(《中庸》第一二章)

【译注】君子之道广大而又隐微。其广大处,就是民间的愚夫愚妇,也可以让他了解,到了深奥精微处,哪怕圣人也有弄不清的地方。民间夫妇一无所能,却能实行(他们所能理解的)君子之道;至于深奥精微处,就是圣人也有行不通之处。以天地之大,人仍然有所不满;因而君子所说的"大",整个天下都装不下;君子所说的"小",小到再也无法分割。《诗经·大雅·旱麓》说:"雄鹰飞向天空,鱼儿跃入深渊。"是说其上天下地无所不察。君子之道也如此,从民间夫妇的浅见开端,至其极致,则明察高天厚地,无所不至。●费:广大。隐:隐微。与(可以与知焉,yù):参与。憾:遗憾不足。破:分。鸢(yuān):老鹰。戾(lì):到达。察:明察。造端:开头,发端。

2·6·4 万章问曰:"《诗》云:'娶妻如之何?必告父母。'信斯言也,宜莫如舜。舜之不告而娶,何也?"孟子曰:"告则不得娶。男女居室,人之大伦也。如告,则废人之大伦,以怼父母,是以不告也。"(《孟子·万章上》二)

【译注】万章问道:"《诗经·齐风·南山》说:'娶妻应如何?定要告父母。'相信这话的,应该没人赶得上舜的。但舜在娶妻之前却不曾告知父母,这是为什么?"孟子说:"(舜的父母待他不好,)告诉了,就娶不成了。男女结合,这是最重要的伦常关系。如果告知,就要废掉如此重要的人伦关系,那结果肯定是怨恨父母,(岂不更糟?)因而他就没有预先告知。" ●怼(duì):怨恨。

2·6·5 (孟子曰:)"丈夫之冠也,父命之;女子之嫁也,母命之,往送之门,戒之曰:'往之女家,必敬必戒,无违夫子!'以顺为正者,妾妇之道也。"(《孟子·滕文公下》二)

【译注】(孟子说:)"男子举行成人加冠礼时,父亲教导他。女子出嫁时,母亲教导她。送她到门口,告诫她说:'到你家里,一定要恭敬,一定要自警,不要违逆丈夫。'以顺从作为重要原则,这是妇道人家的立身原则。" ●冠:古代男子二十岁成年,要行加冠礼。女(往之女家):同"汝"。夫子:这里指丈夫。◎随后孟子又提出男子的立身之本,是安仁守义,独立不羁。在今天看来,显然包含了重男轻女的思想,但在当时则被视为理所当然。

2·6·6 (孟子曰:)"丈夫生而愿为之有室,女子生而愿为之有家；父母之心，人皆有之。不待父母之命、媒妁之言，钻穴隙相窥，逾墙相从，则父母国人皆贱之。"（《孟子·滕文公下》三）

【译注】（孟子说：）"男孩子一出生，父母就希望他将来能娶妻成家，女孩子一出生，父母就希望她将来能嫁人成家。父母的心情，人人都是如此。男女如果不等父母开口，不通过媒人介绍，自己就钻窟窿扒墙缝相互偷看，爬过墙头去幽会，那么父母及旁人都会看不起他（她）。"●室、家：按朱熹的解释"室谓夫妇所居，家谓一门之内"。媒妁（shuò）：媒人。窥：偷看。

2·6·7 王曰："寡人有疾，寡人好色。"对曰："昔者太王好色，爱厥妃。《诗》云：'古公亶父，来朝走马，率西水浒，至于岐下，爰及姜女，聿来胥宇。'当是时也，内无怨女，外无旷夫。王如好色，与百姓同之，于王何有？"（《孟子·梁惠王下》五）

【译注】梁惠王对孟子说："我有毛病，我喜欢女人。"孟子说："从前周族的太王也喜欢女人，很疼爱他的妃子。《诗经·大雅·绵》就说：'古公亶父（即太王）清早跑马，沿着邠（Bīn）地西边的漆水来到岐山之下，还带着他的妻子姜氏，同来视察他们的栖息所。'那个时候，没有找不到丈夫的女人，也没有找不到妻子的男子。王如果喜欢女人，同时也能满足百姓们的男女爱悦之心，这对于实行王政，又有什么困难呢？"●太王：周族领袖古公亶（dǎn）父。厥：其。率：沿着。水浒：水边。爰（yuán）、聿（yù）：都是虚词。胥：视察。怨女：适龄而无夫之女。旷夫：适龄而无妻之男。何有：有什么困难？

2·6·8 （孟子曰：）"好色，人之所欲。……人少，则慕父母；知好色，则慕少艾；有妻子，则慕妻子……"
（《孟子·万章上》一）

【译注】（孟子说：）"漂亮的女人，这是男人们都喜欢的。……人在幼小时，依恋父母；懂得男女之爱后，就爱慕年轻漂亮的姑娘；有了妻子，则又恋慕妻子……"●少艾：年轻美貌的女子。◎这些话是孟子在谈孝道时说的，本义是指人的任何欲望都不能超越对父母的爱，但客观上也承认了男女之爱的天然正当。

2·6·9　淳于髡曰："男女授受不亲，礼与？"孟子曰："礼也。"曰："嫂溺，则援之以手乎？"曰："嫂溺不援，是豺狼也。男女授受不亲，礼也；嫂溺，援之以手者，权也。"（《孟子·离娄上》一七）

【译注】齐人淳于髡（kūn）问孟子："男人女人之间不亲手递接东西，有这个礼制规定吗？"孟子回答："有这礼制规定。"淳于髡又问："嫂子掉到水里，小叔能伸手去援救她吗？"孟子说："嫂子掉进水里而不伸手援救，那是豺狼野兽了！男女不亲手递接东西，这是礼制规定；嫂子掉到水里，伸手去援救，这是随机应变。"●授受：指授予和接受。溺：溺水。援：援救。权：变通，灵活处置。

2·6·10　子曰："吾未见好德如好色者也。"（《论语·子罕》一八）

【译注】孔子说："我没见过喜爱道德胜过喜爱美色之人。"◎这句话又见于《论语·卫灵公》一三："子曰：'已矣乎！吾未见好德如好色者也。'"

2·6·11　子曰："惟女子与小人为难养也，近之则不孙，远之则怨。"（《论语·阳货》二五）

【译注】孔子说："只有女子和小人是最难共处的，亲近了，他们就会无礼；疏远了，他们就会怨恨。"●孙：逊，谦逊。

2·6·12　去谗远色，贱货而贵德，所以劝贤也。（《中庸》第二〇章）

【译注】赶走进谗小人，远离女色诱惑，看轻财货，推崇道德，以此来劝勉贤者。●去：赶走。劝：劝勉，鼓励。

2·6·13　（孟子曰：）"五霸，桓公为盛。葵丘之会，诸侯束牲载书而不歃血。初命曰，诛不孝，无易树子，无以妾为妻。……"（《孟子·告子下》七）

【译注】（孟子说：）"五霸之中以齐桓公最为强盛。在葵丘的一次会盟，诸侯都绑好牺牲，把盟书放在上面，只是没歃血。盟约第一条说：要诛责不孝之人，不要废立太子，不要立妾为妻。……"●五霸：春秋时曾有五个诸侯国要盟称霸，说法不一，一般认为是齐桓公、晋文公、秦穆公、楚庄王、吴王阖闾。葵丘：地名，在今河南兰考一带。束牲载书：捆绑牺牲（牲畜），将盟书放到上面。歃（shà）血：与盟者口涂牲血，以示诚实守信。易：变换。树子：古代诸侯立为世子的嫡子，一般都是长子。◎盟约共五条，内容可参看6·3·19。本条中包括"无以妾为妻"的内容，值得关注。

中编

3 君 子

君子的本义指居位者、贵族，同时也泛指才德出众的人。在儒家经典中，"君子"常与"小人""野人"对举。儒家的种种道德标准、规矩训诫，也多是针对君子制定的。"四书"几乎就是一部"君子守则"，因此特辟"君子"一章。本章包括16节。

3·1 君子风范，孔孟高标

本节总论君子的标准，相关论述尚有"君子笃于亲"（1·1·12）、"君子道者三"（1·3·11）、"富贵不能淫"（1·6·3）、"君子有九思"（1·7·3）、"君子之道四"（1·8·5）、"君子有三戒"（1·10·9）、"君子所性……四体不言而喻"（1·13·9）、"君子有三乐"（2·2·8）等。

3·1·1　曾子曰："可以托六尺之孤，可以寄百里之命，临大节而不可夺也。君子人与？君子人也！"（《论语·泰伯》六）

【译注】曾子说："可以把幼小的孤儿托付给他，可以把国家命脉交付给他，遇到紧要关头，仍能坚守节操。这样的人是君子

吗?这样的人就是君子!"●六尺之孤:六尺形容幼小(古代成人为七尺);孤,孤儿,这里指君主临终托付的幼君。寄:寄托,委托。百里:这里指江山。夺:强迫改变。

3·1·2 子曰:"君子不可小知而可大受也,小人不可大受而可小知也。"(《论语·卫灵公》三四)

【译注】孔子说:"君子不可以通过小事来观察考验,却可以承受重任;小人不可以承受重任,却往往能通过小事的考验。"

3·1·3 子夏曰:"虽小道,必有可观者焉;致远恐泥,是以君子不为也。"(《论语·子张》四)

【译注】子夏说:"纵使是小技能,也一定有可取之处。只是君子不去做,因为怕阻碍远大目标的实现。"●致远:奔赴远大目标。泥:阻碍。◎又《孟子·离娄下》八"孟子曰:'人有不为也,而后可以有为。'"虽未提到君子,但所言正是君子之行,可以参看。

3·1·4 子夏曰:"君子有三变:望之俨然,即之也温,听其言也厉。"(《论语·子张》九)

【译注】子夏说:"君子有三种不同面貌:远看庄严可敬,接近后温和亲切,听他说话又很有原则、一丝不苟。"●俨然:庄严貌。厉:严肃不苟。

3·1·5 子曰:"君子不重则不威,学则不固。主忠信,无友不如己者,过则勿惮改。"(《论语·学而》八)

【译注】参见1·12·3。

3·1·6　子温而厉，威而不猛，恭而安。(《论语·述而》三八)

【译注】孔子温和而严肃，有威仪而不凶狠，庄重而安静。

3·1·7　曾子有疾，孟敬子问之。曾子言曰："鸟之将死，其鸣也哀；人之将死，其言也善。君子所贵乎道者三：动容貌，斯远暴慢矣；正颜色，斯近信矣；出辞气，斯远鄙倍矣。笾豆之事，则有司存。"(《论语·泰伯》四)

【译注】曾参病了，孟敬子去探问。曾子对他说："鸟要死了，鸣叫声是悲哀的；人要死了，说的话是有价值的。君子推重的礼仪之道有三点：容貌严肃，就可以避免别人的粗暴、轻慢；表情端庄，就容易令人信任；说话时多考虑言辞声调，就可以远离鄙陋和错误。至于礼仪程序，自有主管人员在（，不必多虑）。"●孟敬子：鲁国大夫。暴慢：粗暴、怠慢。鄙倍：鄙陋、错误。倍，同"背"，不合理。笾（biān）、豆：两种祭器。有司：具体主管人。

3·1·8　子曰："君子义以为质，礼以行之，孙以出之，信以成之。君子哉！"(《论语·卫灵公》一八)

【译注】参见1·5·11。

3·1·9　司马牛问君子。子曰："君子不忧不惧。"曰："不忧不惧，斯谓之君子已乎？"子曰："内省不疚，夫何忧何惧？"(《论语·颜渊》四)

【译注】司马牛向孔子请教如何做君子。孔子说："君子不忧愁、不恐惧。"司马牛说："不忧愁、不恐惧，这就可以叫作君

子了吗？"孔子说："自我反省，问心无愧，还有什么忧愁、恐惧的呢？"●已：完了。疚：愧疚。

3·1·10 孔子曰："君子有三畏：畏天命，畏大人，畏圣人之言。小人不知天命而不畏也，狎大人，侮圣人之言。"（《论语·季氏》八）

【译注】孔子说："君子敬畏三件事：敬畏天命，敬畏王公大人，敬畏圣人的教导。小人不懂天命因而不知敬畏，轻慢王公大人，轻侮圣人的话。"●狎：亲昵而不庄重。

3·1·11 子曰："不逆诈，不亿不信，抑亦先觉者，是贤乎！"（《论语·宪问》三一）

【译注】孔子说："不预先怀疑别人欺诈，不毫无根据地猜度别人不诚实，却能及早察觉（问题），这样的人可以称为贤者了！"●逆：预先猜测。亿：通"臆"，臆测。抑：表转折，但是。

3·1·12 子路问成人。子曰："若臧武仲之知，公绰之不欲，卞庄子之勇，冉求之艺，文之以礼乐，亦可以为成人矣。"曰："今之成人者何必然？见利思义，见危授命，久要不忘平生之言，亦可以为成人矣。"（《论语·宪问》一二）

【译注】子路请教怎样才是完人。孔子说："智慧像臧武仲，清心寡欲像公绰，勇敢像卞庄子，才艺像冉求，再用礼乐培养他的文采，也就可以是个完人了。"又说："今天所谓的完人何必是这个样子呢？见到利益就想想该不该得，遇到危险便能为正义而付出生命，长期穷困仍能不忘平日的诺言，也可以说是个完人了。"●成人：完美之人。臧武仲：鲁国大夫。公绰：孟

公绰,鲁人。卞庄子:齐国勇士。授命:献出生命。要:约,穷困。

3·1·13 子谓子贱:"君子哉若人!鲁无君子者,斯焉取斯?"(《论语·公冶长》三)

【译注】孔子评价子贱(学生宓子贱,名不齐),说:"这人是君子啊!假如鲁国没有君子,他的这种君子风范是从哪里学来的?" ●斯(斯焉取斯):这;前者指宓子贱,后者指君子风范。

3·1·14 子曰:"君子博学于文,约之以礼,亦可以弗畔矣夫!"(《论语·雍也》二七)

【译注】孔子说:"君子广泛地学习文献,再用礼节加以约束,也就可以不离经叛道了。" ●约:约束。畔:同"叛"。

3·1·15 子曰:"质胜文则野,文胜质则史。文质彬彬,然后君子。"(《论语·雍也》一八)

【译注】孔子说:"质朴超过文采,就未免粗野;文采超过质朴,就未免虚浮。文采、质朴搭配得当,这才是君子风范。" ●质:质朴。文:文采,文饰。野:粗鄙少文采。史:这里指浮华。彬彬:配合协调的样子。

3·1·16 棘子成曰:"君子质而已矣,何以文为?"子贡曰:"惜乎,夫子之说君子也!驷不及舌。文犹质也,质犹文也。虎豹之鞟犹犬羊之鞟。"(《论语·颜渊》八)

【译注】棘子成说:"君子为人质朴就行了,还要文采做什

么?"子贡说:"可惜啊,先生竟这样谈论君子。不过一言既出驷马难追了。从重要性上看,文采的重要性跟质朴是等同的。(如果去掉有文采的毛,)虎豹的皮板同犬羊的皮板并无多大区别。"●棘子成:卫国大夫。夫子:这里指棘子成。驷:拉车的四匹马。鞟(kuò):皮板。

3·1·17　子曰:"文,莫吾犹人也。躬行君子,则吾未之有得。"(《论语·述而》三三)

【译注】孔子说:"书本学问,大概我跟别人差不多。但在实践中做个君子,我还做得不够。"●莫:约莫,大概。躬行:身体力行。

3·1·18　子曰:"君子不器。"(《论语·为政》一二)

【译注】孔子说:"君子不像器皿一样(有固定用途,而是可以在各个方面发展)。"●器:器皿。

3·1·19　子贡问曰:"赐也何如?"子曰:"女,器也。"曰:"何器也?"曰:"瑚琏也。"(《论语·公冶长》四)

【译注】子贡问:"我是怎样的人?"孔子说:"你好比一件器皿。"子贡问:"什么器皿呢?"孔子说:"是宗庙里的瑚琏。"●瑚琏(húlián):古代祭祀时装黍稷的器皿,是很尊贵的。

3·1·20　子曰:"君子矜而不争,群而不党。"(《论语·卫灵公》二二)

【译注】孔子说:"君子庄重自尊而不与人做无谓争执,合群却不搞宗派。"●矜(jīn):庄重,自尊。党:结党营私,搞宗派。

3·1·21　子曰："君子和而不同，小人同而不和。"(《论语·子路》二三)

【译注】孔子说："君子追求中和状态而不是无原则地苟同，小人则无原则地苟同而不求中和状态。"●和：指人与人相处，既保持独立人格，又能和谐相处、相互协调，类似五味调和、八音和谐的状态。同：无原则地苟同。◎可参看"致中和"(5·6·1)。

3·1·22　孟子曰："居下位，不以贤事不肖者，伯夷也；五就汤，五就桀者，伊尹也；不恶污君，不辞小官者，柳下惠也。三子者不同道，其趋一也。一者何也？曰：仁也。君子亦仁而已矣，何必同？"(《孟子·告子下》六)

【译注】参见1·4·9。

3·1·23　子张问于孔子曰："何如斯可以从政矣？"子曰："尊五美，屏四恶，斯可以从政矣。"子张曰："何谓五美？"子曰："君子惠而不费，劳而不怨，欲而不贪，泰而不骄，威而不猛。"子张曰："何谓惠而不费？"子曰："因民之所利而利之，斯不亦惠而不费乎？择可劳而劳之，又谁怨？欲仁而得仁，又焉贪？君子无众寡，无小大，无敢慢，斯不亦泰而不骄乎？君子正其衣冠，尊其瞻视，俨然人望而畏之，斯不亦威而不猛乎？"(《论语·尧曰》二)

【译注】子张问孔子："怎样做就可以从政呢？"孔子说："尊重五种美德，摒弃四种恶政，就可以从政了。"子张问："五种

美德是什么？"孔子说："君子给人好处，自己却付出不多；役使百姓，百姓却无怨言；自己也有欲望，但不致贪婪；安泰淡定而不傲慢；威严而不凶猛。"子张问："怎么叫给人好处自己却付出不多呢？"孔子说："就着老百姓认为有利的事让他们去获利，这不就是给人好处、自己也付出不多吗？选择可以（让百姓有余力）干的事让他们干，又有谁会有怨言呢？君子的欲望是追求仁，获得了仁的结果，还有什么贪求呢？无论对方人员多少，也无论势力大小，君子都不敢怠慢，这不也是安泰淡定而不傲慢吗？君子衣冠端正，目不斜视，庄严之貌使人见了心生敬畏，这不也是威严而不凶猛吗？" ●屏（bǐng）：摒除。费：用财多，靡费。泰：坦然安定。

3·1·24　子谓子产："有君子之道四焉：其行己也恭，其事上也敬，其养民也惠，其使民也义。"（《论语·公冶长》一六）

【译注】参见1·5·19。

3·1·25　子贡曰："纣之不善，不如是之甚也。是以君子恶居下流，天下之恶皆归焉。"（《论语·子张》二〇）

【译注】子贡说："商纣的不良，不像传说的那样厉害（他的罪恶被夸大了）。因此君子不要处于道德下风，那样一来，天下的坏名声都会集中到你身上。" ●下流：这里指不利地位。

3·1·26　故君子之道，本诸身，征诸庶民，考诸三王而不缪，建诸天地而不悖，质诸鬼神而无疑，百世以俟圣人而不惑。质诸鬼神而无疑，知天也；百世以俟圣人而不惑，知人也。是故君子动而世为天

下道，行而世为天下法，言而世为天下则。远之则有望，近之则不厌。(《中庸》第二九章)

【译注】所以君子治理天下的方法，是以自身道德为本，并从百姓那儿获得验证，再考察夏、商、周三代先王之制，没有违背之处，立于天地之间而不违离，质询于鬼神而没有疑问，百世等待圣人出现后也不会有所疑惑。质询于鬼神而没有疑问，是因为合乎天道；百世等待圣人出现后也不会有所疑惑，是因为顺乎人情。因此君子的举动能世世代代成为天下的常道，行为能世世代代成为天下的法度，语言能世世代代成为天下的准则。远方的人常怀仰望之情，近处的人也没有厌倦之意。● 征：验证。三王：夏、商、周三代先王。缪（miù）：错误。悖（bèi）：背离。俟：等待。

3·2 反求诸己，君子慎独

君子高度重视个人修养，严于律己，即便独处时也不放松对自己的要求（所谓"慎独"），凡事总从自身找原因。相关论述尚有"爱人不亲，反其仁"（1·9·14）。此外，还可与5·5"大学之道，修齐治平"、5·7"至诚无息，载物配天"、6·2"风吹草偃，身正令行"诸节参照阅读。

3·2·1 天命之谓性，率性之谓道，修道之谓教。道也者，不可须臾离也，可离非道也。是故君子戒慎乎其所不睹，恐惧乎其所不闻。莫见乎隐，莫显乎微，故君子慎其独也。(《中庸》第一章)

【译注】人的天然禀赋叫作"性"，顺人性而行的路叫作"道"，修治此道的过程叫作"教"。道是一刻不可背离的，可以背离就不是道了。因此，君子在别人看不到、听不到的地方，更要

小心警惕、诚惶诚恐。(在君子看来,)没有比隐蔽的、细微的(不合于道的)念头更明显昭著的了,所以君子在独处时更要谨慎地约束自己。●率(shuài):遵循,顺从。见:同"现"。慎其独:在其独处时更要谨慎、守护良知、不违礼法。◎关于"君子慎独"的论述,尚可参见《大学》第七章(5·5·8)。

3·2·2 《诗》云:"潜虽伏矣,亦孔之昭!"故君子内省不疚,无恶于志。君子之所不可及者,其唯人之所不见乎?(《中庸》第三三章)

【译注】《诗经·小雅·正月》说:"虽然潜藏在水底,却也看得一清二楚。"因此君子要自我反省,没有内疚,无愧于心。君子让人赶不上的,大概正在这些人家看不见的地方吧?●孔:很,甚。昭:昭著。

3·2·3 子曰:"躬自厚而薄责于人,则远怨矣。"(《论语·卫灵公》一五)

【译注】孔子说:"严于律己、宽以待人,就会远离怨恨。"●躬:自身。厚:这里指严格。薄:这里指宽容。

3·2·4 子曰:"君子求诸己,小人求诸人。"(《论语·卫灵公》二一)

【译注】孔子说:"君子反求于己,小人苛求于人。"

3·2·5 子曰:"见贤思齐焉,见不贤而内自省也。"(《论语·里仁》一七)

【译注】孔子说:"见到贤者就想着向他看齐,见到不贤的人,

就反省自己（有没有相同的毛病）。"●齐：看齐，赶上。

3·2·6　孟子曰："身不行道，不行于妻子；使人不以道，不能行于妻子。"（《孟子·尽心下》九）

【译注】孟子说："自身不遵道而行，道在妻子身上也推行不了。使唤他人不合于道，就是使唤妻子也不可能。"

3·2·7　子曰："射有似乎君子，失诸正鹄，反求诸其身。"（《中庸》第一四章）

【译注】孔子说："可以用射箭来比拟君子，没有射中靶子，则要回头来寻找自己的技艺问题。"●正鹄（zhēnggǔ）：箭靶中心。

3·2·8　（孟子曰：）"仁者如射：射者正己而后发；发而不中，不怨胜己者，反求诸己而已矣。"（《孟子·公孙丑上》七）

【译注】（孟子说：）"行仁的人好比射箭一样：射箭者先要端正自己的姿势，然后放箭；如果没射中，也不抱怨胜过自己的人，而是回头检查自己的问题罢了。"

3·2·9　孟子曰："言近而指远者，善言也；守约而施博者，善道也。君子之言也，不下带而道存焉；君子之守，修其身而天下平。人病舍其田而芸人之田。所求于人者重，而所以自任者轻。"（《孟子·尽心下》三二）

【译注】孟子说："言辞浅近而含义深远，这是善言。所持守的很简约，而施行起来效果广博，这是善道。君子的言语，讲的虽然是眼前所见之事，道就在其中。君子的操守，是努力修

养自身，自然可（表率众人）使天下太平。许多人的毛病就在于放着自家的田地不收拾，总是去收拾别人家的田地。要求别人很重，自己负担的却很轻。"●指：旨。约：简约。不下带：指眼前所见；带即腰带。古人"视不下于带"。病：毛病。舍：舍弃，放弃。芸：除草。

3·2·10 （孟子曰：）"有人于此，其待我以横逆，则君子必自反也：我必不仁也，必无礼也，此物奚宜至哉？其自反而仁矣，自反而有礼矣，其横逆由是也，君子必自反也：我必不忠。自反而忠矣，其横逆由是也，君子曰：'此亦妄人也已矣。如此，则与禽兽奚择哉？于禽兽又何难焉？'是故君子有终身之忧，无一朝之患也。乃若所忧则有之：舜，人也；我，亦人也。舜为法于天下，可传于后世，我由未免为乡人也，是则可忧也。忧之如何？如舜而已矣。若夫君子所患则亡矣。非仁无为也，非礼无行也。如有一朝之患，则君子不患矣。"（《孟子·离娄下》二八）

【译注】（孟子说：）"（从'有人于此'至'无一朝之患也'参见1·7·9。）像这种长期的忧虑是有的：舜也是人，我也是人，舜能为天下树立榜样，美名可传于后世，我仍不免是个老百姓，这是令我忧虑的。忧虑了又怎么样？向舜学习罢了。至于君子别的痛苦就不存在了。不是仁德的事就不做，不是合于礼义的事就不干。（类似遇到这种狂妄之人的）一时不快，君子并不在意。"●由：同"犹"。

3·2·11 孟子曰："居下位而不获于上，民不可得而治也。

获于上有道：不信于友，弗获于上矣；信于友有道：事亲弗悦，弗信于友矣；悦亲有道：反身不诚，不悦于亲矣；诚身有道：不明乎善，不诚其身矣。是故诚者，天之道也；思诚者，人之道也。至诚而不动者，未之有也；不诚，未有能动者也。"（《孟子·离娄上》一二）

【译注】孟子说："在下者，如果得不到上级的信任，就不能很好地治理百姓。获得上级的信任是有方法的，（先要得到朋友的信任，）若得不到朋友的信任，也就得不到上级的信任。得到朋友的信任也是有方法的，（先要得到父母的欢心，）若侍奉父母而不能使他们高兴，也就不能得到朋友的信任。使父母高兴是有方法的，（首先要诚心诚意，）若反躬自问，心意不诚，也就不能使父母高兴。使自己心意真诚也是有办法的，（先要明白什么是善，）若不明白什么是善，也就不能使自己心意真诚。所以，真诚是上天赋予的品行，追求真诚是做人应达的目标。极端真诚而不能够使人感动，是不曾有过的；不真诚是不能感动人的。"◎可与《中庸》第二○章（5·7·10）参看。

3·2·12　故君子之道，本诸身，征诸庶民，考诸三王而不缪，建诸天地而不悖，质诸鬼神而无疑，百世以俟圣人而不惑。（《中庸》第二九章）

【译注】参见3·1·26。

3·2·13　子曰："以约失之者鲜矣。"（《论语·里仁》二三）

【译注】孔子说："因为约束、节制而导致的过失是极少的。"

3·3 直道立身，百折不悔

"直"与"曲"相对，引申为正直、公平、直言不讳；有时也指正直的人。我们常常挂在嘴边的"以德报怨"，其实并非先哲本意；孔子的主张是"以直报怨，以德报德"（见3·3·2）。——相关论述还可参看"故君子可欺以其方，难罔以非其道"（1·9·16）、"勿欺也，而犯之"（2·1·15）、"直哉史鱼！邦有道，如矢；邦无道，如矢"（3·10·13）等。

3·3·1 子曰："人之生也直，罔之生也幸而免。"（《论语·雍也》一九）

【译注】孔子说："人的生存靠的是正直，不正直的人也能生存，那是他侥幸免于祸害。"●罔：这里指诬罔不直之人。

3·3·2 或曰："以德报怨，何如？"子曰："何以报德？以直报怨，以德报德。"（《论语·宪问》三四）

【译注】有人说："以恩德回报仇怨，怎么样？"孔子说："那又拿什么去酬答恩德呢？我认为，应该拿公平正直回报仇怨，拿恩德酬答恩德。"●直：正直。

3·3·3 子曰："吾之于人也，谁毁谁誉？如有所誉者，其有所试矣。斯民也，三代之所以直道而行也。"（《论语·卫灵公》二五）

【译注】孔子说："我对于别人，诋毁过谁？赞誉过谁？如果有所赞誉，那一定是经过考验的。这样的人，正是夏、商、周三代推行正道的中坚力量。"●毁：毁谤。试：考验。

3·3·4　子曰："举直错诸枉，能使枉者直。"（《论语·颜渊》二二）

【译注】参见1·9·7。

3·3·5　叶公语孔子曰："吾党有直躬者，其父攘羊，而子证之。"孔子曰："吾党之直者异于是：父为子隐，子为父隐。——直在其中矣。"（《论语·子路》一八）

【译注】参见2·3·11。◎这是孔子论直道的最著名的言论，由此也可窥见儒家对孝道的重视。

3·3·6　子曰："当仁，不让于师。"（《论语·卫灵公》三六）

【译注】参见1·2·5。◎西谚有"我爱吾师，我更爱真理"与此义近，也是"直"的表现。

3·3·7　宰我问曰："仁者，虽告之曰：'井有仁焉。'其从之也？"子曰："何为其然也？君子可逝也，不可陷也；可欺也，不可罔也。"（《论语·雍也》二六）

【译注】宰我（即宰予）问孔子："有仁德的人，就是告诉他'井里有个仁人'，他是不是也会跟着跳下去呢？"孔子说："为什么要这样做呢？对于君子，你可以叫他走开，却不能陷害他；可以编造理由欺骗他，却不能愚弄他。"●从：跟随。逝：走开，一去不返。欺、罔：欺指编造理由欺骗，罔指毫无道理地愚弄。可参看"故君子可欺以其方，难罔以非其道"（1·9·16）。

3·3·8　康子馈药，拜而受之。曰："丘未达，不敢尝。"（《论语·乡党》一六）

【译注】季康子送药给孔子,孔子拜谢接受,说:"我对这药性不了解,不敢试服。"●康子:季康子,是鲁国正卿。达:了解。

3·3·9 孺悲欲见孔子,孔子辞以疾。将命者出户,取瑟而歌,使之闻之。(《论语·阳货》二〇)

【译注】孺悲要来见孔子,孔子托言生病,不见。传话的人刚出房门,孔子就取出瑟来边弹边唱,故意让孺悲听到。●孺悲:鲁国人。将命者:传话的人。◎孔子不喜欢谁,是要让他知道的,这也是"直"的表现吧。

3·3·10 子游为武城宰。子曰:"女得人焉耳乎?"曰:"有澹台灭明者,行不由径,非公事,未尝至于偃之室也。"(《论语·雍也》一四)

【译注】子游做了武城县的县令,孔子说:"你那里发现人才没有?"子游说:"有个叫澹台灭明的,走路从不走小道;不是公事,从不到我屋里来(,是个正直的人)。"●径:小道。

3·3·11 柳下惠为士师,三黜。人曰:"子未可以去乎?"曰:"直道而事人,焉往而不三黜?枉道而事人,何必去父母之邦?"(《论语·微子》二)

【译注】柳下惠做法官,多次被撤职。有人对他说:"你难道不能离开鲁国吗?"柳下惠说:"正直地在人手下工作,到哪儿不会一再丢官呢?若是放弃正直,又何必离开祖国呢?"●柳下惠:春秋时鲁国人,曾为大夫,后隐居。士师:刑狱官。黜(chù):降职或罢免。子:此处是称呼柳下惠。枉道:不依正道。

3·3·12 子曰:"孰谓微生高直?或乞醯焉,乞诸其邻而与之。"(《论语·公冶长》二四)

【译注】孔子说:"谁说微生高这个人正直?有人向他讨点醋,他跑到邻居那儿要了点给人家。"●微生高:孔子的学生。醯(xī):醋。

3·3·13 孟子曰:"柳下惠不以三公易其介。"(《孟子·尽心上》二八)

【译注】孟子说:"柳下惠这个人不因三公高位而出卖自己的耿介节操。"●介:耿直。

3·3·14 陈代曰:"不见诸侯,宜若小然;今一见之,大则以王,小则以霸。且志曰:'枉尺而直寻',宜若可为也。"孟子曰:"昔齐景公田,招虞人以旌,不至,将杀之。志士不忘在沟壑,勇士不忘丧其元。孔子奚取焉?取非其招不往也。如不待其招而往,何哉?且夫枉尺而直寻者,以利言也。如以利,则枉寻直尺而利,亦可为与?……且子过矣:枉己者,未有能直人者也。"(《孟子·滕文公下》一)

【译注】陈代(孟子的学生)说:"不去觐见诸侯,这是拘泥小节啊。如今去见诸侯,往大处说,可以辅佐他成就王业,往小处说,可以助他成就霸业。而且《志》上说:'委屈一尺可以伸展八尺。'看来可以干一番。"孟子说:"从前齐景公打猎,用旌旗召唤猎场小吏,小吏不来,景公便要杀他。(小吏毫不畏惧,孔子因此称赞他。)有志之士不怕弃尸沟渠,勇敢的人不怕掉脑袋。孔子称赞小吏哪一点呢?就是不用正确方式召唤,坚决不去。(同样道理,)我们不待诸侯召唤就前往,又

会怎样？而且你说委屈一尺可以伸展八尺，这是从利益角度而言。那么如果从利的角度出发，委屈八尺伸展一尺，是不是也可接受呢？……而且你错了，自己不正直的人，没有能让别人正直的。"●枉：弯曲，与直相对。寻：古代长度单位，八尺为一寻。田：田猎。虞人：守苑囿的小吏。旌：带羽毛的旗子；旌是用来召唤大夫的，用来召唤虞人，则不合礼法。元：头颅。

3·4 励志养心，任重道远

　　君子自觉肩负道德使命、勇于承担社会责任，时刻以"士不可以不弘毅，任重而道远"激励自己。而"动心忍性"、经受艰苦环境磨炼，又成为承担道德重任的前提条件。此外，《论语》中孔门弟子"各言其志"的场景描述，是孔子鼓励学生发展个性的生动例证，从一个侧面展示了儒家思想的包容性。

3·4·1　曾子曰："士不可以不弘毅，任重而道远。仁以为己任，不亦重乎？死而后已，不亦远乎？"（《论语·泰伯》七）

　　【译注】参见1·3·1。◎这是《论语》中最具励志效应的语录之一。

3·4·2　（孟子曰：）"伊尹耕于有莘之野，而乐尧舜之道焉。……汤三使往聘之，既而幡然改曰：'与我处畎亩之中，由是以乐尧舜之道，吾岂若使是君为尧舜之君哉？吾岂若使是民为尧舜之民哉？吾岂若于吾身亲见之哉？天之生此民也，使先知觉后知，使先觉觉后觉也。予，天民之先觉者也；予将以斯道觉斯民也。非予觉之，而谁也？'思天下之民，匹夫匹妇有不被尧舜之泽者，若己推而内之沟中。其自任天下之重如此，故就汤而说之以伐夏救民。……"(《孟子·万章上》七)

【译注】(万章问孟子："有人说伊尹是凭着厨子手艺谋求商汤赏识的，有这事吗？"孟子做了否定的回答，接着叙述汤礼聘伊尹的经过：)"伊尹在有莘氏的田野上从事耕作，并以尧舜之道为乐。……汤再三派使者礼聘伊尹，(伊尹受了感动，)改变了(一口回绝的)态度，说：'与其我独处乡野，同样是以尧舜之道为乐，我何如让眼下的君主成为尧舜那样的国君？何如使眼下的百姓成为尧舜时代的百姓？何如让我亲自见到这情景呢？老天生育百姓，就是要让先知先觉开导后知后觉。我呢，就是百姓中的先觉者，我会拿尧舜之道让现在的人们觉悟。我不去做，又有谁去做呢？'他想着，天下百姓有一个男人一个女人没有沾溉尧舜的恩泽，就像是自己把他们推到山沟里一样。他就是这样把天下重任担在自己肩上，因而主动到汤那里，说服汤讨伐夏朝以拯救百姓。……" ●有莘：莘国，故址在今河南陈留附近。幡然：改变貌；幡，同"翻"。与：与其。畎(quǎn)亩：田地，田野；畎，田间的沟。岂若：何如。内：纳。

3·4·3 孟子曰："舜发于畎亩之中，傅说举于版筑之间，胶鬲举于鱼盐之中，管夷吾举于士，孙叔敖举于海，百里奚举于市。故天将降大任于是人也，必先苦其心志，劳其筋骨，饿其体肤，空乏其身，行拂乱其所为；所以动心忍性，曾益其所不能。人恒过，然后能改；困于心，衡于虑，而后作；征于色，发于声，而后喻。入则无法家拂士，出则无敌国外患者，国恒亡。然后知生于忧患而死于安乐也。"（《孟子·告子下》一五）

【译注】孟子说："舜发迹于农田之中，傅说被举荐于筑墙工匠中，胶鬲被提拔于鱼盐市场，管夷吾从狱官手里被释放并举用，孙叔敖被提举于海边，百里奚被提拔于集市。（这几位都经历过艰难困苦。）所以说，上天要把重大的任务交给谁，一定会先让他心智苦恼、筋骨劳碌、肠胃饥饿、身体穷困，一动一静总是被扰乱；这样便可以触动他的心志，坚韧他的性情，增加他的能力。一个人常犯错，才知改正；心意困苦，思虑阻塞，才能奋发有为；表现在脸色上，发表在言辞中，才能被理解。一个国家，内部没有法度之臣和辅国之士，外部没有可抗衡的邻国及种种外患，这样的国家总是容易灭亡的。由此可知，忧愁祸患足以令人生存，安逸快乐足以使人败亡。"●拂乱：扰乱。曾：同"增"。法家拂（bì）士：有法度的世臣及辅弼的贤士；拂，同"弼"。◎这里提到的舜、傅说、胶鬲、管夷吾、孙叔敖、百里奚都是从底层被发现并提举的贤人。

3·4·4 孟子曰："人之有德、慧、术、知者，恒存乎疢疾。独孤臣孽子，其操心也危，其虑患也深，故达。"（《孟子·尽心上》一八）

【译注】孟子说："人之所以有道德、智慧、本领、知识，是由于常常存在灾患的缘故。因而只有孤立之臣、庶孽之子，因其（环境凶险而）心存忧患、远虑深谋，所以才通达事理。"●慧：智慧。术：本领。疢（chèn）疾：灾患。孤臣：被疏远的臣子。孽子：由妾所生的儿子，地位卑贱。危：不安。达：通达。

3·4·5 颜渊、季路侍。子曰:"盍各言尔志?"子路曰:"愿车马衣轻裘与朋友共,敝之而无憾。"颜渊曰:"愿无伐善,无施劳。"子路曰:"愿闻子之志。"子曰:"老者安之,朋友信之,少者怀之。"(《论语·公冶长》二六)

【译注】颜渊、子路在孔子身边侍立。孔子说:"干吗不各自说说自己的志向?"子路说:"我有车马衣服愿意跟朋友共享,用坏了也不心疼。"颜渊说:"我的志向是不夸说自己的好处,不表白自己的功劳。"子路说:"想听听先生的志向。"孔子说:"我的志向是,对老者安抚他,对朋友信任他,对年轻人关怀他。"●盍(hé):何不。敝:破旧。伐:夸耀。施劳:表白功绩。怀:关怀。

3·4·6 子路、曾晳、冉有、公西华侍坐。子曰:"以吾一日长乎尔,毋吾以也。居则曰:'不吾知也!'如或知尔,则何以哉?"子路率尔而对曰:"千乘之国,摄乎大国之间,加之以师旅,因之以饥馑;由也为之,比及三年,可使有勇,且知方也。"夫子哂之。"求!尔何如?"对曰:"方六七十,如五六十,求也为之,比及三年,可使足民。如其礼乐,以俟君子。""赤!尔何如?"对曰:"非曰能之,愿学焉。宗庙之事,如会同,端章甫,愿为小相焉。""点!尔何如?"鼓瑟希,铿尔,舍瑟而作,对曰:"异乎三子者之撰。"子曰:"何伤乎?亦各言其志也。"曰:"莫春者,春服既成,冠者五六人,童子六七人,浴乎沂,风乎舞雩,咏而归。"夫子喟然叹曰:"吾与点也!"三子者出,曾晳后。曾晳曰:"夫三子者之言何如?"子曰:"亦各言其志也已矣。"曰:"夫子何哂由也?"曰:"为国以礼,其言不让,是故哂之。""唯求则非邦也与?""安见方六七十如五六十而非邦也者?""唯赤则非邦也与?""宗庙会同,非诸侯而何?赤也为之小,孰能为之大?"(《论语·先进》二六)

【译注】子路、曾皙、冉有、公西华等陪孔子坐着。孔子说:"我比你们年纪都大些,不要因为我而拘束。你们平日总说:'没人了解我。'如果有人了解你们,你们会怎样?"子路不假思索地回答:"有个拥有千辆兵车的国家,被夹在大国之间,有军队侵犯它,又加上国内闹饥荒。让我去治理,等上三年,我可以让人人有勇气,而且明白道理。"孔子微微一笑。问:"冉求,你怎么样?"冉求回答:"纵横六七十里或五六十里的小国,让我治理,等到三年,可以让百姓富足。至于礼乐教化,那得有待君子来推行了。"孔子又问:"公西赤,你怎么样?"公西华回答:"不是说我能做到,只是愿意学学。宗庙祭祀的事,或同外国会盟,我愿穿戴礼服礼帽,做个小司仪。"孔子又问:"曾点,你怎样?"曾皙正在弹瑟,瑟声稀落,铿的一声停住,放下瑟站起来,回答说:"我比不上他们三位有才能。"孔子说:"有什么妨碍呢,不过是各说各的志向。"曾皙说:"暮春时分,换上春天的单衣,跟着五六个年轻人,六七个孩童,到沂水中洗个澡,在舞雩台上吹吹风,一路歌咏着走回家去。"孔子长叹一声说:"我赞赏曾点的理想。"子路等三人出去了,曾皙留在后面,问孔子:"三位同学的话怎样?"孔子说:"也是各自谈说自己的志向罢了。"曾皙又问:"先生为什么笑子路啊?"孔子说:"治国要讲求礼仪,子路的话一点不谦虚,所以笑他。"曾皙又问:"难道冉求所讲的就不

是国家吗?"孔子说:"怎么见得纵横六七十里或五六十里就够不上国家呢?"曾皙再问:"公西赤讲的不是国家吗?"孔子回答:"又是宗庙又是会盟,不是国家是什么?(公西华太谦虚了,)他做个小司仪,那么谁能做大司仪呢?"●长(zhǎng)乎尔:比你们年长。毋吾以:不要因我(而拘束)。率(shuài)尔:轻率。摄:夹。知方:懂得道理。哂(shěn):微笑。会同:诸侯会盟。端章甫:端,礼服;章甫,礼帽。相:赞礼的司仪。希:同"稀",形容瑟声稀疏。铿(kēng)尔:形容瑟声。舍:放下。撰:才能,才具。莫春:暮春。冠者:成年人。舞雩(yú):鲁国的求雨台。与(吾与点):赞同。

3·4·7 孟子曰:"养心莫善于寡欲。其为人也寡欲,虽有不存焉者,寡矣;其为人也多欲,虽有存焉者,寡矣。"(《孟子·尽心下》三五)

【译注】孟子说:"养心的最好方法莫过于消减物质欲求。一个人欲望不多,善良本性虽有丧失,也不会多。一个人欲望多多,即便保存一些善良本性,也不会多。"

3·4·8 (孟子曰:)"体有贵贱,有小大。无以小害大,无以贱害贵。养其小者为小人,养其大者为大人。"(《孟子·告子上》一四)

【译注】(孟子说:)"身体各部分有重要的有不重要的,有小部分也有大部分。不要因小的而损害大的,不要因次要的而损害重要的。只知道养护小的部分,是无知小人;知道养护大的部分,是大人君子。"◎所谓"养其大者",当指培养心志。尚可参见《孟子·告子上》一五"从其大体为大人,从其小体为小人"(3·14·11)。

3·4·9 孟子曰:"饥者甘食,渴者甘饮,是未得饮食之正也,饥渴害之也。岂惟口腹有饥渴之害?人心亦皆有害。人能无以饥渴之害为心害,则不及人不为忧矣。"(《孟子·尽心上》二七)

【译注】孟子说:"饥饿的人觉得任何食物都是甘甜的,干渴的人觉得任何饮料都是甘甜的。他们不能判断饮食的真正滋味,是因为饥渴干扰了他们的感觉。难道仅仅是口腹容易受饥渴干扰吗?人心也都容易受干扰。人如果(不断培养心志,)使心不像口腹那样被饥渴所干扰,就不会因赶不上别人而忧虑了。" ●甘食、甘饮:认为任何食物、饮料都甘甜。害:妨害,干扰。

3·5 自尊自信,吾气浩然

励志、养心是君子自我修养的重要课题。本节承上节,讨论君子当自尊自信、藐视权贵、养其"浩然之气"。在这方面,孔子的"三军可夺帅也,匹夫不可夺志也"(3·5·1)与孟子的"自反而缩,虽千万人,吾往矣"(1·10·6),同样体现了基于道义信仰及人格修炼所养成的宏大气度,这也是奠定孔孟儒家先贤地位不可或缺的前提。

3·5·1 子曰:"三军可夺帅也,匹夫不可夺志也。"(《论语·子罕》二六)

【译注】孔子说:"三军可以强行取缔它的主帅,一个普通人却不能强行改变他的志向。"

3·5·2 子曰:"饭疏食饮水,曲肱而枕之,乐亦在其中矣。不义而富且贵,于我如浮云。"(《论语·述而》一六)

【译注】孔子说:"吃粗粮,喝白水,弯着胳膊做枕头,也能乐在其中。不合道义得来的富贵,在我看来如同(顷刻消散的)浮云。"●饭:吃。疏食:粗疏的食物。肱(gōng):胳膊,大臂。

3·5·3　(孟子曰):"居天下之广居,立天下之正位,行天下之大道;得志,与民由之;不得志,独行其道。富贵不能淫,贫贱不能移,威武不能屈,此之谓大丈夫。"(《孟子·滕文公下》二)

【译注】参见1·6·3。

3·5·4　(孟子)曰:"我知言,我善养吾浩然之气。""敢问何谓浩然之气?"曰:"难言也。其为气也,至大至刚,以直养而无害,则塞于天地之间。其为气也,配义与道;无是,馁也。是集义所生者,非义袭而取之也。行有不慊于心,则馁矣。"(《孟子·公孙丑上》二)

【译注】(公孙丑跟孟子讨论"动心"的话题。孟子)说:"我善于分析别人的言辞,也善于培育我自己的浩然之气。"公孙丑说:"请问什么叫浩然之气?"孟子说:"这个不好说。这种气,无边广大,无比刚劲,用正直去培养它而不加损害的话,能充塞于天地之间。这种气必须跟义和道来配合,没有道义,就会衰减。此气是由正义累积而生的,不是靠着偶然的正义行为获取的。只要做一件有愧于心的事,此气就会减弱。"●浩然:盛大磅礴之貌。馁(něi):这里意为疲软,气馁。袭:偷袭,突击。慊(qiè):快意,满足。

3·5·5 孟子曰:"说大人,则藐之,勿视其巍巍然。堂高数仞,榱题数尺,我得志,弗为也。食前方丈,侍妾数百人,我得志,弗为也。般乐饮酒,驱骋田猎,后车千乘,我得志,弗为也。在彼者,皆我所不为也;在我者,皆古之制也。吾何畏彼哉?"
(《孟子·尽心下》三四)

【译注】孟子说:"向诸侯进言,就要藐视他,不要看他高高在上的样子。堂阶高几丈,屋檐宽几尺,我若得志,不会这样做。吃饭时菜肴堆满桌,侍妾几百人,我若得志,不会这样做。饮酒奏乐,驱驰射猎,千车相随,我若得志,不会这样做。他所做的,都是我所不屑做的;我所做的,都是依古代的圣人之制,我又为什么怕他呢?"●说(shuì):说服、劝说。大人:在位者。藐:藐视。仞:古代长度单位,七尺或八尺。榱(cuī)题:屋檐。般乐:奏乐。◎这应是"浩然之气"的具体表现。

3·5·6 子畏于匡,曰:"文王既没,文不在兹乎?天之将丧斯文也,后死者不得与于斯文也;天之未丧斯文也,匡人其如予何?"(《论语·子罕》五)

【译注】孔子在匡地被囚禁,于是说:"文王死了,文化遗存难道不在我这里吗?老天若是抛弃这种文化,那么我这个晚死的人也就不可能传承这种文化了;老天若不抛弃这种文化,那么匡人又能把我怎样呢?"●畏:受威胁。匡:地名,在今河南长垣县一带。兹:这里,这是孔子自指。与:同"举",把握、传承。

3·5·7 子曰:"天生德于予,桓魋其如予何?"(《论语·述而》二三)

【译注】孔子说:"老天赋予我这样的德运,桓魋又能把我怎样?"●桓魋(tuí):宋国司马,曾迫害孔子。

3·5·8 孟子去齐,充虞路问曰:"夫子若有不豫色然。前日虞闻诸夫子曰:'君子不怨天,不尤人。'"曰:"彼一时,此一时也。五百年必有王者兴,其间必有名世者。由周而来,七百有余岁矣。以其数,则过矣,以其时考之,则可矣。夫天未欲平治天下也;如欲平治天下,当今之世,舍我其谁也?吾何为不豫哉!"(《孟子·公孙丑下》一三)

【译注】孟子离开齐国,学生充虞半路问他:"先生似乎有不快之色。我从前听您说:'君子不怨恨天,不责怪人。'(今天这是怎么了?)"孟子说:"那时是一种情势,现在又是一种情势。历史上每隔五百年必有一位圣君兴起,并且还会有命世之才产生出来。然而由周初到现在,已经七百多年了,从年数来看,已经超过了;从时运来讲,现在正是出圣君贤臣的时候。老天不想让天下太平也就算了,若想让天下太平,在今天这个时候,除了我,还有谁能担当大任?我为什么不快呢?"●路:在路上,半路。豫:愉悦。尤:怨恨。名世:道德功业闻名于当世。

3·5·9 (孟子曰):"……夫道一而已矣。成覸谓齐景公曰:'彼丈夫也,我丈夫也;吾何畏彼哉!'颜渊曰:'舜何人也?予何人也?有为者亦若是。'公明仪曰:'文王我师也,周公岂欺我哉?'今滕,绝长补短,将五十里也,犹可以为善国。"(《孟子·滕文公上》一)

【译注】(孟子说:)"……天下的真理是唯一的。成覸对齐景公

说：'他也是男子汉，我也是男子汉，我有什么怕他的呢？'颜渊也说过：'舜是什么人？我是什么人？有作为的人也会像这样。'曾子的弟子公明仪说：'文王是我的老师，周公难道欺骗过我吗？'现在的滕国，假如把土地截长补短，拼成方形，边长差不多有五十里，仍可以治理成一个好国家。"●成覵（gàn）：齐国臣僚。

3·5·10　孟子曰："待文王而后兴者，凡民也。若夫豪杰之士，虽无文王犹兴。"（《孟子·尽心上》一〇）

【译注】孟子说："一定要等待文王那样的圣人出现再奋起的，是凡夫俗子。如果是豪杰之士，纵使没有文王那样的圣人出现，也会奋起（开创圣人之业的）。"

3·5·11　（孟子）曰："缪公之于子思也，亟问，亟馈鼎肉。子思不悦。于卒也，摽使者出诸大门之外，北面稽首再拜而不受，曰：'今而后知君之犬马畜伋。'盖自是台无馈也。悦贤不能举，又不能养也，可谓悦贤乎？"（《孟子·万章下》六）

【译注】（孟子）说："鲁缪公屡次派人问候子思，屡次馈送熟肉。子思不高兴，最后一回，他把使者赶出大门外，向北磕头又拜了两次，表示不接受，并说：'今天我才知道国君是把我当狗当马喂养着。'大概从这回起，鲁君不再赐物给他。喜欢一位贤人却不能提拔他做官，又不能合于礼节地奉养他，这能说是喜欢贤人吗？"●子思：孔子的孙子，名伋。亟（qì）：屡次。鼎肉：熟肉。摽（biāo）：挥，赶。稽首再拜：磕头，再低头至手拜两次。这是拒绝礼物的表示。台：同"始"。◎子思认为每次为着一块肉而拜谢不已，有伤君子的尊严。

3·5·12 万章曰:"庶人,召之役,则往役;君欲见之,召之,则不往见之,何也?"曰:"往役,义也;往见,不义也。且君之欲见之也,何为也哉?"曰:"为其多闻也,为其贤也。"曰:"为其多闻也,则天子不召师,而况诸侯乎?为其贤也,则吾未闻欲见贤而召之也。缪公亟见于子思,曰:'古千乘之国以友士,何如?'子思不悦,曰:'古之人有言曰,事之云乎,岂曰友之云乎?'子思之不悦也,岂不曰:'以位,则子,君也;我,臣也;何敢与君友也?以德,则子事我者也,奚可以与我友?'千乘之君求与之友而不可得也,而况可召与?……"(《孟子·万章下》七)

【译注】万章问孟子:"老百姓被召唤去服役,他就得去服役;可君主要跟他(平等)会晤,召唤他,他却不去,这是为什么?"孟子说:"前去服役,合于义;被召去会面,则不合于义。况且君主要见他,是为什么呢?"万章说:"因为他见识广,因为他贤明。"孟子说:"如果因他见识广,(那他可以当老师了,)然而连天子也不能随便召唤老师,况且是诸侯呢?如果因为他贤明,我没听说要见贤者便可以随便召他去的。鲁缪公几次想见子思,说:'古代的千乘之君要想跟士交朋友,该怎么做?'子思听了不高兴,说:'古人所说的,是以贤者为师,哪里说当朋友呢?'子思不高兴,难道不是这样说的吗:'从地位讲,你是君,我是臣;我怎敢跟君主交朋友?从道德来看,却是你师从于我,又怎么可以跟我以朋友相称呢?'千乘之君想跟贤人交朋友都不行,更何况随随便便召唤他呢?……"

3·5·13 （孟子曰：）"天下有达尊三：爵一，齿一，德一。朝廷莫如爵，乡党莫如齿，辅世长民莫如德。恶得有其一以慢其二哉？故将大有为之君，必有所不召之臣；欲有谋焉，则就之。其尊德乐道，不如是不足与有为也。"（《孟子·公孙丑下》二）

【译注】（孟子说：）"天下普遍尊重的事物有三种：爵位是一个，年龄是一个，道德是一个。在朝廷上，没有比爵位更尊贵的；在乡里，没有比年龄更尊贵的；而辅助君主、统率百姓，没有比道德更尊贵的。怎么能凭着爵位高而轻视年龄和道德呢？所以，想要大有作为的君主，一定有不能随意召唤的臣子；如果有事想商量，就亲自上门请教。尊崇道德、乐行仁政，不这样做，便不足以跟他一同干大事。"●达尊：普遍尊重的。齿：年龄。长民：领导百姓。

3·5·14 孟子曰："古之贤王好善而忘势；古之贤士何独不然？乐其道而忘人之势，故王公不致敬尽礼，则不得亟见之。见且由不得亟，而况得而臣之乎！"（《孟子·尽心上》八）

【译注】孟子说："古代的贤君喜欢善言善行，忘掉了自己与对方的地位悬殊。古代的贤士难道不是这样吗？乐于行道，也就忘记了别人的权高位重。因而王公不对他恭敬尽礼，就不能常跟他见面。见面尚且不能多，又何况拿他当臣子呼来喝去呢？"●势：权势。◎尚可参看"不挟长，不挟贵，不挟兄弟而友"（2·5·7）。

3·5·15 （孟子曰：）"一箪食，一豆羹，得之则生，弗得则死，嘑尔而与之，行道之人弗受；蹴尔而与之，乞人不屑也。万钟不辩礼义而受之。万钟于我何加焉？为宫室之美、妻妾之奉、所识穷乏者得我与？乡为身死而不受，今为宫室之美为之；乡为身死而不受，今为妻妾之奉为之；乡为身死而不受，今为所识穷乏者得我而为之，是亦不可以已乎？此之谓失其本心。"（《孟子·告子上》一〇）

【译注】（孟子说：）"一筐饭，一钵汤，得到便能活下来，得不到就会饿死。吆喝着给他，就是过路人也不会接受；踢他一脚（代替打招呼）给他，就是乞丐也不屑接受。但是对于万钟俸禄，有人却不问是否合乎礼义就接受下来。万钟俸禄对我有什么好处呢？为住宅豪华、妻妾侍奉或我所认识的穷苦人感激我吗？过去宁可饿死也不接受，而今为了豪华的住宅就接受了；过去宁可饿死也不接受，而今为了妻妾侍奉就接受了；过去宁可饿死也不接受，而今为了我所认识的穷人的感激而接受，这些难道不能放手吗？这叫作丧失本性啊。" ● 豆：古代盛羹汤的容器。嘑（hù）：同"呼"，吆喝。蹴（cù）：踩踏，踢。钟：古代量器，可容六斛粮。得：通"德"，感谢。乡：向，从前。◎ "所识穷乏者得我"一句，当理解为：接受万钟俸禄的理由之一，是可以把这些财富分给"所识穷乏者"，使他们感激我（"得我"）。

3·5·16 齐景公待孔子曰："若季氏，则吾不能；以季、孟之间待之。"曰："吾老矣，不能用也。"孔子行。
（《论语·微子》三）

【译注】齐景公说到如何对待孔子时说："要像鲁君对待季氏那样来对待孔子，我做不到。我可以按稍次于季氏而高于孟氏的规格待他。"孔子说："我老了，不能替您做什么了。"于是离开了。

3·5·17 （孟子曰：）"夫人必自侮，然后人侮之；家必自毁，而后人毁之；国必自伐，而后人伐之。"（《孟子·离娄上》八）

【译注】（孟子说：）"人必然是先自取其侮，然后才招来他人欺侮；家一定先自己糟蹋，然后才招来别人糟蹋；国家呢，一定先自己攻来打去，然后才招来别人征伐。"

3·6 坚毅有恒，松柏后凋

坚毅有恒既是道德修养不可或缺的品质，也是知识、技能学习不可缺少的品质。应注意，孟子说"有恒产者有恒心"（6·8·8），指出物质与道德的联系；同时又说"无恒产而有恒心者，惟士为能"，是对君子的期许，对其精神及道德力量的肯定。

3·6·1 子曰："岁寒，然后知松柏之后凋也。"（《论语·子罕》二八）

【译注】孔子说："天冷了，才知道松柏树是最后凋谢的。"

3·6·2 子曰："圣人，吾不得而见之矣；得见君子者，斯可矣。"子曰："善人，吾不得而见之矣；得见有恒者，斯可矣。亡而为有，虚而为盈，约而为泰，难乎有恒矣。"（《论语·述而》二六）

【译注】孔子说："圣人我没能见到，能见到君子，也就可以了。"孔子又说："至善之人，我没见过；但见过信念坚定有恒的人，也就可以了。至于那些本来没有却装作有、本来空虚却装作充盈、本来穷困却装作阔绰的，这类人很难坚定有恒。"

●亡：无。盈：满。约：穷困。泰：奢侈。

3·6·3　子曰："南人有言曰：'人而无恒，不可以作巫医。'善夫。""不恒其德，或承之羞。"子曰："不占而已矣。"(《论语·子路》二二)

【译注】孔子说："南方人有句话说：'一个人没有恒心，就连巫医都干不好。'这话说得好啊！"《易经》说："三心二意没恒心，就可能招致耻辱。"孔子说："这话的意思是，没有恒心的人也就不必占卜了（，因为结果已经很明确了）。"●巫医：以巫术治病的人。占：占卜。

3·6·4　在陈绝粮，从者病，莫能兴。子路愠见曰："君子亦有穷乎？"子曰："君子固穷，小人穷斯滥矣。"(《论语·卫灵公》二)

【译注】孔子在陈国被困断粮，跟随的人都饿倒了，没人能起床。子路很气恼，来见孔子说："君子也有走投无路的时候吗？"孔子说："君子虽穷困无助，但意志坚定，小人到穷困时就无所不为了。"●陈：陈国，在今河南淮阳县一带。兴：起，立。愠（yùn）：恼怒。穷：穷困无助，走投无路。固：坚持，固守。滥：无节制。

3·6·5　子曰："譬如为山，未成一篑，止，吾止也。譬如平地，虽覆一篑，进，吾往也。"(《论语·子罕》一九)

【译注】孔子说："比如堆土成山，还差一筐土就堆成了，如果停下来，这是我自己停下来的。又如在平地堆山，哪怕刚倒上一筐土，应该前进，我也毫不犹豫地做下去。"●篑（kuì）：

筐。◎孔子的意思是"为仁由己",只要有决心,有恒心,没有做不到的。

3·6·6　孟子曰:"有为者辟若掘井,掘井九轫而不及泉,犹为弃井也。"(《孟子·尽心上》二九)

【译注】孟子说:"做一件事就像是挖井,挖了九仞还挖不到泉水,也仍然是一口废井。"●轫:同"仞"。古代八尺或七尺为一仞。

3·6·7　孟子曰:"无或乎王之不智也。虽有天下易生之物也,一日暴之,十日寒之,未有能生者也。吾见亦罕矣,吾退而寒之者至矣,吾如有萌焉何哉?今夫弈之为数,小数也;不专心致志,则不得也。弈秋,通国之善弈者也。使弈秋诲二人弈,其一人专心致志,惟弈秋之为听。一人虽听之,一心以为有鸿鹄将至,思援弓缴而射之,虽与之俱学,弗若之矣。为是其智弗若与?曰:非然也。"(《孟子·告子上》九)

【译注】孟子说:"无怪王没有向善之智了。即使有容易生长的植物,一天猛晒,十天挨冻,也没有能活下来的。我见您的次数太少了。(我就像太阳,给您温暖。)我退下来,让您寒冷的小人就来了。对于您那刚刚萌生的善念,我又能怎样呢?话说下棋作为一种技艺,是微不足道的,如果不专心致志地学,也是学不好的。有个叫弈秋的,是全国下棋的高手。让弈秋教两个学生下棋,其中一个一心一意,全神贯注听弈秋讲课。另一个虽然也在听,但心中只想着有只天鹅快要飞来了,幻想如何拿弓箭去射它。虽然跟另一位一块学,但成绩不如人家。是因

为他不如人家聪明吗？我说，当然不是！"●或：同"惑"。暴（pù）：曝晒。萌：萌芽。弈：下棋。数：技艺。鸿鹄（hú）：天鹅。援：拿。弓缴（zhuó）：带丝绳的箭。

3·6·8　孟子谓高子曰："山径之蹊，间介然用之而成路；为间不用，则茅塞之矣。今茅塞子之心矣。"（《孟子·尽心下》二一）

【译注】孟子对高子（孟子的学生）说："山坡上的小茅道，不断有人走，就成了一条路；有一段时间没人走，就被茅草堵塞了。如今你的心也被茅草堵塞了。"●蹊：路。间介然：意志专一貌。为间：为时不久。塞（sè）：堵塞。

3·6·9　（孟子）曰："无恒产而有恒心者，惟士为能。若民，则无恒产，因无恒心。苟无恒心，放辟邪侈，无不为已。及陷于罪，然后从而刑之，是罔民也。焉有仁人在位罔民而可为也？是故明君制民之产，必使仰足以事父母，俯足以畜妻子，乐岁终身饱，凶年免于死亡。然后驱而之善，故民之从之也轻。今之制民之产，仰不足以事父母，俯不足以畜妻子；乐岁终身苦，凶年不免于死亡。此惟救死而恐不赡，奚暇治礼义哉？"（《孟子·梁惠王上》七）

【译注】（孟子对齐宣王）说："没有固定产业而有恒定道德准则的，只有士可以做到。若是百姓，则没有固定的产业收入，也便没有恒定的道德准则。如果没有恒定的道德准则，那就会放纵胡为、违法乱纪，什么事都做得出来。等到犯了法，然后受到刑罚处置，这等于在陷害他们。哪有仁人当政却陷害百姓的呢？因而英明的君主总要为百姓分配产业，一定要使他们上

足以奉养父母，下足以养活妻儿；丰年衣丰食足，歉年也不致饿死。然后再诱导他们向善，因而百姓便很容易听从他。而今为百姓分配的产业，上不足以奉养父母，下不足以养活妻儿。丰年生活艰难，歉年就不免饿死。这样一来，人们单是救活自己精力还不够，又哪有余暇学习礼义呢？"●恒产：固定产业。恒心：恒定的道德准则。放辟邪侈：放纵，邪恶，胡作非为。罔：陷害。轻：轻易，容易。赡：足够。

3·6·10 孟子曰："有不虞之誉，有求全之毁。"(《孟子·离娄上》二一)

【译注】孟子说："有想不到的赞扬，也有过于苛刻的诋毁。"●不虞：料想不到。求全：面面俱到。◎孟子此话的意思是不要被赞扬和批评所影响，认定的路就要坚持走下去。

3·7 讷言敏行，言行相顾

在言与行的关系上，君子应做到"讷于言而敏于行"（3·7·1）、"言顾行，行顾言"（1·8·5）。——相关论述尚有"刚、毅、木、讷，近仁"（1·2·6）、"巧言令色，鲜矣仁"（1·2·7）、"雍也仁而不佞"（1·2·8）、"仁者，其言也讱"（1·2·9）、"有德者必有言"（1·3·14）、"古者言之不出，耻躬之不逮也"（1·11·4）、"君子耻其言之过其行"（1·11·5）、"言忠信，行笃敬"（1·12·5）、"言不可不慎也"（5·9·11）等。

3·7·1 子曰："君子欲讷于言而敏于行。"(《论语·里仁》二四)

【译注】孔子说："君子说话要谨慎迟缓，做事要敏捷勤奋。"●讷（nè）：语言迟钝。

3·7·2　子曰:"君子食无求饱,居无求安,敏于事而慎于言,就有道而正焉,可谓好学也已。"(《论语·学而》一四)

【译注】孔子说:"君子吃饭不求醉饱,居住不求舒适,做事勤奋敏捷,说话谨慎小心,到有道者那里端正自己,这便可以说是好学了。"

3·7·3　子张学干禄。子曰:"多闻阙疑,慎言其余,则寡尤;多见阙殆,慎行其余,则寡悔。言寡尤,行寡悔,禄在其中矣。"(《论语·为政》一八)

【译注】子张学习做官求俸禄的学问。孔子说:"多听,有怀疑的地方加以保留,对掌握的部分谨慎地谈论,就可以少一些错误。多看,对怀疑的地方加以保留,对掌握的部分谨慎地实行,就能减少悔恨。言语少错误,行为少悔恨,官职俸禄也就在其中了。"●干:求。阙:空。尤:过失。殆:疑。

3·7·4　(子曰:)"庸德之行,庸言之谨,有所不足,不敢不勉。有余不敢尽;言顾行,行顾言,君子胡不慥慥尔?"(《中庸》第一三章)

【译注】参见1·8·5。

3·7·5　子曰:"邦有道,危言危行;邦无道,危行言孙。"(《论语·宪问》三)

【译注】孔子说:"国家政治清明,就言语正直、行为正直。国家政治混沌,就行为正直、言语谦顺。"●危言危行:正直的言行。孙:同"逊",谦顺。

3·7·6　子贡问君子。子曰:"先行其言而后从之。"(《论语·为政》一三)

【译注】子贡向孔子请教如何做个君子,孔子说:"先把要说的事做了,再说出来。"

3·7·7　子路有闻,未之能行,唯恐有闻。(《论语·公冶长》一四)

【译注】子路了解一些知识、道理,还没来得及去做,就怕又听到新的知识、道理。

3·7·8　子曰:"其言之不怍,则为之也难。"(《论语·宪问》二〇)

【译注】孔子说:"那个人如果大言不惭,那么这些话实行起来就一定很困难。"●怍(zuò):惭愧。

3·7·9　宰予昼寝。子曰:"朽木不可雕也,粪土之墙不可圬也;于予与何诛?"子曰:"始吾于人也,听其言而信其行;今吾于人也,听其言而观其行。于予与改是。"(《论语·公冶长》一〇)

【译注】宰予大白天睡觉,孔子说:"朽烂的木头雕刻不了,粪土的墙壁无法再粉刷。对于宰予,我没什么可批评的了。"又说:"最初我对人,听他的话就相信他的行为;如今我对人,听他的话还要观察他的行为。我这是因宰予而改变的。"●圬(wū):泥瓦匠抹墙的工具,也做动词,粉刷。诛:批评,责备。

3·7·10　孔子曰:"见善如不及,见不善如探汤。吾见其人矣,吾闻其语矣。隐居以求其志,行义以达其道。吾闻其语矣,未见其人也。"(《论语·季氏》一一)

【译注】孔子说:"见到好的行为(就努力效法),生怕赶不上似的;见到不好的,就像手伸到开水里一样(,抽手唯恐不及)。我见过这样的人,也听过这样的话。隐居避世来追寻自己的志向,依礼而行来贯彻自己的主张。我听过这样的话,却没见过这样的人。"●汤:开水。

3·7·11 孔子曰:"不知命,无以为君子也;不知礼,无以立也;不知言,无以知人也。"(《论语·尧曰》三)

【译注】孔子说:"不知天命,就不能成为君子;不懂得礼,就不能立足于社会;不懂得分辨人的言辞,就无法了解人。"●命:天命,命运。

3·7·12 孟子曰:"人之易其言也,无责耳矣。"(《孟子·离娄上》二二)

【译注】孟子说:"有人说话太随便,也就不值得责备了。"

3·7·13 (孟子曰:)"士未可以言而言,是以言餂之也;可以言而不言,是以不言餂之也,是皆穿窬之类也。"(《孟子·尽心下》三一)

【译注】(孟子说:)"作为士,不可以同人谈论却同人谈论,这是以言语来引诱对方;可以谈论却不谈论,这又是以沉默来引诱对方。这样做,都跟挖洞跳墙相类。"●餂(tiǎn):古同"舔",取,引。穿窬(yú):挖洞跳墙,干坏事。

3·7·14 (公孙丑曰:)"何谓知言?"曰:"诐辞知其所蔽,淫辞知其所陷,邪辞知其所离,遁辞知其所穷。

生于其心，害于其政；发于其政，害于其事。圣人复起，必从吾言矣。"（《孟子·公孙丑上》二）

【译注】（公孙丑问孟子：）"怎么算是善于分辨别人的言辞？"孟子说："对于偏颇的言辞，知道它的片面性所在；对于过分的言辞，知道它失实的地方在哪里；对于不合正道的言辞，知道它邪妄在何处；对于遮遮掩掩的言辞，知道它理屈的地方。这些言辞发于心中，有害于政治；贯彻到政治中，就会有害于事业。如果圣人重新出现，也一定会认同我的话。"●诐（bì）辞：偏颇之辞。淫辞：过分之语。陷：沉溺。离：离于正。遁辞：托词。穷：理屈。◎尚可参见《论语·尧曰》三"不知言，无以知人也"（3·7·11）。

3·7·15　子曰："予欲无言。"子贡曰："子如不言，则小子何述焉？"子曰："天何言哉？四时行焉，百物生焉。天何言哉？"（《论语·阳货》一九）

【译注】孔子说："我不打算再讲什么了。"子贡说："您如果不讲，那我们还有什么可传述的呢？"孔子说："老天说什么了吗？四季照样运行，万物照样生长。老天说什么了吗？"

3·7·16　孔子曰："侍于君子有三愆：言未及之而言，谓之躁；言及之而不言，谓之隐；未见颜色而言，谓之瞽。"（《论语·季氏》六）

【译注】孔子说："陪着君子说话，有三种易犯的毛病：不该说时而说，这叫急躁；该说时不说，这叫隐瞒；不看人家脸色就说，这叫不长眼。"●愆：过错。瞽（gǔ）：失明。

3·7·17 子曰:"论笃是与,君子者乎?色庄者乎?"(《论语·先进》二一)

【译注】孔子说:"称许言辞笃实的人,也要看看,此人是君子,还是故作庄重的人?"●论笃(dǔ):言辞恳切。是:表示动宾倒置的虚词。与:赞赏。色庄:表面庄重。

3·8 谦逊恭敬,有所畏惧

"恭"有恭敬、谦逊之义;"敬"指对人真诚有礼、做事严肃认真。"敬"不仅是下对上的态度,也是上对下的态度。孟子便有"用下敬上,谓之贵贵;用上敬下,谓之尊贤"(2·5·7)的教诲。心存恭敬者,常有所畏。孔子称"君子有三畏"(3·1·10)、孟子称"畏天者保其国"(3·8·19),讲的便是这个道理。

此外,《论语》和《孟子》都没有出现"谦"字。表达谦逊之意多用"孙(逊)""让""恭""敬"等字。而在《孟子》中,"恭敬"与"辞让"是可以互换的(参看1·13"性善:良知良能,天然四端")。

相关论述尚有"敬事而信"(1·1·2)、"居处恭,执事敬,与人忠"(1·2·4)、"敬长,义也"(1·5·3)、"其行己也恭,其事上也敬"(1·5·19)、"君子有九思:……貌思恭……事思敬"(1·7·3)、"临之以庄,则敬"(1·7·6)、"礼人不答,反其敬"(1·9·14)、"言忠信,行笃敬"(1·12·5)、"事君,敬其事而后其食"(2·1·3)、"为人臣,止于敬"(2·1·9)、"敬其所尊,爱其所亲"(2·2·6)、"今之孝者,是谓能养。……不敬,何以别乎"(2·3·1)、"事父母几谏……又敬不违"(2·3·15)、"君子敬而无失,与人恭而有礼"(2·4·6)、"邦无道,危行言孙"(3·7·5)等。

3·8·1 子入太庙,每事问。或曰:"孰谓鄹人之子知礼乎?

入太庙，每事问。"子闻之，曰："是礼也。"（《论语·八佾》一五）

【译注】孔子到周公庙，每件事都要打听。有人说："谁说叔梁纥的儿子懂得礼呢？他到太庙，还不是每件事都要问人。"孔子听到了，说："这正是遵礼而行啊。"◎孔子的父亲叔梁纥是鄹（zōu）人，故称孔子为"鄹人之子"。另《论语·乡党》二一也有"入太庙，每事问"的记述。

3·8·2 曾子曰："以能问于不能，以多问于寡；有若无，实若虚，犯而不校。昔者吾友尝从事于斯矣。"（《论语·泰伯》五）

【译注】曾子说："有能力，却向没能力的人请教；见多识广，却向见识少的人请教。有学问，却态度谦逊如同没学问一样；满腹经纶，却虚怀若谷；别人冒犯他，也不去计较。——过去我有个朋友就是这样做的。"●犯：冒犯。校（jiào）：计较。

3·8·3 子曰："孟之反不伐，奔而殿，将入门，策其马，曰：'非敢后也，马不进也。'"（《论语·雍也》一五）

【译注】孔子说："孟之反不自夸，作战败退时走在最后，将进城门时，他打着马说：'不是我敢殿后，是马跑得慢。'"●孟之反：鲁国大夫。伐：夸耀。奔：逃。殿：走在最后。策：打马。◎军队败退时走在后面负掩护之责，是勇敢的行为。不过孟之反不愿居功，故意说自己是因马慢而落后，表现出谦逊的态度。

3·8·4 子曰："如有周公之才之美，使骄且吝，其余不足观也已。"（《论语·泰伯》一一）

【译注】孔子说:"一个人,哪怕有周公那样的优异才能,但只要他骄傲并且鄙吝,其他方面再好也是不足道的。"

3·8·5 子曰:"君子无所争。必也射乎。揖让而升,下而饮。其争也君子。"(《论语·八佾》七)

【译注】孔子说:"君子与世无争。如果有的话,一定是比箭吧。相互礼让而登场,下来后一同饮酒。这种竞争也是很有君子风度的。"●揖让:行礼。升:登场。

3·8·6 子曰:"能以礼让为国乎,何有?不能以礼让为国,如礼何?"(《论语·里仁》一三)

【译注】孔子说:"能用礼让来治理国家吗,有什么困难呢?如果不能用礼让治理国家,单有礼仪形式又有何用?"●何有:有何困难。

3·8·7 子曰:"泰伯,其可谓至德也已矣。三以天下让,民无得而称焉。"(《论语·泰伯》一)

【译注】孔子说:"泰伯可以说道德至高无上了。屡次把天下让给弟弟季历,百姓找不到恰当的词句来称颂他。"●泰伯:古公亶父的长子,他的弟弟季历是周文王姬昌之父。

3·8·8 《诗》曰:"不显惟德,百辟其刑之。"是故君子笃恭而天下平。《诗》云:"予怀明德,不大声以色。"子曰:"声色之于以化民,末也。"《诗》曰:"德𬨎如毛。"毛犹有伦。"上天之载,无声无臭。"至矣!(《中庸》第三三章)

【译注】《诗经·周颂·烈文》说:"德行静默不显,诸侯自然会效仿。"所以君子笃实恭敬就能使天下太平。《诗经·大雅·皇矣》说:"您只需怀抱光明的德行,用不着声色俱厉。"孔子说:"声色俱厉地教化百姓,是最低劣不过的。"《诗经·大雅·烝民》又说:"德行如同毫毛一样轻微不显。"毫毛还是有物可比的,不如《诗经·大雅·文王》中所说:"上天承载万物,既无声音也无气味。"这才是德行的最高境界啊!
●百辟:诸侯,辟指君或君位。刑:效仿。大声以色:声色俱厉。末:末技、最差的手段。輶(yóu):轻。伦:比附。臭(xiù):气味。

3·8·9 (孟子曰:)"责难于君谓之恭,陈善闭邪谓之敬,吾君不能谓之贼。"(《孟子·离娄上》一)

【译注】(孟子说:)"用仁政要求君主叫作恭,陈说仁义、阻塞邪说叫作敬,动不动就说我们国君做不到(仁义),这叫贼。"
●贼:中伤。

3·8·10 景子曰:"内则父子,外则君臣,人之大伦也。父子主恩,君臣主敬。丑见王之敬子也,未见所以敬王也。"(孟子)曰:"恶!是何言也!齐人无以仁义与王言者,岂以仁义为不美也?其心曰'是何足与言仁义也'云尔,则不敬莫大乎是!我非尧舜之道,不敢以陈于王前,故齐人莫如我敬王也。"
(《孟子·公孙丑下》二)

【译注】景子(齐人,名丑)说:"家庭中的父子,外面的君臣,这是最重要的人伦关系。父子之间以慈爱为主,君臣之间以恭敬为主。我只看到齐王尊敬您,却没见到您尊敬齐王。"

（孟子）回答："嘿，这是哪里话！齐国人没有拿仁义向齐王进言的，难道是认为仁义不好吗？（当然不是。）他们心里在说：'这位齐王，哪里够得上跟他谈仁义呢？'对王不敬，还有比这更甚的吗？我呢，不是尧舜之道，就不敢在齐王面前陈说，所以说，齐人不如我尊敬齐王啊。"●恩：恩爱情深。恶（wū）：表惊讶的叹词。陈：陈说。

3·8·11 子路问君子。子曰："修己以敬。"曰："如斯而已乎？"曰："修己以安人。"曰："如斯而已乎？"曰："修己以安百姓。修己以安百姓，尧舜其犹病诸？"（《论语·宪问》四二）

【译注】子路问怎样才算是君子。孔子说："修养自己，诚敬做事。"子路问："这样就够了吗？"孔子说："修养自己，安顿他人。"子路又问："这样就够了吗？"孔子说："修养自己，安顿百姓。修养自己以安顿百姓，连尧舜那样的圣人也还没做到呢。"●病：不足，做不到。

3·8·12 子曰："居上不宽，为礼不敬，临丧不哀，吾何以观之哉？"（《论语·八佾》二六）

【译注】孔子说："在上位却不宽宏大量，行礼时却不严肃恭敬，吊丧时却不哀伤悲痛，这样子我怎么看得下去呢？"

3·8·13 仲弓问子桑伯子，子曰："可也，简。"仲弓曰："居敬而行简，以临其民，不亦可乎？居简而行简，无乃大简乎？"子曰："雍之言然。"（《论语·雍也》二）

【译注】仲弓（冉雍）问及子桑伯子这个人，孔子说："这个人

还可以，行事简单。"仲弓又问："存心恭敬而行事简单，以这种态度来管理百姓，不也可以吗？若是存心简单又行事简单，是不是太简单了呢？"孔子说："冉雍说得有道理。"●大简：太简，过简。

3·8·14 《诗》云："相在尔室，尚不愧于屋漏。"故君子不动而敬，不言而信。（《中庸》第三三章）

【译注】《诗经·大雅·抑》说："看你独处一室，在角落里也能无愧于心。"因而君子未行动已心存恭敬，没说话已心存诚信。●相：看。屋漏：屋子的西北角。

3·8·15 子曰："晏平仲善与人交，久而敬之。"（《论语·公冶长》一七）

【译注】孔子说："晏平仲善于跟别人交往，相交越久，别人对他越敬爱。"

3·8·16 孟子曰："食而弗爱，豕交之也；爱而不敬，兽畜之也。恭敬者，币之未将者也。恭敬而无实，君子不可虚拘。"（《孟子·尽心上》三七）

【译注】孟子说："对于人，养活却不爱他，那是把他当猪对待；爱他又不敬他，这是把他当宠物畜养。恭敬之心是在呈送礼物之前就具备了。徒有恭敬的形式，没有恭敬的实质，君子便不可被这虚假的礼仪所束缚。"●食（sì）：喂养。豕（shǐ）：猪。交：交往，对待。畜（xù）：畜养。币：布帛等礼物。

3·8·17 子之所慎：齐、战、疾。（《论语·述而》一三）

【译注】孔子慎重对待的三件事：斋戒、战争、疾病。●齐：同"斋"。

3·8·18 曾子有疾，召门弟子曰："启予足！启予手！《诗》云：'战战兢兢，如临深渊，如履薄冰。'而今而后，吾知免夫！小子！"（《论语·泰伯》三）

【译注】曾子生了病，召集他的学生到面前说："看看我的脚，看看我的手！《诗经·小雅·小旻》说：'小心谨慎，就像濒临深渊，又像走在薄冰上。'从今以后，我才知道自己是可以免除祸患了！弟子们！"●启：看。履：踩踏，走过。免：免于祸患。

3·8·19 齐宣王问曰："交邻国有道乎？"孟子对曰："有。惟仁者为能以大事小，是故汤事葛，文王事昆夷。惟智者为能以小事大，故太王事獯鬻，勾践事吴。以大事小者，乐天者也；以小事大者，畏天者也。乐天者保天下，畏天者保其国。《诗》云：'畏天之威，于时保之。'"（《孟子·梁惠王下》三）

【译注】齐宣王问："跟邻国打交道有什么好办法吗？"孟子回答："有啊。只有仁者能以大国身份来侍奉小国，所以商汤侍奉葛伯，文王侍奉昆夷。只有智者能以小国的身份侍奉大国，所以太王侍奉獯鬻，勾践侍奉吴国。以大的侍奉小的，是乐天派；以小的侍奉大的，是畏天派。乐天者能赢得天下，畏天者至少能保住自己的邦国。《诗经》说：'畏惧上天的威势，因而保有国家。'"●葛：古国名，在今河南宁陵县一带。昆夷：古代西戎国名。太王：周祖先祖古公亶父。獯鬻（Xūnyù）：猃狁，北方游牧民族，曾对周族先人构成威胁。勾践：春秋时越国君

主。◎本则涉及一些历史事实，有些已无可考稽。

3·9　君子重名，名正言顺

"名"一指名声、名望["君子去仁，恶乎成名"（1·3·6）]，一指名分、名号["必也正名乎"（3·9·11）]，两者有着微妙联系。儒家学派抱着积极入世的态度，认为"没世而名不称"是令人遗憾的事。而获取荣名的唯一途径，即修养自身，提升道德及个人能力。孔子还特别重视"正名"，认为"名不正则言不顺"，反对一切似是而非的理论与言行，这与孔子秉持的礼治思想、中庸之道是一脉相承的。

3·9·1　（子曰：）"君子去仁，恶乎成名？君子无终食之间违仁，造次必于是，颠沛必于是。"（《论语·里仁》五）

【译注】参见1·3·6。

3·9·2　子曰："君子疾没世而名不称焉。"（《论语·卫灵公》二〇）

【译注】孔子说："君子最遗憾的是到死没能扬名于世。"

3·9·3　子曰："不患人之不己知，患不知人也。"（《论语·学而》一六）

【译注】孔子说："不担心别人不了解自己，只担心自己不了解别人。"●不己知：不了解自己。

3·9·4　子曰："不患人之不己知，患其不能也。"（《论语·宪问》三〇）

【译注】孔子说："不担心人家不知道自己，只怕自己没能

力。"◎《论语·卫灵公》一九:"子曰:'君子病无能焉,不病人之不己知也。'"意思相同。

3·9·5 子曰:"不患无位,患所以立。不患莫己知,求为可知也。"(《论语·里仁》一四)

【译注】孔子说:"不担忧没有职位,担忧没有自立的本领。不担忧没人知道自己,要去追求让人知道你的本领。"●所以立:足以立身的本领。

3·9·6 子曰:"莫我知也夫!"子贡曰:"何为其莫知子也?"子曰:"不怨天,不尤人;下学而上达。知我者其天乎!"(《论语·宪问》三五)

【译注】孔子说:"没人了解我啊!"子贡说:"为什么没人了解您呢?"孔子说:"不怨恨天,不责怪人,学习平常的知识却能参透大道理。了解我的,大概只有天吧!"◎也有学者认为,"下学"是学人事,"上达"是达天命。可供参考。

3·9·7 达巷党人曰:"大哉孔子!博学而无所成名。"子闻之,谓门弟子曰:"吾何执?执御乎?执射乎?吾执御矣。"(《论语·子罕》二)

【译注】有个住在达巷的人说:"孔子很伟大,学问广博,可惜没有可以扬名的专长。"孔子听了,对学生说:"我专门做啥好呢?是专门赶车呢,还是专门射箭?我还是专门赶车吧。"●达巷党:一条名叫达的巷子;巷党,里巷。执:专注地干。

3·9·8 孟子曰:"好名之人能让千乘之国,苟非其人,箪

食豆羹见于色。"(《孟子·尽心下》一一)

【译注】孟子说:"重视荣名的人,能把千辆兵车的国君位子让给别人。如果对方是不值得谦让的人,哪怕是给他一筐饭、一钵汤,也满脸不高兴。"

3·9·9 淳于髡曰:"先名实者,为人也;后名实者,自为也。夫子在三卿之中,名实未加于上下而去之,仁者固如此乎?"……(《孟子·告子下》六)

【译注】参见1·4·9。◎淳于髡的话,反映了当时人对名实的看法。

3·9·10 子张问:"士何如斯可谓之达矣?"子曰:"何哉,尔所谓达者?"子张对曰:"在邦必闻,在家必闻。"子曰:"是闻也,非达也。夫达也者,质直而好义,察言而观色,虑以下人。在邦必达,在家必达。夫闻也者,色取仁而行违,居之不疑。在邦必闻,在家必闻。"(《论语·颜渊》二〇)

【译注】子张问孔子:"士要怎样才可以叫达?"孔子说:"你所说的达是什么?"子张回答:"做官时一定有名声,居家也一定有名声。"孔子说:"这个叫'闻',不叫'达'。所说的达,是指质朴正直,做事循理,与人交往善于观察分析别人的言辞表情,思考问题能接受别人的看法。这样的人,做官可以事事通达,居家也能事事通达。至于闻,是指表面上追求仁,行为上却违背仁,自己还以仁人自居。这种人,做官时一定能获取名声,居家时也一定能获取名声(,然而名实不副)。"●闻:名闻于外,有好名声。下人:甘居人下,谦恭待人。色:表面。

3·9·11 子路曰:"卫君待子而为政,子将奚先?"子曰:"必也正名乎?"子路曰:"有是哉,子之迂也!奚其正?"子曰:"野哉,由也!君子于其所不知,盖阙如也。名不正,则言不顺;言不顺,则事不成;事不成,则礼乐不兴;礼乐不兴,则刑罚不中;刑罚不中,则民无所措手足。故君子名之必可言也,言之必可行也。君子于其言,无所苟而已矣。"(《论语·子路》三)

【译注】子路问孔子:"假如卫君等着您去治理国家,您将先干什么?"孔子说:"那一定是先纠正名分上的用词不当吧?"子路问:"先生竟迂阔到这种地步!有什么可纠正的?"孔子说:"仲由你可真粗鲁!君子对他不知道的事,就不该谈论。名分不正,言语就不能顺理成章;言语不顺理成章,事情就办不成;事情办不成,礼乐就不能振兴;礼乐不能振兴,刑罚也不能恰当;刑罚不恰当,百姓就不知如何做了。因此君子称说事物之名,一定有据可言,而说出来也一定行得通。君子对于说话称名,做到一丝不苟就是了。"●正名:辨正名称、名分,使名实相符。迂:迂阔。野:粗野。阙如:空缺。苟:苟且,马虎。

3·9·12 齐景公问政于孔子。孔子对曰:"君君,臣臣,父父,子子。"公曰:"善哉!信如君不君,臣不臣,父不父,子不子,虽有粟,吾得而食诸?"(《论语·颜渊》一一)

【译注】参见2·1·2。◎君臣父子要各守本分,这里所讨论的,正是"正名"问题。

3·9·13　子曰："觚不觚，觚哉！觚哉！"（《论语·雍也》二五）

【译注】孔子说："觚不像觚，这也叫觚吗！这也叫觚吗！"●觚（gū）：盛酒器。◎大概孔子看到当时的觚不合旧制，所以发出感慨。

3·9·14　子曰："恶紫之夺朱也，恶郑声之乱雅乐也，恶利口之覆邦家者。"（《论语·阳货》一八）

【译注】孔子说："厌恶紫色取代了红色的正位，厌恶郑国的小调扰乱了雅乐的正声，厌恶强嘴利舌颠覆了国家。"●恶（wù）：厌恶。夺：强行取代。乱：扰乱。利口：强嘴利舌，夸夸其谈。

3·9·15　（孟子曰：）"孔子曰：恶似而非者：恶莠，恐其乱苗也；恶佞，恐其乱义也；恶利口，恐其乱信也；恶郑声，恐其乱乐也；恶紫，恐其乱朱也；恶乡原，恐其乱德也。君子反经而已矣。经正，则庶民兴；庶民兴，斯无邪慝矣。"（《孟子·尽心下》三七）

【译注】（孟子说：）"孔子说：厌恶那些似是而非的东西：厌恶莠草，怕它混淆了禾苗；厌恶用歪了的聪明，怕它混淆了大义；厌恶夸夸其谈，怕它混淆了信实；厌恶郑国的小调，怕它混淆了雅乐；厌恶紫色，怕它混淆了红色；厌恶好好先生，怕他混淆了道德。君子要让一切返回正道便是了。正道不被歪曲，百姓就会振作；百姓振作，也就没有邪恶了。"●莠（yǒu）：狗尾草，形状与禾苗相像。佞：有才智，善辩。乡原（yuàn）：也作"乡愿"，指貌似忠厚，实则讨好流俗、毫无原则的伪君子。经：永恒的正道。邪慝（tè）：邪恶。

3·10 积极入世，穷达有别

儒家抱积极入世的态度，在追求道义理想的同时，努力实现自身的社会价值。不过儒家又信守"危邦不入，乱邦不居"（3·10·12）的原则，强调"穷则独善其身，达则兼善天下"（3·10·17），体现了一贯执守的中庸之道。

3·10·1　子贡曰："有美玉于斯，韫椟而藏诸？求善贾而沽诸？"子曰："沽之哉！沽之哉！我待贾者也。"（《论语·子罕》一三）

【译注】子贡说："这里有一块美玉，把它放在柜子里收藏呢，还是找个识货的商人卖掉它？"孔子说："卖掉，卖掉！我就在等着识货的人呢。"●韫（yùn）：收藏。椟（dú）：木柜，匣子。贾（gǔ）：商人。沽：买或卖。◎"贾"也可以释为价，读jià。"善贾"即好价钱；"待贾"即等人出价。

3·10·2　子曰："苟有用我者，期月而已可也，三年有成。"（《论语·子路》一〇）

【译注】孔子说："如果有任用我做官的，一年便小有模样，三年便大有成就。"●期（jī）月：一年。

3·10·3　公山弗扰以费畔，召，子欲往。子路不说，曰："末之也已，何必公山氏之之也？"子曰："夫召我者，而岂徒哉？如有用我者，吾其为东周乎？"（《论语·阳货》五）

【译注】有个叫公山弗扰的，盘踞费邑起兵反叛，召孔子前往，

孔子打算前去。子路不高兴，说："没地方去就算了，何必去公山氏那里呢？"孔子说："召我难道没有用意吗？如果有人任用我，我没准儿能让周礼在东方复兴哩。"●费（Bì）：地名，季氏封邑。末之也已：没处去就算了；末，无处；之，去（"何必公山氏之之也"后一个"之"也是这个意思）；已，止。徒：徒然。

3·10·4　佛肸召，子欲往。子路曰："昔者由也闻诸夫子曰：'亲于其身为不善者，君子不入也。'佛肸以中牟畔，子之往也，如之何？"子曰："然。有是言也。不曰坚乎，磨而不磷；不曰白乎，涅而不缁。吾岂匏瓜也哉？焉能系而不食？"（《论语·阳货》七）

【译注】佛肸召孔子，孔子打算前往。子路说："当年我听先生说：'亲自做坏事的人，君子是不到他那里去的。'佛肸凭借中牟那地方反叛，您却要去，又怎么解释？"孔子说："是，我说过这话。但是你没听说过吗，自身坚固的东西，磨是磨不薄的；自身洁白的东西，染是染不黑的。我难道是葫芦吗？怎能挂在那里当摆设而吃不得呢？"●佛肸（Bìxī）：晋大夫范中行的家臣，曾盘踞中牟反抗赵简子。磷（lìn）：薄。涅：这里有染黑之意。缁：黑色。匏（páo）瓜：葫芦的一种。

3·10·5　（孟子曰：）"柳下惠不羞污君，不辞小官。进不隐贤，必以其道。遗佚而不怨，厄穷而不悯。与乡人处，由由然不忍去也。'尔为尔，我为我，虽袒裼裸裎于我侧，尔焉能浼我哉？'故闻柳下惠之风者，鄙夫宽，薄夫敦。"（《孟子·万章下》一）

【译注】（孟子说：）"柳下惠不以事奉坏君主为羞耻，不推辞

做小官。立于朝廷不隐藏自己的能力，做事一定依据原则。被遗弃也不怨恨，身陷穷困也不忧愁。跟乡下人相处，也高高兴兴不忍离开。他这样想：'你是你，我是我，即使你不顾礼义、赤身裸体在我身边，又怎么能玷污我？'因而听到柳下惠的节操，胸襟狭窄的人也变得宽容，刻薄的人也厚道起来。" ●污（wū）君：有污行的君主。遗佚（yì）：被遗弃。厄穷：陷于穷困。悯：同"闵"，忧愁。由由然：高兴自得貌。袒裼（xī）裸裎（chéng）：袒裼，露背；裸裎，露身。浼（měi）：污。鄙夫：胸襟狭隘者。薄夫：性情刻薄者。敦：厚道。

3·10·6 子路从而后，遇丈人，以杖荷蓧。子路问曰："子见夫子乎？"丈人曰："四体不勤，五谷不分，孰为夫子？"植其杖而芸。子路拱而立。止子路宿，杀鸡为黍而食之，见其二子焉。明日，子路行以告。子曰："隐者也。"使子路反见之。至，则行矣。子路曰："不仕无义。长幼之节，不可废也；君臣之义，如之何其废之？欲洁其身，而乱大伦。君子之仕也，行其义也。道之不行，已知之矣。"
（《论语·微子》七）

【译注】子路跟随孔子出行，落了单，遇到一位老人，用木杖挑着锄草工具。子路打听："您见到我的老师了吗？"老人说："你这人，四肢不勤快，五谷分不清——谁是你老师？"说罢，就把木杖插在一边去锄草。子路拱着手恭敬地站着。老人于是留子路在家中过夜，杀鸡煮饭招待他。又叫两个儿子出来相见。第二天，子路赶上孔子，向他告知。孔子说："这是位隐士。"派子路回去拜会他。到了那里，老人不在。子路说："不做官不合义理。长幼的关系是不容废除的，君臣关系又怎能废

除呢？隐士想要独善其身，结果却破坏了长幼君臣的伦理关系。君子做官，只是遵行义理；至于世道不好、政治理想难以实现，这是早就知道的。"●荷（hè）：担负。莜（diào）：古代除草的农具。植：这里指竖立，插。芸：除草。拱：拱手。

3·10·7 子路宿于石门。晨门曰："奚自？"子路曰："自孔氏。"曰："是知其不可而为之者与？"（《论语·宪问》三八）

【译注】子路夜宿于石门。第二天清晨进城，守门人问："从哪儿来？"子路说："从孔家来。"对方说："就是那位知道做不到还坚持去做的人吗？"

3·10·8 子曰："不降其志，不辱其身，伯夷、叔齐与！"谓"柳下惠、少连，降志辱身矣，言中伦，行中虑，其斯而已矣"。谓"虞仲、夷逸，隐居放言，身中清，废中权。——我则异于是，无可无不可"。（《论语·微子》八）

【译注】孔子说："不屈服自己的意志，不降低自己的身份，是伯夷、叔齐吧（这是逸民中的第一等）。"又说"柳下惠、少连，屈服自己的意志，降低自己的身份，但言语合乎法度，行为经过思虑，如此而已（算是逸民中的第二等）"。又说"虞仲、夷逸，隐居避世，放言无忌（，言论可能有不合法度之处），但仍能保持自身的清白，不做官也合乎权变（算是逸民中的第三等）。——至于我，跟这些人都有所不同，没什么可以的，也没什么不可以的"。●中（zhòng）：符合。放言：畅所欲言。废：这里指不做官。权：权变。◎这一则专谈逸民，又分出三等。其中提到的少连、虞仲、夷逸等人，身世无考。

3·10·9 （公孙丑）曰："伯夷、伊尹何如？"（孟子）曰："不同道。非其君不事，非其民不使；治则进，乱则退，伯夷也。何事非君，何使非民；治亦进，乱亦进，伊尹也。可以仕则仕，可以止则止，可以久则久，可以速则速，孔子也。皆古圣人也。吾未能有行焉；乃所愿，则学孔子也。"（《孟子·公孙丑上》二）

【译注】（公孙丑）问："伯夷、伊尹怎么样（，称得上圣人吗）？"（孟子）回答："这两位不同道。不是他理想的君主，他就不去事奉；不是他理想的百姓，他就不去使唤；政治清明就出来做官，政治混沌就退隐林下。——伯夷就是这样。任何君主都可以事奉，任何百姓都可以役使；政治清明也做官，政治混沌也做官。——伊尹就是这样。可以做官就做官，不应做官就不做；可以做多久就做多久，应该走人就赶紧走人。——孔子就是这样。这几位都是古代的圣人。我做不到他们的样子；不过我心中的愿望，是学习孔子。" ● 治：政治清明。乱：世道混乱。速：这里指时间短。

3·10·10 （孟子曰：）"孔子之去齐，接淅而行；去鲁，曰：'迟迟吾行也，去父母国之道也。'可以速而速，可以久而久，可以处而处，可以仕而仕，孔子也。"（《孟子·万章下》一）

【译注】（孟子说：）"孔子离开齐国时，不等把淘米水沥干就动身；离开鲁国时，说：'我们慢慢走吧！这是离开祖国的应有态度啊。'应该快走就快走，应该逗留就逗留，应该赋闲就赋闲，应该出仕就出仕，这就是孔子。" ● 去：离开。接淅：手捧着淘好的米，形容行色匆忙。久：滞留。处（chǔ）：指

赋闲，与仕（出仕做官）相对。◎《孟子·尽心下》一七也有类似表述。

3·10·11 （孟子曰：）"吾未闻枉己而正人者也，况辱己以正天下者乎？圣人之行不同也，或远，或近；或去，或不去；归洁其身而已矣。吾闻其以尧舜之道要汤，未闻以割烹也。"（《孟子·万章上》七）

【译注】（万章问孟子：传说中伊尹凭着厨子手艺谋求商汤赏识，有这事吗？孟子予以反驳，最后总结道：）"我没听过谁能委屈自己而匡正别人，何况是屈辱自己而匡正天下呢？圣人的行为可能各有不同，（与君主的关系）有的疏远，有的亲近，有的离他而去，有的不离开；总的原则是让自己干干净净不受玷污。我只听说伊尹凭借尧舜之道来谋求汤的赏识，没听说他凭着厨子手艺（受到任用）。"●枉：弯曲，委屈。要（yāo）：邀请，谋求。割烹：指割肉烹调的厨艺。

3·10·12 子曰："笃信好学，守死善道。危邦不入，乱邦不居。天下有道则见，无道则隐。邦有道，贫且贱焉，耻也。邦无道，富且贵焉，耻也。"（《论语·泰伯》一三）

【译注】孔子说："坚定地信仰、努力地学习，以生命来捍卫大道。危险的国家不进入，动乱的国家不停留。（自'天下有道则见'以下参见1·11·6。）◎此则尚可参见《论语·宪问》一："宪问耻。子曰：'邦有道，谷；邦无道，谷，耻也。'"（1·11·7）及《论语·宪问》三："子曰：'邦有道，危言危行；邦无道，危行言孙。'"（3·7·5）

3·10·13　子曰:"直哉史鱼!邦有道,如矢;邦无道,如矢。君子哉蘧伯玉!邦有道,则仕;邦无道,则可卷而怀之。"(《论语·卫灵公》七)

【译注】孔子说:"史鱼真是刚直啊!国家政治清明,他便像箭一样直;国家政治混沌,他依然像箭一样直。还有蘧伯玉,是真君子!国家政治清明,就出来做官;国家政治混沌,就把自己的志向、本领收拾收拾藏起来。"●史鱼、蘧(Qú)伯玉:都是卫国的贤大夫。矢:箭。

3·10·14　子谓南容:"邦有道,不废;邦无道,免于刑戮。"以其兄之子妻之。(《论语·公冶长》二)

【译注】孔子评价南容(孔子的学生):"国家政治清明,便认真做官而不被废弃;国家政治混沌,也不致遭受刑罚。"并做主把侄女嫁给了他。

3·10·15　国有道,其言足以兴;国无道,其默足以容。《诗》曰:"既明且哲,以保其身。"其此之谓与?(《中庸》第二七章)

【译注】当国家政治清明时,他的主张足以使国家兴盛;当国家政治混沌时,他的静默足以容身自保。《诗经·大雅·烝民》说:"既明智又深通哲理,方能保全自己。"说的就是这种情形吧。

3·10·16　子谓颜渊曰:"用之则行,舍之则藏,惟我与尔有是夫!"(《论语·述而》一一)

【译注】孔子对颜渊说:"用我,我就认真干;不用我呢,我

就躲起来。只有我和你可以做到这一点。"

3·10·17 （孟子）曰："古之人，得志，泽加于民；不得志，修身见于世。穷则独善其身，达则兼善天下。"（《孟子·尽心上》九）

【译注】（孟子）说："古代的人，得意做官，能把恩惠普施于百姓；不得意而赋闲，则能修养品德为世人做榜样。不得志就做好自己，通达就兼顾天下。"●穷：不得志。

3·10·18 禹、稷当平世，三过其门而不入，孔子贤之。颜子当乱世，居于陋巷，一箪食，一瓢饮；人不堪其忧，颜子不改其乐，孔子贤之。孟子曰："禹、稷、颜回同道。禹思天下有溺者，由己溺之也；稷思天下有饥者，由己饥之也，是以如是其急也。禹、稷、颜子易地则皆然。……"（《孟子·离娄下》二九）

【译注】禹、稷身处政治清明的时代，（积极投身于社会，）三次路过家门都无暇进去，孔子称赞他们。颜回生当乱世，住在穷巷子里，一筐饭，一瓢水，过着苦日子；人们都受不了这种苦，可颜回却自得其乐。孔子也称赞他。孟子说："禹、稷、颜回表现不同，走的是同一条道。禹想到天下有溺水之人，就像自己溺水一样；稷想到天下有饥饿的人，就像自己挨饿一样，所以才这样急迫。假如让禹、稷跟颜回换个位置，各自表现也会一样的。……"●禹：夏后氏部落的首领，以治水著称。稷：周人始祖，擅长农艺。平世：太平之世。贤之：称赞他贤能。由：同"犹"。◎"易地则皆然"是说禹、稷生当乱世，也会像颜回那样闭门读书；而颜回生当平世，也会积极投身社会。

3·10·19　(孟子曰:)"古之人未尝不欲仕也,又恶不由其道。不由其道而往者,与钻穴隙之类也。"(《孟子·滕文公下》三)

【译注】(孟子说:)"古人不是不想做官,但又厌恶不通过合于礼义的途径取得官位。不合于礼义而求仕,跟男女相悦不走正道、钻窟窿扒墙缝相类。"

3·10·20　孟子曰:"有天爵者,有人爵者。仁义忠信,乐善不倦,此天爵也;公卿大夫,此人爵也。古之人修其天爵,而人爵从之。今之人修其天爵,以要人爵;即得人爵,而弃其天爵,则惑之甚者也,终亦必亡而已矣。"(《孟子·告子上》一六)

【译注】孟子说:"有天赐的爵位,有人间的爵位。仁义忠信,行善不倦,这是天然的爵位;公卿大夫,这是人间的爵位。古人一心修养天爵,人爵也跟着来了。现代人修养天爵,是为了获取人爵;得到人爵,就抛弃了天爵,真是糊涂得可以!这样做,所获的人爵也终究会丧失。"●要(yāo):求取。

3·10·21　孟子曰:"仕非为贫也,而有时乎为贫;娶妻非为养也,而有时乎为养。为贫者,辞尊居卑,辞富居贫。辞尊居卑,辞富居贫,恶乎宜乎?抱关击柝。孔子尝为委吏矣,曰:'会计当而已矣。'尝为乘田矣,曰:'牛羊茁壮长而已矣。'位卑而言高,罪也;立乎人之本朝,而道不行,耻也。"(《孟子·万章下》五)

【译注】孟子说:"做官不是因为贫穷,但有时也是因为贫穷。娶妻不是为了孝养父母,但有时也是为了孝养父母。因贫穷

而做官的，就应拒绝高位，甘当小官；辞掉厚禄，甘受薄俸（，解决贫困也就是了）。拒绝高位，甘当小官；辞掉厚禄，甘受薄俸，又有哪个位置是合适的呢？如看门的、打更的都可以。孔子曾当过管仓库的小吏，说：'出入数字都对了就是了。'他曾做过管牲口的小吏，说：'牛羊都长得很壮实就是了。'职位低而议论国家大事，那是罪过。在朝廷上做官，而自己的主张不能实行，那是耻辱。"●抱关击柝（tuò）：守门打更。委吏：管仓库的小吏。乘田：管苑囿放牧的小吏。

3·10·22　孟子曰："无为其所不为，无欲其所不欲，如此而已矣。"（《孟子·尽心上》一七）

【译注】孟子说："不要做你不想做的事，不要希图你不需要的东西，这样就行了。"

3·11　大处着眼，灵活权变

儒家思想并非僵化的体系，也讲求变通（即所谓"权"），其准则是"义"。在"任人有问屋庐子曰"中，孟子对"权"做了生动的说明（3·11·4）。——相关论述尚有"大人者，言不必信，行不必果"（1·5·5）、"言必信，行必果，硁硁然小人哉"（1·11·1）、"君子贞而不谅"（1·12·11）、"娶妻如之何"（2·6·4）等。

3·11·1　子夏曰："大德不逾闲，小德出入可也。"（《论语·子张》一一）

【译注】子夏说："人的重大道德节操不能逾越界限，作风小节可以稍稍放松一点。"●闲：栏杆，界限。

3·11·2　子曰:"可与共学,未可与适道;可与适道,未可与立;可与立,未可与权。"(《论语·子罕》三〇)

【译注】孔子说:"可以同他一起学习的人,不一定能跟他一同达到道的要求;跟他一同达到道的要求的,不一定能跟他一同依礼而行;跟他一同依礼而行的,不一定能跟他一同变通行事。"●适道:追求道。立:立于礼。权:权变,变通。

3·11·3　淳于髡曰:"男女授受不亲,礼与?"孟子曰:"礼也。"曰:"嫂溺,则援之以手乎?"曰:"嫂溺不援,是豺狼也。男女授受不亲,礼也;嫂溺,援之以手者,权也。"曰:"今天下溺矣,夫子之不援,何也?"曰:"天下溺,援之以道;嫂溺,援之以手。——子欲手援天下乎?"(《孟子·离娄上》一七)

【译注】此则的前半段(从"淳于髡曰"至"权也")参见2·6·9。淳于髡又问:"如今天下人都掉进水里,您却不伸手援救,这又是为什么?"孟子回答:"天下人落水,要用道来援救;嫂子落水,才用手来援救。——您难道要我用手去拯救天下人吗?"

3·11·4　任人有问屋庐子曰:"礼与食孰重?"曰:"礼重。""色与礼孰重?"曰:"礼重。"曰:"以礼食,则饥而死;不以礼食,则得食,必以礼乎?亲迎,则不得妻;不亲迎,则得妻,必亲迎乎?"屋庐子不能对,明日之邹以告孟子。孟子曰:"於,答是也,何有?不揣其本,而齐其末,方寸之木可使高于岑楼。金重于羽者,岂谓一钩金与一舆羽之谓哉?取食之重者与礼之轻者而比之,奚翅食重?取色之重者与礼之轻者而比之，奚翅色重？往应之曰：'紾兄之臂而夺之食，则得食；不紾，则不得食；则将紾之乎？逾东家墙而搂其处子，则得妻；不搂，则不得妻，则将搂之乎？'"（《孟子·告子下》一）

【译注】任国有人问屋庐子（孟子的学生）："礼和食物哪个重要？"屋庐子回答："礼重要。"任国人又问："那么娶妻和礼哪个重要？"屋庐子回答："礼重要。"对方又问："如果按礼吃饭，就会饿死，不按礼吃饭，就能吃饱，那么一定要按礼吃饭吗？如果新郎按礼亲迎新娘，就娶不到；不按礼亲迎，就能娶到，那还一定要按礼亲迎吗？"屋庐子不知如何答对。第二天去到邹地，把这话告诉孟子。孟子说："回答这个问题，有什么难处？如果不考虑楼基的高低，只比楼尖的高矮，那么一寸厚的木块也可能比高楼的尖顶还高。我们说金子比羽毛重，难道是说小半两金子比一大车羽毛还重吗？拿吃饭这样的大事跟礼仪中的细枝末节相比，何止是吃饭重要？拿婚姻大事和礼的细枝末节相比，又何止是婚姻重要？你回去这样答复他：'扭住哥哥的胳膊抢他的食物就能吃到，不扭胳膊就吃不到，你扭吗？爬过墙头去强行搂抱人家姑娘就能得到妻子，不强搂就得不到，你会去强搂吗？'" ●邹：地名，在今山东邹县一带。於（wū）：感叹词。揣：揣度。本：根本，基础。末：末梢，顶端。岑（cén）楼：高楼，带尖顶的楼。一钩金：一只金带钩，重不到半两。舆：车。翅：同"啻"，止。紾（zhěn）：扭转之意。

3·11·5 孟子曰："杨子取为我，拔一毛而利天下，不为也。墨子兼爱，摩顶放踵利天下，为之。子莫执中，执中为近之。执中无权，犹执一也。所恶执一者，

为其贼道也，举一而废百也。"（《孟子·尽心上》二六）

【译注】孟子说："杨朱主张一切为我，哪怕拔一根汗毛可以有利于天下，也不肯干。墨子主张兼爱，摩秃顶发、磨破脚跟，只要利于天下，也要去干。子莫这个人主张中道，主张中道就离真理不远了。但是主张中道如果没有一点灵活性，也跟执着于一点是一样的。我之所以厌恶执着一点，就是因为这会损害仁义之道，抓住一点却废弃了其余。" ●杨子：杨朱，主张利己。摩顶放踵（zhǒng）：（因奔走劳碌而）摩秃头顶、磨破脚跟。子莫：鲁国贤人。权：权衡，变通。贼：戕害。

3·11·6 逢蒙学射于羿，尽羿之道，思天下惟羿为愈己，于是杀羿。孟子曰："是亦羿有罪焉。"公明仪曰："宜若无罪焉。"曰："薄乎云尔，恶得无罪？郑人使子濯孺子侵卫，卫使庾公之斯追之。子濯孺子曰：'今日我疾作，不可以执弓，吾死矣夫！'问其仆曰：'追我者谁也？'其仆曰：'庾公之斯也。'曰：'吾生矣。'其仆曰：'庾公之斯，卫之善射者也；夫子曰吾生，何谓也？'曰：'庾公之斯学射于尹公之他，尹公之他学射于我。夫尹公之他，端人也，其取友必端矣。'庾公之斯至，曰：'夫子何不为执弓？'曰：'今日我疾作，不可以执弓。'曰：'小人学射于尹公之他，尹公之他学射于夫子。我不忍以夫子之道反害夫子。虽然，今日之事，君事也，我不敢废。'抽矢，扣轮，去其金，发乘矢而后反。"（《孟子·离娄下》二四）

【译注】逢蒙跟羿学习射箭，把羿的箭术完全学到手，想着天下只有羿比自己强，于是把羿杀掉了。孟子评论这件事说：

"这事羿也有过错。"公明仪说:"好像羿没有过错吧。"孟子说:"过错不大罢了,怎么能说没过错呢?郑国派子濯孺子侵犯卫国(,兵败),卫国派庾公之斯追赶他。子濯孺子说:'我今天发病了,不能拿弓箭,我的死期到了。'又问驾车者:'谁在追我?'驾车者回答:'是庾公之斯。'子濯孺子说:'我死不了了!'驾车者说:'庾公之斯是卫国射箭的高手,您却说死不了,这是什么道理?'子濯孺子说:'庾公之斯是跟尹公之他学射箭,尹公之他是跟我学射箭。而尹公之他是个正直的人,他所选取的朋友、学生也一定都是正直的人。'庾公之斯追上来了,说:'先生为什么不拿弓?'子濯孺子说:'我今天发病了,拿不了弓。'庾公之斯说:'学生我跟尹公之他学射箭,尹公之他跟先生学射箭。我不忍用先生的技能伤害先生。但是,今天的事是公事,我不敢以私废公。'于是抽出箭,在车轮上敲掉箭头,连发四箭而回。"●羿:古代神箭手,夏代有穷国之君,后为弟子兼臣仆的逄(Péng)蒙所害。愈己:超过自己。薄:浅,不厚。子濯孺子:郑国大夫。庾公之斯:卫国大夫。尹公之他(tuō):卫人。端人:正直的人。扣:敲击。金:金属箭镞。乘矢:四支箭。◎孟子为什么说羿也有过错呢?就因为他在挑选学生时,没在人品、道德上着眼。此外,此则是古人临事灵活权变的实例,也可见在特定环境下,师徒关系可以重于君臣关系。

3·12 劳心劳力,社会分工

"劳心者治人,劳力者治于人"是深受现代人诟病的儒家观点。然而换个角度看,孟子谈的又是社会分工问题。在社会化劳动中,总要有管理者及执行者,这个道理,孟子在与陈相的辩论中分析得颇为透彻(3·12·2)。孔子也有类似论述,参见"樊迟请学稼"(3·12·1)。

3·12·1　樊迟请学稼。子曰:"吾不如老农。"请学为圃。曰:"吾不如老圃。"樊迟出,子曰:"小人哉,樊须也!上好礼,则民莫敢不敬;上好义,则民莫敢不服;上好信,则民莫敢不用情。夫如是,则四方之民襁负其子而至矣,焉用稼?"(《论语·子路》四)

【译注】樊迟请求学种庄稼。孔子说:"我不如老农。"又请求学种菜,孔子说:"我不如老菜农。"樊迟出去后,孔子说:"樊迟真是个见识不高的粗人。(他不懂得,)在上者喜好礼仪,百姓就没人敢不尊重的;在上者喜好义理,百姓就没人敢不服从的;在上者讲究诚信,百姓就没人敢'玩虚的'。这样一来,四方百姓就会背着小儿女来投奔,君子又哪里需要种庄稼呢?" ●圃(pǔ):菜地,这里指园艺;后面的老圃指菜农。用情:付出真情。襁(qiǎng):背孩子用的带子。襁负即背着小孩子的意思。◎有人认为本则反映了孔子轻视农民的思想。不过从另外的角度看,这里讲的又是社会分工问题及在位者以身作则的重要性。

3·12·2　陈相见孟子,道许行之言曰:"滕君则诚贤君也,虽然,未闻道也。贤者与民并耕而食,饔飧而治。今也滕有仓廪府库,则是厉民而以自养也,恶得贤?"孟子曰:"许子必种粟而后食乎?"曰:"然。""许子必织布而后衣乎?"曰:"否!许子衣褐。""许子冠乎?"曰:"冠。"曰:"奚冠?"曰:"冠素。"曰:"自织之与?"曰:"否,以粟易之。"曰:"许子奚为不自织?"曰:"害于耕。"曰:"许子以釜甑爨,以铁耕乎?"曰:"然。""自为之与?"曰:"否!以粟易之。""以粟易械器者,不为厉陶冶；陶冶亦以其械器易粟者，岂为厉农夫哉？且许子何不为陶冶，舍皆取诸其宫中而用之？何为纷纷然与百工交易？何许子之不惮烦？"曰："百工之事固不可耕且为也。""然则治天下独可耕且为与？有大人之事，有小人之事。且一人之身，而百工之所为备，如必自为而后用之，是率天下而路也。故曰，或劳心，或劳力；劳心者治人，劳力者治于人；治于人者食人，治人者食于人，天下之通义也。"（《孟子·滕文公上》四）

【译注】（许行是个研究神农氏学说的人，带着几十个门徒投奔滕文公，穿着粗麻衣裳，靠种地、打草鞋、织席子为生。陈相是许行的学生，他与孟子有一番辩论。）陈相去见孟子，转述许行的话说："滕君实在是个贤君，但是，他还不懂真理。贤者要跟百姓一道种地吃粮，自己烧饭吃，再替百姓办事。而今滕国有粮仓府库，这是盘剥百姓奉养自己，又怎么称得上贤明呢？"孟子说："许先生一定要自己种粮才吃饭吗？"陈相说："是的。"孟子问："许先生一定是自己织布才穿衣吗？"陈相回答："不是，许子穿麻布衣。"孟子又问："许先生戴帽子吗？"答："戴。"问："戴什么帽子？"答："戴白绸帽子。"问："是自己织的吗？"答："不是，是用粟米换的。"问："许先生为什么不自己织帽子？"答："那会影响种地。"问："许先生也用锅甑做饭，用铁器耕田吗？"答："是。"问："这些器具都是自己制的吗？"答："不是，是拿粟米换的。"问："拿粟米换器具，不能说是损害了陶匠铁匠，那么，陶匠铁匠用锅甑和农具来换粟米，难道说是损害了农夫吗？而且许先生为什么不亲自烧窑冶铁，制成各种器具，存放在那里随取随用？为什么许先生一桩桩跟各种工匠交换？许先生为什么这样

不怕麻烦?"答:"各种工匠的活计本来不是能一边耕田一边干的。"孟子说:"然而,治理天下却独能一边耕田一边做吗?天下有官吏们干的事,也有百姓干的事。况且作为一个人,需要百工所做的各种东西,如果一定要自己制作才能用,那是率领天下人疲于奔命。所以说:有人动脑子,有人用体力;一般而言,动脑子的管理人,用体力的被管理。被管理的养活人,管理人的被养活。这是天下通行的共同原则。"●饔飧(yōng sūn):早饭晚饭。这里指做饭。厉民:损害百姓。褐:麻布衣。素:未经染色的丝绸。釜甑(zèng):金属及陶制炊具。爨(cuàn):烧火做饭。陶冶:这里指制陶冶铁的工匠。舍:储存。宫:家。食(sì):供给食物,养活。

3·12·3 (孟子曰:)"夫滕,壤地褊小,将为君子焉,将为野人焉。无君子,莫治野人;无野人,莫养君子。"(《孟子·滕文公上》三)

【译注】(孟子说:)"滕国虽然土地狭小,但也得有官吏,也得有百姓。没有官吏,就没人管理百姓;没有百姓,就没人养活官吏。"●褊(biǎn)小:狭小。

3·12·4 彭更问曰:"后车数十乘,从者数百人,以传食于诸侯,不以泰乎?"孟子曰:"非其道,则一箪食不可受于人;如其道,则舜受尧之天下,不以为泰。子以为泰乎?"曰:"否,士无事而食,不可也。"曰:"子不通功易事,以羡补不足,则农有余粟,女有余布;子如通之,则梓匠轮舆皆得食于子。于此有人焉,入则孝,出则悌,守先王之道,以待后之学者,而不得食于子;子何尊梓匠轮舆

而轻为仁义者哉？"(《孟子·滕文公下》四)

【译注】彭更（孟子的学生）问道："跟随的车子有几十辆，随从有几百人，游走于诸侯国，走到哪儿吃到哪儿，这不是太过分了吗？"孟子说："如果不合理，就是一筐饭也不能接受人家的；如果合理，舜从尧那里接受天下，也不过分。你认为过分吗？"彭更说："不是这么讲，士人没干什么事却要吃白食，这是不可以的。"孟子说："你如果不跟别人互通劳动成果，用多余的弥补不足的，那么农民就会积压粮食，妇女就会积压布匹（，而另一些人则无食无衣）。你如果能跟别人互通有无，则木匠、车匠都能从你这儿得到吃的。这里有个人，在家孝顺父母，外出尊敬长者，信守先王的道义，培养后辈学生，（做着如此重要的事，）却不能从你这里获得吃的；你为什么尊重木匠、车匠却轻视仁义之士呢？"●传食：辗转而食。泰：奢侈，过分。通功易事：指相互交换劳动成果；易，交易。羡：多余。梓匠轮舆：梓人、匠人为木工；轮人、舆人是造车的工匠。

3·12·5 公孙丑曰："《诗》曰：'不素餐兮。'君子之不耕而食，何也？"孟子曰："君子居是国也，其君用之，则安富尊荣；其子弟从之，则孝悌忠信。'不素餐兮'，孰大于是？"(《孟子·尽心上》三二)

【译注】公孙丑说："《诗经·魏风·伐檀》说：'（君子）不白吃饭啊。'君子不种地却可以吃饭，这是为什么？"孟子说："君子住在这个国家里，君主任用他，就能平安富足，享受尊荣；少年子弟跟随他，就能孝顺父母、尊重兄长、做事尽心、诚实守信。'（君子）不白吃饭'，还有比这个功绩更大的吗？"●素餐：白吃饭。

3·12·6 孟子见齐宣王，曰："为巨室，则必使工师求大木。工师得大木，则王喜，以为能胜其任也。匠人斫而小之，则王怒，以为不胜其任矣。夫人幼而学之，壮而欲行之，王曰：'姑舍女所学而从我'，则何如？今有璞玉于此，虽万镒，必使玉人雕琢之。至于治国家，则曰，'姑舍女所学而从我'，则何以异于教玉人雕琢玉哉？"（《孟子·梁惠王下》九）

【译注】孟子见齐宣王，说："造大屋，一定要派工师寻找大木料。工师找到大木料，王就很高兴，认为工师胜任尽责。接下来，木匠把木料砍小了，王就发怒，认为木匠不能胜任尽责。（王显然不懂行。）人自幼学习，长大了要运用于实践。王说：'把你学的暂且放下，听我的。'那又会怎样？假设王有一块未经雕琢的璞玉，虽然价值很高，也一定要让玉匠雕琢（，因为他有专门技术）。可是一说到治理国家，您却说：'把你学的暂且放下，听我的！'这跟教玉匠雕刻玉石，又有什么两样？"
●工师：管理工匠的官员。斫（zhuó）：砍削。姑：姑且，暂且。舍：放下。璞（pú）玉：含玉的石头。镒（yì）：二十两为一镒，万镒这里是形容其价值高。

3·12·7 尧以不得舜为己忧，舜以不得禹、皋陶为己忧。夫以百亩之不易为己忧者，农夫也。……尧舜之治天下，岂无所用其心哉？亦不用于耕耳。（《孟子·滕文公上》四）

【译注】尧为得不到舜这样的人才而忧虑，舜为得不到禹、皋陶这样的人才而忧虑。那些为百亩田地种不好而忧虑的，是农夫。……尧舜治理天下，难道无所用心吗？只不过没用在耕种上罢了。●易：治。◎尚可参看《孟子·滕文公上》四"当尧之时"（6·1·14）。

3·12·8 君子素其位而行，不愿乎其外。素富贵，行乎富贵；素贫贱，行乎贫贱；素夷狄，行乎夷狄；素患难，行乎患难。君子无入而不自得焉。在上位不陵下，在下位不援上，正己而不求于人则无怨。上不怨天，下不尤人。故君子居易以俟命，小人行险以徼幸。（《中庸》第一四章）

【译注】君子安于眼下的地位，去做符合身份的事，心无旁骛。处于富贵地位，就做富贵人该做的事；处于贫贱地位，就做贫贱人该做的事；处于夷狄地位，就做夷狄该做的事；处于患难之中，就做患难之中该做的事。君子无论处在什么地位都能恬然自得。居于高位，不凌虐下级，居于下位，不攀附上级。端正自己，不苛求于人，也就没什么好抱怨的了。上不抱怨天，下不埋怨人，君子因此能安于现状，等待命运安排。小人却总是铤而走险，试图侥幸取利。●素：现在，平素；这里有安于眼下的意思。愿：此指非分之想。陵：仗势欺凌。援：攀附。居易：安于平凡。

3·13 物质利益，考验贪廉

后世常将"名缰"与"利锁"并提，实则儒家对"利"的警惕远过于"名"。孔子有"君子喻于义，小人喻于利"（1·5·13）的论断，《孟子》开篇即宣称"王何必曰利？亦有仁义而已矣"（1·6·9），又强调"富贵不能淫，贫贱不能移，威武不能屈"（1·6·3）。本节部分语录还涉及对待物质生活的态度。——关于"义""利"关系的讨论，尚可参看1·5"义：义者宜也，舍生取义"、6·8"让利于民，民富君安"诸节及"见利思义"（3·1·12）等则。

3·13·1 子罕言利与命与仁。(《论语·子罕》一)

【译注】孔子很少谈利益、命运和仁德三方面。◎也有学者这样点断:"子罕言利与命,与仁。"译为:孔子很少谈利益、天命,称赏仁。

3·13·2 仁者以财发身,不仁者以身发财。未有上好仁而下不好义者也,未有好义其事不终者也,未有府库财非其财者也。(《大学》第一一章)

【译注】仁者凭借财富提高自身,不仁者以生命为代价换取财富。没有在上位者施仁政而臣民不守义理的,没有臣民守义理而事情做不成的(,有事功便能创造财富),没有国库里有钱财却不属于国君的。◎"以财发身"可以理解为散财以获取民心,提高自己的德望。

3·13·3 子曰:"君子喻于义,小人喻于利。"(《论语·里仁》一六)

【译注】参见1·5·13。

3·13·4 《诗》云:"於戏!前王不忘。"君子贤其贤而亲其亲,小人乐其乐而利其利,此以没世不忘也。(《大学》第四章)

【译注】《诗经·周颂·烈文》说:"唉!前代的君主难以忘怀啊。"这是因为君子(继承先王的风范)尊重贤人、亲近亲人,百姓也能(承受先王带来的恩惠)享受安乐、获取利益。因而,先王虽然不在,人们依然感念他的遗德、永志不忘。●於戏:感叹语。前一个贤、亲、乐、利都做动词用。

3·13·5　孟子曰："鸡鸣而起，孳孳为善者，舜之徒也；鸡鸣而起，孳孳为利者，跖之徒也。欲知舜与跖之分，无他，利与善之间也。"（《孟子·尽心上》二五）

【译注】孟子说："鸡叫起床，努力行善的，是舜的门徒；鸡叫起床，努力求利的，是盗跖的门徒。要了解舜和跖的区别，没别的，就在于求利与行善的不同。"●孳孳：同"孜孜"，勤勉。跖（zhí）：古代的大盗。间（jiàn）：不同。

3·13·6　子贡曰："贫而无谄，富而无骄，何如？"子曰："可也。未若贫而乐，富而好礼者也。"（《论语·学而》一五）

【译注】子贡说："贫穷却不巴结谄媚，富有却不傲慢自大，怎么样？"孔子说："可以了。但不如贫穷却很快乐，富有则谦逊好礼。"●谄（chǎn）：谄媚。

3·13·7　子曰："贫而无怨难，富而无骄易。"（《论语·宪问》一〇）

【译注】孔子说："贫穷却没有怨恨，难；富有却不傲慢，相对容易。"

3·13·8　子曰："富而可求也，虽执鞭之士，吾亦为之。如不可求，从吾所好。"（《论语·述而》一二）

【译注】孔子说："财富如果可以求取，即使市场看门人我也愿意干。如果不能求取，还是干我自己爱干的吧。"●执鞭之士：市场看门人。好（hào）：喜好。◎这里的"可求"有一个前提，就是不违背道义。

3·13·9　子曰:"奢则不孙,俭则固。与其不孙也,宁固。"
(《论语·述而》三六)

【译注】孔子说:"生活奢侈就显得傲慢,生活简朴就显得寒碜。与其傲慢,不如寒碜。"●孙:同"逊"。固:寒碜。

3·13·10　子欲居九夷。或曰:"陋,如之何?"子曰:"君子居之,何陋之有?"(《论语·子罕》一四)

【译注】孔子想迁徙到九夷去。有人说:"那里荒僻简陋,怎么好住?"孔子说:"君子去住,哪里有什么简陋?"●九夷:淮、泗之间的荒僻之地。

3·13·11　子曰:"士而怀居,不足以为士矣。"(《论语·宪问》二)

【译注】孔子说:"士如果留恋安逸生活,便够不上做士了。"●居:家居,安逸生活。

3·13·12　子曰:"君子谋道不谋食。耕也,馁在其中矣;学也,禄在其中矣。君子忧道不忧贫。"(《论语·卫灵公》三二)

【译注】孔子说:"君子致力于寻求真理,而不致力于谋求衣食。耕地,常常饿肚子;学习,则往往能得到俸禄。君子只着急寻不到真理,不着急没钱财。"●馁(něi):饿。禄:俸禄。

3·13·13　子曰:"饭疏食饮水,曲肱而枕之,乐亦在其中矣。不义而富且贵,于我如浮云。"(《论语·述而》一六)

【译注】参见3·5·2。

3·13·14 子曰："士志于道，而耻恶衣恶食者，未足与议也。"（《论语·里仁》九）

【译注】孔子说："士自称有志于追求真理，却耻于穿粗衣吃粗粮的，也便不值得同他研讨了。"

3·13·15 子曰："衣敝缊袍，与衣狐貉者立，而不耻者，其由也与？'不忮不求，何用不臧？'"子路终身诵之。子曰："是道也，何足以臧？"（《论语·子罕》二七）

【译注】孔子说："身穿破烂的丝绵袍，跟穿着狐貉皮的人站在一起，却不感到惭愧的，恐怕只有仲由（子路）能这样吧？（《诗经·邶风·雄雉》说：）'不忌妒不贪求，何行不善？'"子路听了，总是念叨这两句。孔子说："仅仅这样，又怎能达到至善境界？" ●缊（yùn）袍：絮丝绵的袍子。忮（zhì）：忌妒。臧：善，好。

3·13·16 子曰："贤哉，回也！一箪食，一瓢饮，在陋巷，人不堪其忧，回也不改其乐。贤哉，回也！"（《论语·雍也》一一）

【译注】孔子说："颜回真是贤良啊！一筐饭，一瓢水，住在窄巷里，人们都受不了这份罪，颜回却始终自得其乐。颜回真是贤良啊！" ●箪（dān）：古代盛饭的竹筐。

3·13·17 子曰："回也其庶乎，屡空。赐不受命，而货殖焉，亿则屡中。"（《论语·先进》一九）

【译注】孔子说："颜回的道德学问大概差不多了吧，可是常

常穷得一无所有。端木赐不安本分，去囤积贸易，却总能猜中行情。"●庶：庶几，差不多。货殖：囤积贸易，做买卖。亿：通"臆"，猜测。

3·13·18 子华使于齐，冉子为其母请粟。子曰："与之釜。"请益。曰："与之庾。"冉子与之粟五秉。子曰："赤之适齐也，乘肥马，衣轻裘。吾闻之也：君子周急不继富。"（《论语·雍也》四）

【译注】公西华出使齐国，冉有替他的母亲向孔子请求发给粟米。孔子说："给她一釜。"冉有请求再添些。孔子说："再添一庾。"结果冉有给了她五秉。孔子说："公西华到齐国去，坐着肥马驾的车，穿着轻暖的皮袍。（他难道还缺粮吗？）我听说：君子只宜雪中送炭，不宜锦上添花。"●釜（fǔ）：古代量度单位，一釜为六斗四升。下面的一庾为二斗四升，一秉为十六斛（hú，一斛为十斗或五斗）。周：同"赒"，救济。

3·13·19 孟子曰："附之以韩魏之家，如其自视欿然，则过人远矣。"（《孟子·尽心上》一一）

【译注】孟子说："用晋国韩魏两家的财富去增益他，如果他仍旧淡定、不自满，这个人就远远超越一般人了。"●欿（kǎn）然：不自满。

3·14 君子小人，对照鲜明

在儒家论述中，"君子"与"小人"的字样常常成对出现。本节将此类语录辑录起来，俾便观览对照。——相关论述除本节所列，尚有"君子而不仁者有矣夫，未有小人而仁者也"（1·2·13）、"君子喻于义，小人喻于利"（1·5·13）、"君子不可小知而可大受也，小人不可大受而可小知也"（3·1·2）、"君子有三畏……小人不知天命而不畏也"（3·1·10）、"君子和而不同，小人同而不和"（3·1·21）、"君子求诸己，小人求诸人"（3·2·4）、"君子固穷，小人穷斯滥矣"（3·6·4）、"故君子必慎其独也！小人闲居为不善，无所不至"（5·5·8）等。

3·14·1　子曰："君子怀德，小人怀土；君子怀刑，小人怀惠。"（《论语·里仁》一一）

【译注】孔子说："君子向往道德，小人怀念乡土。君子向往法度，小人向往恩惠。"●怀：思念，向往。

3·14·2　子曰："君子坦荡荡，小人长戚戚。"（《论语·述而》三七）

【译注】孔子说："君子胸怀宽广坦然，小人却总是局促抱怨。"●戚戚：忧伤、烦恼貌。

3·14·3　子曰："君子泰而不骄，小人骄而不泰。"（《论语·子路》二六）

【译注】孔子说："君子安详舒泰，待人不傲慢；小人待人傲慢，却不安详舒泰。"●泰：安详舒泰。

3·14·4　子曰："君子上达，小人下达。"（《论语·宪问》二三）

【译注】孔子说："君子通达于仁义，小人通达于财利。"◎也有学者认为"上"指天理，"下"指人欲。

3·14·5　子曰："君子成人之美，不成人之恶。小人反是。"（《论语·颜渊》一六）

【译注】孔子说:"君子助人为乐、成全好事,不为恶事推波助澜。小人正相反。"

3·14·6　子曰:"君子周而不比,小人比而不周。"(《论语·为政》一四)

【译注】孔子说:"君子团结而不勾结,小人勾结而不团结。"●周:合群,团结。比(bì):勾结。

3·14·7　(子曰:)"君子之德风,小人之德草。草上之风必偃。"(《论语·颜渊》一九)

【译注】(孔子说:)"君子的品德如同风,百姓的品德如同草。草被风吹,肯定会随风偏倒。"●偃(yǎn):仰倒,倒伏。

3·14·8　子谓子夏曰:"女为君子儒!无为小人儒!"(《论语·雍也》一三)

【译注】孔子对子夏说:"你要做个儒者中的君子,不要做儒者中的小人。"●女:同"汝",你。

3·14·9　子曰:"君子易事而难说也。说之不以道,不说也;及其使人也,器之。小人难事而易说也。说之虽不以道,说也;及其使人也,求备焉。"(《论语·子路》二五)

【译注】孔子说:"君子容易侍奉、相处,却难以取悦。如果不用正当的方式博得他高兴,他是不会高兴的。君子使用人,能量材而用。小人难以侍奉、相处,却容易博得其欢心。虽然用不正当的方式让他高兴,他也会高兴的。至于用人,则总是求

全责备。"●事：服侍。说：同"悦"。器：因材器使，量材而用。◎"求备"体现了小人"难事"的特点。

3·14·10 《诗》曰："衣锦尚䌹。"恶其文之著也。故君子之道，暗然而日章；小人之道，的然而日亡。君子之道，淡而不厌，简而文，温而理，知远之近，知风之自，知微之显，可与入德矣。（《中庸》第三三章）

【译注】《诗经·卫风·硕人》说："穿着锦绣的袍子再套上罩衫。"这是因为嫌锦袍的文彩太扎眼。因此君子之道虽然含蓄，却一天天彰显；小人之道虽然显明，却一天天黯淡。君子之道，平淡而令人不厌，简约而有文采，温和而有条理，知道赴远由近，知道风从何来，知道显赫来自幽微，（懂得这些）便可跨入道德之门了。●䌹（jiǒng）：穿在外面的单衫。文：花纹图案。著：显著。章：同"彰"，彰显。的（dí）然：明显貌。

3·14·11 公都子问曰："钧是人也，或为大人，或为小人，何也？"孟子曰："从其大体为大人，从其小体为小人。"曰："钧是人也，或从其大体，或从其小体，何也？"曰："耳目之官不思，而蔽于物。物交物，则引之而已矣。心之官则思，思则得之，不思则不得也。此天之所与我者。先立乎其大者，则其小者不能夺也。此为大人而已矣。"（《孟子·告子上》一五）

【译注】学生公都子问孟子："同样是人，有人是君子，有人是小人，这是为什么？"孟子说："满足重要器官（如心）的需要，就成为君子，满足次要器官（如眼、耳）的需要，就

成为小人。"公都子又问："同样是人，有人满足重要器官的需要，有人满足次要器官的需要，这是为什么？"孟子说："耳朵、眼睛这些器官不会思考，所以易为外物所蒙蔽。（耳目也是物，）物遇到外物，就被引向迷途。心这种器官的职能是思考，人性之善，思考便能获得，不思考便得不到。思考功能是老天单独赋予人类的。先把心这一重要器官树立起来，（有了主心骨，）那些次要器官也就不致被外界所诱惑了。这样的人就成了大人君子。" ●钧：同"均"。官：官能，作用。

3·15 过错种种，君子所恶

君子持"中庸"之道，但爱憎分明，并非无是非、无立场。本节辑录了儒家对错误言行的批判及反省，尤应注意孔孟对"乡愿"的厌憎。——相关论述尚有"巧言令色，鲜矣仁"（1·2·7）、"女闻六言六蔽矣乎"（1·3·20）、"惟女子与小人为难养也"（2·6·11）、"小人闲居为不善"（5·5·8）等。

3·15·1　子曰："过而不改，是谓过矣。"（《论语·卫灵公》三〇）

　　【译注】孔子说："有过错却不改正，那就真的叫过错了。"

3·15·2　子绝四：**毋意，毋必，毋固，毋我**。（《论语·子罕》四）

　　【译注】孔子杜绝四种毛病：不凭空猜测，不绝对肯定，不固执己见，不自以为是。●意：臆想。

3·15·3　子贡曰："君子亦有恶乎！"子曰："有恶：恶称人之恶者，恶居下流而讪上者，恶勇而无礼者，恶果敢而窒者。"曰："赐也亦有恶乎？""恶徼以为

知者，恶不孙以为勇者，恶讦以为直者。"（《论语·阳货》二四）

【译注】子贡问孔子："君子也有厌恶的事吗？"孔子说："有厌恶的事：厌恶传扬别人坏处的，厌恶身居下位而毁谤上级的，厌恶徒有勇力却不懂礼节的，厌恶做事果决却又僵化封闭的。"孔子反问："端木赐，你也有厌恶的事吗？"子贡回答："我厌恶抄袭别人却自以为聪明的，厌恶把傲慢不逊当勇敢的，厌恶揭人隐私却自以为直率的。"●讪（shàn）：讪谤，诽谤。窒：固执己见，不通达。徼（jiāo）：窃取，抄袭。孙：同"逊"，谦逊。讦（jié）：揭人隐私，攻击人短处。

3·15·4 子曰："古者民有三疾，今也或是之亡也。古之狂也肆，今之狂也荡；古之矜也廉，今之矜也忿戾；古之愚也直，今之愚也诈而已矣。"（《论语·阳货》一六）

【译注】孔子说："古代先民有三种'毛病'，今天或许已经没有了。古人狂妄只是言行恣肆，今人的狂妄却是放荡不羁；古人的矜持是端方有威严，今天的矜持却成了愤怒乖戾；古人愚笨却还直率，今天的愚人却只有欺诈而已。"●亡：无。肆：恣肆。荡：放荡。矜：矜持、庄重。廉：端方有气节。忿戾（lì）：愤怒乖戾。

3·15·5 子张问于孔子曰："何如斯可以从政矣？"子曰："尊五美，屏四恶，斯可以从政矣。"……子张曰："何谓四恶？"子曰："不教而杀谓之虐；不戒视成谓之暴；慢令致期谓之贼；犹之与人也，出纳

之吝谓之有司"。(《论语·尧曰》二)

【译注】子张问孔子:"怎样做就可以从政呢?"孔子说:"尊重五种美德,摒弃四种恶政,就可以从政了。"……子张问:"什么是四种恶政呢?"孔子说:"对百姓不加教育便行杀戮,这叫虐;不加告诫就向其要成果,这叫暴;开始懈怠,却突然规定期限,这叫贼;同是给人财物,出手吝啬,这叫小气。"●戒:申诫,告诫。视成:检验成果。慢令:政令怠惰迟滞。致期:突然规定期限。有司:这里指管库的小吏。这种人位卑权小,支给财物时啰唆吝啬;统治者如果出手吝啬,就被视为库吏。

3·15·6 子曰:"巧言乱德。小不忍,则乱大谋。"(《论语·卫灵公》二七)

【译注】孔子说:"花言巧语会败坏道德。小事情不能忍耐,便会败坏大事。"

3·15·7 子路使子羔为费宰。子曰:"贼夫人之子。"子路曰:"有民人焉,有社稷焉,何必读书,然后为学?"子曰:"是故恶夫佞者。"(《论语·先进》二五)

【译注】子路让子羔做费邑的长官。孔子说:"这是害了人家的儿子。"子路说:"那地方有百姓,有土地神、五谷神,(干就是了,)为什么一定要读书才叫学习呢?"孔子说:"所以说,我顶讨厌你这种强词夺理之人。"●子羔:孔子的学生,名高柴。贼:害。夫人之子:指子羔。社稷:土地、五谷神。佞:巧言善辩。

3·15·8 微生亩谓孔子曰:"丘何为是栖栖者与?无乃为佞乎?"孔子曰:"非敢为佞也,疾固也。"(《论语·宪问》三二)

【译注】微生亩对孔子说:"你为什么这样忙忙碌碌的呢?不是要四处逞你的口才吧?"孔子说:"我不敢逞口才,我是讨厌那些顽固不通的人(,想要说服他们)。"●微生亩:人名,事迹不详。栖栖:不能安居貌。疾:厌憎。固:顽固不化。

3·15·9 子曰:"道听而涂说,德之弃也。"(《论语·阳货》一四)

【译注】孔子说:"在路上听到传闻又到处传播,是不合于德行应予抛弃的。"●涂:同"途"。

3·15·10 子曰:"攻乎异端,斯害也已。"(《论语·为政》一六)

【译注】孔子说:"那些(不赞同中庸之道,)专门研究极端学说的,是祸害罢了。"●攻:精研。◎这句话的另一种理解是:批判那些不正确的议论,祸害就可以消灭了。攻:攻击、批判。已:止。

3·15·11 子曰:"恶紫之夺朱也,恶郑声之乱雅乐也,恶利口之覆邦家者。"(《论语·阳货》一八)

【译注】参见3·9·14。

3·15·12 子曰:"色厉而内荏,譬诸小人,其犹穿窬之盗也与?"(《论语·阳货》一二)

【译注】孔子说:"表情严厉,内心怯弱,拿小人做比方,就

像挖洞跳墙的窃贼一样吧？" ●荏（rěn）：软弱。

3·15·13　子贡方人。子曰："赐也贤乎哉？夫我则不暇。"
（《论语·宪问》二九）

【译注】子贡数落别人。孔子说："端木赐啊，你就好到哪去吗？我可没这闲工夫（说别人）。" ●方：谤，讥评。

3·15·14　孟子曰："言人之不善，当如后患何？"（《孟子·离娄下》九）

【译注】孟子说："说人家的坏话，就不想想后果吗？"

3·15·15　子曰："群居终日，言不及义，好行小慧，难矣哉！"（《论语·卫灵公》一七）

【译注】孔子说："有些人整天聚在一块，聊一些毫无意义的话题，喜欢卖弄小聪明，这种人真拿他没办法！"

3·15·16　子夏曰："小人之过也必文。"（《论语·子张》八）

【译注】子夏说："小人有过错一定会掩饰。" ●过：过错。文：文饰，掩饰。

3·15·17　子曰："乡愿，德之贼也。"（《论语·阳货》一三）

【译注】孔子说："没有是非的好好先生，是戕害道德的小人。" ●乡愿：又作"乡原"。愿的本义是恭谨，但在孔孟的语汇中，乡愿指看似忠厚却没有道德原则的人，只知讨好流俗，言行不一，与好好先生或伪君子义近。

3·15·18 （万章）曰："何如斯可谓之乡原矣？"（孟子）曰："何以是嘐嘐也？言不顾行，行不顾言，则曰：'古之人，古之人。'行何为踽踽凉凉？生斯世也，为斯世也，善斯可矣。阉然媚于世也者，是乡原也。"（《孟子·尽心下》三七）

【译注】（万章）问："怎样的人叫乡愿呢？"（孟子）说："（乡愿批评狂放的人和狷介的人，对前者说：）为什么这样心气高、口气大呢？说话不能照应行为，行为又不能照应说话，只是说'古人啊，古人啊'！（对后者则说：）为什么这样落落寡合呢？生在这个世界上，就要迎合这个世道，说好就是了。——八面玲珑、谄媚取容，这就是乡愿。"●嘐（xiāo）嘐：形容心气高、口气大。踽（jǔ）踽凉凉：孤独寂寥貌。阉然：曲意逢迎貌。

3·15·19 万子曰："一乡皆称原人焉，无所往而不为原人，孔子以为德之贼，何哉？"曰："非之无举也，刺之无刺也，同乎流俗，合乎污世，居之似忠信，行之似廉洁，众皆悦之，自以为是，而不可与入尧舜之道，故曰'德之贼'也。孔子曰：恶似而非者：恶莠，恐其乱苗也；恶佞，恐其乱义也；恶利口，恐其乱信也；恶郑声，恐其乱乐也；恶紫，恐其乱朱也；恶乡原，恐其乱德也。君子反经而已矣。经正，则庶民兴；庶民兴，斯无邪慝矣。"（《孟子·尽心下》三七）

【译注】万章问："一乡的人都说他是恭谨的人，无论哪一点都表现为恭谨的人，孔子却认为是戕害道德的小人，这又是为什么？"孟子回答："这种人，你要指摘他，却又举不出错

处来，你要批评他，却又无可批评。他只是同流合污，平日像是忠厚老实，行为像是廉洁清正，大家也都喜欢他，他自己也认为正确，却背离尧舜之道，所以说是戕害道德的人。（'孔子曰'以下，参见3·9·15。）"●原人：恭谨的人。◎孟子关于"乡原"的论述，还可参看5·6·14。

3·15·20 子曰："愚而好自用，贱而好自专，生乎今之世，反乎古之道。如此者，灾及其身者也。"（《中庸》第二八章）

【译注】孔子说："愚蠢却总是自以为是，位卑却喜欢独断专行，生活在今天，却总想回归古代的道路，这样做的人，灾祸就要降临到他的身上。"●自用：自以为是。专：专断。◎人们印象中的孔子是"保守派"，其实孔子也反对盲目复古。

3·15·21 子曰："狂而不直，侗而不愿，悾悾而不信，吾不知之矣。"（《论语·泰伯》一六）

【译注】孔子说："狂妄却不直率，幼稚而不恭谨，无能又不讲信用，这种人我不懂他是怎么回事。"●侗（tóng）：无知，幼稚。悾（kōng）悾：无能的样子。

3·15·22 原壤夷俟。子曰："幼而不孙弟，长而无述焉，老而不死，是为贼。"以杖叩其胫。（《论语·宪问》四三）

【译注】孔子的朋友原壤两腿叉开坐在地上等着孔子。孔子说："你小时候不懂礼节，长大了也没什么可以称说的，老了还不早点死（，白费粮食），真是个祸害！"说完，用手杖敲了敲他的小腿。●夷：叉腿而坐；这是一种放肆不恭的坐姿。

俟：等待。孙弟（xùntì）：逊悌，谦逊敬长。

3·15·23 子曰："鄙夫可与事君也与哉？其未得之也，患得之；既得之，患失之；苟患失之，无所不至矣。"(《论语·阳货》一五)

【译注】孔子说："境界不高的小人能跟他一块事奉君主吗？没得到职位时，生怕得不到；得到之后，又生怕丢掉。一个人如果怕丢掉某种东西，就会（抛弃原则）无所不为了。"●患：忧患，担忧。苟：如果。

3·15·24 阙党童子将命。或问之曰："益者与？"子曰："吾见其居于位也，见其与先生并行也。非求益者也，欲速成者也。"(《论语·宪问》四四)

【译注】阙党那地方的童子替主人传信儿。有人问孔子："这孩子是肯上进的吗？"孔子说："我见他坐在成人的座位上，又见他跟长辈并肩而行。这不是个肯上进的人，只是想速成罢了。"●阙党：地名，即阙里。将命：在宾主间传信。益：进益，上进。居于位：坐于成人席位。◎按礼的要求，不满十六岁的童子只能在角落里坐，不能坐在成人座位上；与年长者同行，身位应稍后。

3·15·25 子曰："人之过也，各于其党。观过，斯知仁矣。"(《论语·里仁》七)

【译注】孔子说："人的过错，各有类型。观察他的过错，就知道他属于哪类人了。"●党：类。◎句中的"仁"应为"人"。

3·15·26　孟子曰："行之而不著焉，习矣而不察焉，终身由之而不知其道者，众也。"（《孟子·尽心上》五）

【译注】孟子说："做了却不明白为啥做，习惯了却不明就里，一辈子沿着路前行却不知是条什么路，这就是芸芸众生。" ●著：明确了解。察：知其所以然。

3·15·27　孟子曰："今有无名之指屈而不信，非疾痛害事也，如有能信之者，则不远秦楚之路，为指之不若人也。指不若人，则知恶之；心不若人，则不知恶，此之谓不知类也。"（《孟子·告子上》一二）

【译注】孟子说："如今有个人，他的无名指不能伸直，不痛苦，也不妨害做事，但只要有人号称能令它伸直，那人就是远在秦国楚国，也要千里迢迢找他医治，只因跟别人手指不一样而已。手指不如人，知道这是讨厌的事；道德修养不如人家，却不知道讨厌，这就是不懂得轻重类比。" ●信：伸，伸直。不知类：不知比较。

3·15·28　（孟子曰：）"长君之恶其罪小，逢君之恶其罪大。今之大夫皆逢君之恶，故曰，今之大夫，今之诸侯之罪人也。"（《孟子·告子下》七）

【译注】（孟子说：）"助长君主的过恶，这个罪责还算小的；如果对君主罪恶加以逢迎、诱导，这个罪过就大了。如今的士大夫，都在逢迎君主的罪恶，所以说今天的士大夫都是诸侯的罪人。" ●长：助长。逢：主动逢迎。

3·15·29　白圭曰："丹之治水也愈于禹。"孟子曰："子过矣。禹之治水，水之道也，是故禹以四海为壑。今吾子以邻国为壑。水逆行谓之洚水，洚水者，洪水也，仁人之所恶也。吾子过矣。"（《孟子·告子下》一一）

【译注】白圭说："我治水的功绩超过了大禹。"孟子说："你错了。大禹治水，是顺乎水性去治理，因而禹把水引向四海。而今你治水，是把水引向邻国。水逆流而行叫作洚水，洚水也就是洪水。这种做法是仁人所厌恶的，你真的错了。"●白圭：名丹，魏国大臣。愈：超过。壑：本指沟壑，这里指低洼存水处。洚（jiàng）水：洪水。

3·15·30 孟子曰："人之患在好为人师。"（《孟子·离娄上》二三）

【译注】孟子说："人的毛病在于（自以为是，）喜欢给人当老师。"

3·15·31 盆成括仕于齐，孟子曰："死矣盆成括！"盆成括见杀，门人问曰："夫子何以知其将见杀？"曰："其为人也小有才，未闻君子之大道也，则足以杀其躯而已矣。"（《孟子·尽心下》二九）

【译注】盆成括到齐国去做官，孟子说："盆成括要死了！"盆成括果然被杀了。学生问孟子："先生怎么知道他会被杀呢？"孟子说："他这个人有点小聪明，却没能了解君子的大道，这足以引来杀身之祸罢了。"●见杀：被杀。

3·15·32 （孟子曰：）"宋人有闵其苗之不长而揠之者，芒芒然归，谓其人曰：'今日病矣！予助苗长矣！'其子趋而往视之，苗则槁矣。天下之不助苗长者寡矣。以为无益而舍之者，不耘苗者也；助之长者，揠苗者也。非徒无益，而又害之。"（《孟子·公孙丑上》二）

【译注】（孟子说：）"宋国有个担心禾苗长得不快的人，把禾苗一棵棵拔高，疲倦地回到家中，对家人说：'今天累坏了！我帮助禾苗长高了！'他的儿子跑去看，发现禾苗都枯槁了。天下不拔苗助长的人其实很少。认为干也无益，因而索性不干的，是那些根本就不锄草的懒汉；帮助禾苗快速生长的，就是这拔苗的人。这样做不但无益，反而有害。"●闵：通"悯"，忧虑。揠（yà）：拔。芒芒然：疲倦貌。病：累坏了。槁（gǎo）：枯槁。舍：放弃。◎孟子要借此说明，心中的义要慢慢培养，不能"揠苗助长"。

3·15·33 孟子曰："君子之厄于陈、蔡之间，无上下之交也。"（《孟子·尽心下》一八）

【译注】孟子说："孔子被困于陈、蔡两国之间，是因为对两国君臣都没有交往的缘故。"●厄（è）：受困。◎这是孟子对历史事件的检讨。

3·16 闻过则喜，襟怀坦白

君子襟怀坦白，光明正大，有过错不惮承认和改正。孔子对君子之行的定义是"主忠信，毋友不如己者，过则勿惮改"（1·7·10）；并认为"过而不改，是谓过矣"（3·15·1）。子贡则把君子的过错比作"日月之食"，"过也，人皆见之；更也，人皆仰之"（3·16·1）。相关论述尚有"与其洁也，不保其往也"（1·8·13）等。

3·16·1　子贡曰:"君子之过也,如日月之食焉:过也,人皆见之;更也,人皆仰之。"(《论语·子张》二一)

【译注】子贡说:"君子的错误,就像发生了日食、月食:过错发生时,人人都看得见;过错改正了,人人都仰望着。"●更:改正。

3·16·2　(孟子)曰:"……且古之君子,过则改之;今之君子,过则顺之。古之君子,其过也,如日月之食,民皆见之;及其更也,民皆仰之。今之君子,岂徒顺之,又从为之辞。"(《孟子·公孙丑下》九)

【译注】(孟子与齐大夫陈贾辩论周公在管叔叛周一事上是否有错误。孟子否认周公有错误)说:"……况且古代的在位者有了过错就能改正,今天的在位者有了过错却将错就错。古代在位者犯错误就像天上发生日食、月食,百姓都能看得到;等他改正时,百姓也都仰望着。今天的在位者,不但将错就错,还要加以掩饰狡辩。"●为之辞:狡辩。

3·16·3　子曰:"已矣乎!吾未见能见其过而内自讼者也。"(《论语·公冶长》二七)

【译注】孔子说:"算了吧!我没见过能发现自己的错误而做自我检讨的人。"●自讼:自我检讨,自我审视。

3·16·4　子曰:"德之不修,学之不讲,闻义不能徙,不善不能改,是吾忧也。"(《论语·述而》三)

【译注】孔子说:"道德不能修养,学问不能讲习,听到义却不能相就,有了缺点也不能痛改,这是我所忧虑的。"●徙:迁

移，相就。

3·16·5 子曰："法语之言，能无从乎？改之为贵。巽与之言，能无说乎？绎之为贵。说而不绎，从而不改，吾未如之何也已矣。"（《论语·子罕》二四）

【译注】孔子说："严肃正确的话能不听从吗？听从还不够，改了才是可贵的。顺从自己的话能不高兴吗？且慢高兴，分析一下才可贵的。听着高兴而不分析，听从了而不改正，这种态度我不知如何去评价它了。" ● 法：严正貌。巽（xùn）：柔顺。说：同"悦"。绎：寻绎，分析。

3·16·6 蘧伯玉使人于孔子。孔子与之坐而问焉，曰："夫子何为？"对曰："夫子欲寡其过而未能也。"使者出。子曰："使乎！使乎！"（《论语·宪问》二五）

【译注】蘧伯玉派了使者来见孔子。孔子请他坐，问他："蘧先生在干什么？"使者回答："蘧先生总想少犯错误，却还未能做到。"使者离开了。孔子称赞说："好一位使者，好一位使者！"

3·16·7 子之武城，闻弦歌之声。夫子莞尔而笑，曰："割鸡焉用牛刀？"子游对曰："昔者偃也闻诸夫子曰：'君子学道则爱人，小人学道则易使也。'"子曰："二三子！偃之言是也。前言戏之耳。"（《论语·阳货》四）

【译注】孔子到武城，听到有弹琴唱歌的声音。孔子微微一笑说："杀鸡何必用宰牛刀？"孔子的学生子游（名偃，是武城的长官）答道："从前我听先生说过，'君子学道就会有仁爱之心，百姓学道就容易使唤。'（让百姓学习礼乐应该没错吧？）"孔子说："学生们，子游的话是对的，我刚才那句话不过是玩

笑罢了。"●武城：鲁国城邑。莞（wǎn）尔：微笑貌。

3·16·8 子曰："丘也幸，苟有过，人必知之。"(《论语·述而》三一)

【译注】孔子说："我真幸运啊，如果有了过错，人家一定知道并指出来。"

3·16·9 孟子曰："子路，人告之以有过，则喜。禹闻善言，则拜。大舜有大焉，善与人同，舍己从人，乐取于人以为善。自耕稼、陶、渔以至为帝，无非取于人者。取诸人以为善，是与人为善者也。故君子莫大乎与人为善。"(《孟子·公孙丑上》八)

【译注】孟子说："子路这个人，人家指出他的过错，他就很高兴。禹听到别人说有价值的话，就朝人拜谢。大舜更伟大，行善没有人我之分，常能抛弃了自己的不足而顺从别人，乐于从别人那里学习优点。他从种地、烧陶、打鱼直至当上天子，无一处优点不是从别人那里学到的。吸取别人优点来充实自己的善，这等于鼓励别人为善。所以说，君子最大的德行，就是鼓励别人为善。"●有（大舜有大焉）：又。与（与人为善）：称许，鼓励。

3·16·10 （汤曰：）"予小子履敢用玄牡，敢昭告于皇皇后帝：有罪不敢赦。帝臣不蔽，简在帝心。朕躬有罪，无以万方；万方有罪，罪在朕躬。"(《论语·尧曰》一)

【译注】（商汤说：）"我后辈小子履，谨用黑色的牡牛作为牺牲，明白禀报光明伟大的天帝：对于有罪的人，我不敢自行

赦免。对于您的臣仆（的善恶），我也不敢有所隐瞒，您心中自有辨别。我若有罪，请不要牵连天下万方；天下万方若有罪，都由我一人承担。"●予小子履：商汤名履，这里是商汤自称，如言我。玄牡：黑色公牛。皇皇：伟大貌。后帝：天帝。蔽：隐瞒。简：辨别。朕躬：我本身。◎或说"有罪不敢赦"是指商汤放逐夏桀的举动。而"帝臣"也指夏桀。

3·16·11 周有大赉，善人是富。"虽有周亲，不如仁人。百姓有过，在予一人。"（《论语·尧曰》一）

【译注】周朝大举分封诸侯，使善人因而富贵。（武王说：）"我虽有至亲，却不如有仁德之人。百姓如有罪过，应该由我一人承担。"●赉（lài）：赐予。大赉指分封诸侯。

3·16·12 戴盈之曰："什一，去关市之征，今兹未能，请轻之，以待来年，然后已，何如？"孟子曰："今有人日攘其邻之鸡者，或告之曰：'是非君子之道。'曰：'请损之，月攘一鸡，以待来年，然后已。'如知其非义，斯速已矣，何待来年？"（《孟子·滕文公下》八）

【译注】戴盈之问孟子："抽十分之一的税，免除关卡和商品税，今年还做不到，准备先减轻一点，等到来年再实行，怎么样？"孟子说："眼下有个人，每天都偷邻人的鸡。有人告诉他：'这可不是正派人的行为。'他说：'请让我减一些，改成每月偷一只，到来年彻底断绝。'如果知道行为不合义理，就赶快停止罢了，干吗等来年呢？"●戴盈之：宋国大夫。什一：十分抽一的税率。关市之征：关卡及商品税。兹：年。攘：偷。损：减损，减少。已：停止。速：马上。

3·16·13　孟子曰:"西子蒙不洁,则人皆掩鼻而过之;虽有恶人,齐戒沐浴,则可以祀上帝。"(《孟子·离娄下》二五)

【译注】孟子说:"美女西施如果沾染了污秽,别人走过她身旁也会捂着鼻子;纵使是个面貌奇丑的人,如果他斋戒沐浴,也同样可以祭祀上帝。"●西子:春秋时越国美女西施。恶人:丑陋之人。齐戒:斋戒。

3·16·14　(孟子曰:)"狗彘食人食而不知检,涂有饿莩而不知发;人死,则曰:'非我也,岁也。'是何异于刺人而杀之,曰:'非我也,兵也。'王无罪岁,斯天下之民至焉。"(《孟子·梁惠王上》三)

【译注】(孟子对梁惠王说:)"(在您的统治下)富人家的猪狗吃了百姓的粮食,却不加以检查制止,路上有饿死的人,却不知开仓放粮。百姓死了,却说:'这不是我的问题,是年成不好。'这跟拿刀子杀人,却说'不是我杀的,是兵器杀的'又有什么不同呢?什么时候大王不再归罪于年成,天下的百姓都会来投奔您。"●彘(zhì):猪。涂:同"途",道路。发:开仓。兵:兵器。罪岁:归罪于年成。

3·16·15　孟子之平陆,谓其大夫曰:"子之持戟之士,一日而三失伍,则去之否乎?"曰:"不待三。""然则子之失伍也亦多矣。凶年饥岁,子之民,老羸转于沟壑,壮者散而之四方者,几千人矣。"曰:"此非距心之所得为也。"曰:"今有受人之牛羊而为之牧之者,则必为之求牧与刍矣。求牧与刍而不得,则反诸其人乎?抑亦立而视其死与?"

曰："此则距心之罪也。"他日，见于王曰："王之为都者，臣知五人焉。知其罪者，惟孔距心。"为王诵之。王曰："此则寡人之罪也。"（《孟子·公孙丑下》四）

【译注】孟子到平陆去，对地方官（叫孔距心的）说："如果您部下的战士一天之中三次不到位，您会开除他吗？"孔距心说："等不到三次。"孟子又说："那么您自己失职的地方也很多啊。灾年歉收，您的百姓中，年老体弱的抛尸于山沟，年轻力壮的逃亡于四方，差不多有上千人。"孔距心说："这事不是我的力量所能避免的。"孟子说："如今有个人，接受了人家的牛羊，替人放牧，就一定要替牛羊找到牧场和草料。找不到牧场和草料，那么是把牛羊返还主人呢，还是站在那儿看着牛羊饿死？"孔距心说："这个就是我的罪过了。"过了几天，孟子见到齐王，说："大王的地方官，我认识五位。能承认自己有过错的，只有孔距心一个。"接着向齐王讲述了两人的对话。齐王说："这也是我的罪过啊！" ●平陆：齐国边境城邑，在今山东汶上县一带。失伍：离队，后面也指过错。羸（léi）：瘦弱。几千人：几乎有上千人。刍（chú）：牧草。为都者：大城市地方官。

3·16·16 子见南子，子路不说。夫子矢之曰："予所否者，天厌之！天厌之！"（《论语·雍也》二八）

【译注】（南子是卫灵公的夫人，把持朝政，名声不佳。）孔子去见南子，子路很不高兴。孔子发誓说："我假若不对的话，让老天抛弃我！让老天抛弃我！" ●矢：同"誓"。◎本节讨论"闻过则喜"，但对于别人的误解，也不应放弃辩解的权利。

4 为 学

将儒家关于学习的论述辑为本章,题为"为学",共分六节,分别讨论学习应持之态度(4·1),学习之目的(4·2),学习之方法(4·3),学习之内容(4·4),教育之原则、方法(4·5)及师生关系(4·6)。

4·1 发愤忘食,学而不厌

本节讨论学习应持之态度。——相关论述尚有"知之为知之,不知为不知"(1·9·1)、"我学不厌而教不倦也"(1·9·13)、"不如丘之好学也"(1·12·2)、"君子食无求饱,居无求安"(3·7·2)、"笃信好学,守死善道"(3·10·12)、"人不堪其忧,回也不改其乐"(3·13·16)等。

4·1·1 子曰:"默而识之,学而不厌,诲人不倦,何有于我哉?"(《论语·述而》二)

【译注】孔子说:"把知识默默地记住,努力学习而不懈怠,教导别人而不厌倦,我做到了哪些?" ●识(zhì):记住。

4·1·2 子曰:"若圣与仁,则吾岂敢?抑为之不厌,诲人不

倦，则可谓云尔已矣。"公西华曰："正唯弟子不能学也。"（《论语·述而》三四）

【译注】孔子说："说到圣和仁，我哪敢当？不过是学习工作不懈怠，教导别人不厌倦，也只能说如此这般罢了。"公西华说："这正是我们这些学生学不到的啊。"

4·1·3 叶公问孔子于子路，子路不对。子曰："女奚不曰：其为人也，发愤忘食，乐以忘忧，不知老之将至云尔。"（《论语·述而》一九）

【译注】叶公向子路打听孔子为人，子路没有回答。孔子事后对子路说："你干吗不说：他的为人，发愤读书就忘了吃饭，从读书中获得乐趣就忘了忧愁，甚至不去想衰老就要来了，如此而已。" ●叶（shè）公：楚国贤者。

4·1·4 子曰："朝闻道，夕死可矣。"（《论语·里仁》八）

【译注】孔子说："早晨能获知真理，哪怕晚上就死，我也满足了。"

4·1·5 子曰："学如不及，犹恐失之。"（《论语·泰伯》一七）

【译注】孔子说："学习时拿出唯恐赶不上的劲头，也还怕赶不上。（何况以懈怠态度应付学习呢。）"

4·1·6 子曰："我非生而知之者，好古，敏以求之者也。"（《论语·述而》二〇）

【译注】孔子说："我不是生下来就了解一切的。我只是喜欢历

史，勤奋敏捷地去学习求问的人。"●好古：喜欢历史。

4·1·7　子曰："述而不作，信而好古，窃比于我老彭。"（《论语·述而》一）

【译注】孔子说："只阐述而不创作，以敬信的态度喜爱历史文化，我自认为跟老彭相近。"●述：传述。作：创作。窃：私下。老彭：老子和彭祖；一说专指彭祖，是商代一位老寿星。

4·1·8　子曰："吾十有五而志于学，三十而立，四十而不惑，五十而知天命，六十而耳顺，七十而从心所欲，不逾矩。"（《论语·为政》四）

【译注】孔子说："我十五岁立志于做学问，三十岁能自立于社会，四十岁不再感到困惑，五十岁懂得天命，六十岁能听进各种不同意见，七十岁能做到随心所欲地行事而不出格。"●立：自立于社会。耳顺：对各种意见都能接纳、参考。矩：规矩。

4·1·9　子曰："后生可畏，焉知来者之不如今也？四十、五十而无闻焉，斯亦不足畏也已。"（《论语·子罕》二三）

【译注】孔子说："年轻人是可敬畏的，怎知他们将来赶不上今天的人呢？一个人，已经四五十岁还默默无闻，那也没啥可怕的了。"●来者：未来。

4·1·10　子曰："年四十而见恶焉，其终也已。"（《论语·阳货》二六）

【译注】孔子说："活到四十岁还被人嫌恶，这辈子就算完了。"●见恶：被人厌恶。

4·1·11 子在川上曰:"逝者如斯夫,不舍昼夜。"(《论语·子罕》一七)

【译注】孔子在河边感叹说:"过去的一切就像这河水吧,日夜不停地流淌!" ●逝者:过去的,这里指流水。舍:停。

4·1·12 子夏曰:"日知其所亡,月无忘其所能,可谓好学也已矣。"(《论语·子张》五)

【译注】子夏说:"每天学习一点未知的知识,每月都复习所掌握的技能,这可以算是好学了。" ●所亡:所没有的(知识)。亡,无。

4·1·13 哀公问:"弟子孰为好学?"孔子对曰:"有颜回者好学,不迁怒,不贰过。不幸短命死矣。今也则亡,未闻好学者也。"(《论语·雍也》三)

【译注】鲁哀公问孔子:"你的学生里谁最好学?"孔子回答说:"有个叫颜回的最好学,逢到自己不高兴,也不迁怒于人;从不犯同样的错误。可惜短命死了。眼下没有这样的人了,再没听说有好学的了。" ●贰过:犯同样的错误。亡:无,没有。◎类似语录又见《论语·先进》七:"季康子问:'弟子孰为好学?'孔子对曰:'有颜回者好学,不幸短命死矣!今也则亡。'"

4·1·14 子谓颜渊,曰:"惜乎!吾见其进也,未见其止也。"(《论语·子罕》二一)

【译注】孔子评价颜渊说:"死得可惜啊!我只看到他不断提高,没见过他止步不前。"

4·1·15 子曰:"语之而不惰者,其回也与!"(《论语·子罕》二〇)

【译注】孔子说:"跟他讲话,能始终聚精会神而不懈怠的,大概只有颜回吧。"

4·1·16 有弗学,学之弗能弗措也;有弗问,问之弗知弗措也;有弗思,思之弗得弗措也;有弗辨,辨之弗明弗措也;有弗行,行之弗笃弗措也。人一能之,己百之;人十能之,己千之。果能此道矣,虽愚必明,虽柔必强。(《中庸》第二〇章)

【译注】不学则已,学了没学会就绝不罢休;不问则已,问了不明白就绝不罢休;不想则已,想了无所得就绝不罢休;不分辨则已,分辨而不明确就绝不罢休;不做则已,做了没做彻底就绝不罢休。人家出一分力能掌握的,我出百分力;人家出十分力能做到的,我出千分力。果然能这样做,即使愚笨,也一定变得聪明;即使柔弱,也一定变得强大。●措:放手,罢休。

4·1·17 子曰:"饱食终日,无所用心,难矣哉!不有博弈者乎?为之,犹贤乎已。"(《论语·阳货》二二)

【译注】孔子说:"整天吃饱饭,什么事也不想,这不行啊!不是还有下棋吗?下下棋,也比闲待着好啊。"●博弈:古代一种掷骰子走棋的游戏。贤:比……好。

4·1·18 冉求曰:"非不说子之道,力不足也。"子曰:"力不足者,中道而废。今女画。"(《论语·雍也》一二)

【译注】冉求说:"我不是不喜欢您的学说,是我能力不够啊。"

孔子说:"能力不够,走到半路自会停下来;你现在是根本没迈开步。"●画:停止。

4·2 学优则仕,求其放心

本节讨论学习的目的。注意,古人所谓"为己""为人"与现代理解有所不同。再如"学而优则仕"的"优"是"有余力"的意思;与"仕而优则学"相应,意谓学习过程永无止境。另外,孟子的"求放心"之说,也值得关注。——相关论述尚有"君子谋道不谋食"(3·13·12)等。

4·2·1 子曰:"古之学者为己,今之学者为人。"(《论语·宪问》一四)

【译注】孔子说:"古代学者学习是为了加强自身修养,今天有的学者学习是为了给人看。"

4·2·2 子曰:"三年学,不至于谷,不易得也。"(《论语·泰伯》一二)

【译注】孔子说:"如果学了三年,还没有当官吃俸禄的念头,这是难能可贵的。"●谷:俸禄。

4·2·3 孟子曰:"仁,人心也;义,人路也。舍其路而弗由,放其心而不知求,哀哉!人有鸡犬放,则知求之;有放心而不知求。学问之道无他,求其放心而已矣。"(《孟子·告子上》一一)

【译注】参见1·6·2。◎人有良知、良能,但往往为物欲所蒙蔽,需要人们去寻求。孟子以寻找丢失的鸡犬比喻发掘良知、良能,颇为形象。

4·2·4　子夏曰："仕而优则学，学而优则仕。"（《论语·子张》一三）

【译注】子夏说："做官有余力，便去学习；学习有余力，便去做官。"●优：有余力。

4·2·5　子曰："弟子入则孝，出则弟，谨而信，泛爱众，而亲仁。行有余力，则以学文。"（《论语·学而》六）

【译注】参见2·2·1。

4·2·6　子夏曰："百工居肆以成其事，君子学以致其道。"（《论语·子张》七）

【译注】子夏说："各种工匠身处工场作坊完成他们的工作，君子则通过学习来获取真理。"●肆：作坊、工场。

4·2·7　子适卫，冉有仆。子曰："庶矣哉！"冉有曰："既庶矣，又何加焉？"曰："富之。"曰："既富矣，又何加焉？"曰："教之。"（《论语·子路》九）

【译注】孔子到卫国去，冉有替他驾车。孔子说："人口好稠密啊！"冉有说："人口已经很多了，又该做点什么呢？"孔子说："让他们富起来。"冉有又问："富起来之后又做什么？"孔子说："教育他们。"●庶（shù）：众多。富之：使他们富起来。

4·2·8　孟子谓乐正子曰："子之从于子敖来，徒餔啜也。我不意子学古之道而以餔啜也。"（《孟子·离娄上》二五）

【译注】孟子对乐正子（孟子的学生）说："你跟着王子敖来，

原来只是为了吃喝。我没想到你学习古人之道，就是为了吃喝啊。"●子敖：姓王，是齐国臣僚。餔啜（būchuò）：吃喝。

4·2·9　孟子曰："矢人岂不仁于函人哉？矢人唯恐不伤人，函人唯恐伤人。巫匠亦然。故术不可不慎也。"（《孟子·公孙丑上》七）

【译注】孟子说："造箭的人难道比造铠甲的人更凶狠吗？造箭的唯恐产品不能伤人，造铠甲的唯恐产品不能保护人。巫师、木匠等行业也是这样。可见一个人选择术业不能不谨慎啊。"●矢人：造箭的工匠。函人：造铠甲的工匠。巫匠亦然：是说巫师盼着有人得病，木匠盼着有人死掉以推销棺材。术：职业。

4·2·10　子曰："辞达而已矣。"（《论语·卫灵公》四一）

【译注】孔子说："言辞能明白表达意思就可以了。"

4·3　乐学深思，敏求好问

本节讨论学习的方法，某些条目也涉及学习态度问题。——相关论述尚有"传不习乎"（1·7·4）、"学而时习之，不亦说乎"（2·5·1）、"今夫弈之为数，小数也"（3·6·7）、"子入太庙，每事问"（3·8·1）、"君子于其所不知，盖阙如也"（3·9·11）、"可与共学，未可与适道"（3·11·2）、"日知其所亡"（4·1·12）等。

4·3·1　子曰："知之者不如好之者，好之者不如乐之者。"（《论语·雍也》二〇）

【译注】孔子说："在学习上，懂得的不如喜爱的，喜爱的不如乐在其中的。"

4·3·2　子曰:"学而不思则罔,思而不学则殆。"(《论语·为政》一五)

【译注】孔子说:"读书而不思考,就会迷惘;空想而不读书,就会疑惑无所得。"●罔:迷惘。殆:疑惑。

4·3·3　子曰:"吾尝终日不食,终夜不寝,以思,无益,不如学也。"(《论语·卫灵公》三一)

【译注】孔子说:"我曾整天不吃、整夜不睡,日夜思考,却毫无进益,还不如去读读书收获大。"◎此则可以跟"思而不学则殆"结合起来理解。

4·3·4　季文子三思而后行。子闻之,曰:"再,斯可矣。"(《论语·公冶长》二〇)

【译注】鲁大夫季文子每件事都再三考虑后再做。孔子听到后说:"考虑两次也就够了。"●再:两次。

4·3·5　子曰:"不曰'如之何,如之何'者,吾末如之何也已矣。"(《论语·卫灵公》一六)

【译注】孔子说:"一个人不常思考'怎么办、怎么办',对这种人,我不知道该怎么办了。"

4·3·6　子曰:"人无远虑,必有近忧。"(《论语·卫灵公》一二)

【译注】孔子说:"一个人如果没有长远的考虑,一定会有眼前的忧患。"

4·3·7 子夏曰:"博学而笃志,切问而近思,仁在其中矣。"
(《论语·子张》六)

【译注】子夏说:"广泛地学习,坚守自己的志向,就切身的问题发问并思考,仁德就在这中间。"●切问:就近在眼前的事设问。◎"切问而近思"体现了"学"和"习"的关系,不但要学,而且要身体力行,马上实践。

4·3·8 博学之,审问之,慎思之,明辨之,笃行之。(《中庸》第二〇章)

【译注】广泛地学习,仔细地推问,慎重地思考,明确地辨别,坚定地施行。●审问:仔细推问。

4·3·9 孟子曰:"博学而详说之,将以反说约也。"(《孟子·离娄下》一五)

【译注】孟子说:"广泛地学习,详尽地解说,最终回到(抓住要领)简约地述说大义的地步。"●约:简要。

4·3·10 子曰:"温故而知新,可以为师矣。"(《论语·为政》一一)

【译注】孔子说:"温习旧知识,能有新的体会,这样的人可以当老师了。"

4·3·11 孟子谓高子曰:"山径之蹊,间介然用之而成路;为间不用,则茅塞之矣。今茅塞子之心矣。"(《孟子·尽心下》二一)

【译注】参见3·6·8。

4·3·12 孟子曰:"无或乎王之不智也。虽有天下易生之物也,一日暴之,十日寒之,未有能生者也。吾见亦罕矣,吾退而寒之者至矣,吾如有萌焉何哉?"

(《孟子·告子上》九)

【译注】参见3·6·7。

4·3·13 孟子谓戴不胜曰:"子欲子之王之善与?我明告子。有楚大夫于此,欲其子之齐语也,则使齐人傅诸,使楚人傅诸?"曰:"使齐人傅之。"曰:"一齐人傅之,众楚人咻之,虽日挞而求其齐也,不可得矣。引而置之庄岳之间数年,虽日挞而求其楚,亦不可得矣。子谓薛居州,善士也,使之居于王所。在于王所者,长幼卑尊皆薛居州也,王谁与为不善?在王所者,长幼卑尊皆非薛居州也,王谁与为善?一薛居州,独如宋王何?"(《孟子·滕文公下》六)

【译注】孟子对戴不胜说:"您要让您的君王学好吗?我明白告诉您,这里有位楚国大夫,想要他的儿子学习齐国方言,那么让齐国人教他呢,还是让楚国人教他?"戴不胜说:"让齐国人教他。"孟子说:"一个齐国人教他,许多楚国人在旁边打扰,纵使您每天打着逼他学好齐国方言,也是不可能的。而把他放到齐国首都的庄岳街巷中待几年,纵使您每天打着逼他改说楚国方言,也是不可能的。您说薛居州是个仁善之士,让他住在王宫里。如果王宫里无论长幼尊卑,都是薛居州这样的好人,君王又能同谁干坏事呢?如果王宫中长幼尊卑都不是薛居州这样的好人,那么君王又能同谁一起做好事呢?一个薛居州,又将对宋王施加多少影响?"●戴不胜:宋臣,有人认为就是戴盈之。之善:求善,学好。傅:教授辅导,当老师。咻

(xiū)：喧哗打扰。挞（tà)：用鞭子或棍子打。庄岳：街巷名，在齐国首都临淄城内。

4·3·14　子贡问曰："孔文子何以谓之'文'也？"子曰："敏而好学，不耻下问，是以谓之'文'也。"（《论语·公冶长》一五）

【译注】子贡问孔子："孔文子凭什么得到'文'的谥号呢？"孔子说："他机敏聪慧、热爱学习，又能虚心向任何人请教而不以为耻，所以得到'文'的谥号。"◎"文"在这里是谥(shì)号，是古代帝王或有地位的人死后得到的称号。

4·3·15　子贡曰："《诗》云：'如切如磋，如琢如磨'，其斯之谓与？"子曰："赐也，始可与言《诗》已矣，告诸往而知来者。"（《论语·学而》一五）

【译注】子贡说："《诗经·卫风·淇奥》里说：'要像雕治玉石骨角那样切断锉平、细雕细磨下功夫。'这讲的就是学习的态度吧？"孔子说："端木赐啊，现在可以跟你讨论《诗经》了。告诉你已知的，你能推知未知的。"●切、磋、琢、磨：都是治玉的工序。往：过去的，已知。来：未来的，未知的。◎《大学》第四章也引此诗，形容君子的学习状态。

4·3·16　子曰："盖有不知而作之者，我无是也。多闻，择其善者而从之；多见而识之，知之次也。"（《论语·述而》二八）

【译注】孔子说："大概有对事理不了解就凭空造作的，我没这种'本领'。我的学习方法是多多了解，选择最好的接受并

施行；至于见多识广、记忆在心，这是次一等的'知'了。"●识：记住。◎也有人这样解释：圣人是有所创新的，而这种"多闻择善""多见识之"的学习，是次一等的"知"。

4·3·17 子曰："不愤不启，不悱不发。举一隅不以三隅反，则不复也。"(《论语·述而》八)

【译注】孔子说："引导学生，不到他百思不解时不去开导他，不到他想说说不出时不去启发他。举出东方，他不能推知西、南、北三方，就不再去教他。"●愤：心求通而未得。启、发：启发，引导。悱(fěi)：口欲言而未能。隅：角落。

4·3·18 孟子曰："君子深造之以道，欲其自得之也。自得之，则居之安；居之安则资之深；资之深，则取之左右逢其原，故君子欲其自得之也。"(《孟子·离娄下》一四)

【译注】孟子说："君子按照正确的方法来求得高深的造诣，就是要他自觉地有所得。自觉地有所得，就能牢固地把握住；牢固地把握住，就能积蓄得深厚；积蓄得深厚，才能左右逢源。所以，君子要自觉地有所得。"●安：牢固。资：积蓄。原：源泉。

4·3·19 子谓子贡曰："女与回也孰愈？"对曰："赐也何敢望回？回也闻一以知十，赐也闻一以知二。"子曰："弗如也；吾与女弗如也。"(《论语·公冶长》九)

【译注】孔子对子贡说："你跟颜回哪个更优秀？"子贡回答："我哪里敢跟颜回比呢？他是听到一，能推知十；我听到一只

能推知二。"孔子说:"确实不如。我和你都不如他啊。" ●愈:更好,胜出。

4·3·20 子曰:"吾与回言终日,不违,如愚。退而省其私,亦足以发。回也不愚。"(《论语·为政》九)

【译注】孔子说:"我整天跟颜回讲学,他从不提出反对意见,像是不开窍的样子。但他回去自己再钻研,却也能有所发挥。颜回不蠢啊。" ●省(xǐng):思虑,省察。

4·3·21 子曰:"道不同,不相为谋。"(《论语·卫灵公》四〇)

【译注】孔子说:"根本主张不同,便不必相互讨论了。" ●谋:讨论,谋划。

4·3·22 孟子曰:"梓匠轮舆能与人规矩,不能使人巧。"(《孟子·尽心下》五)

【译注】孟子说:"木匠及专做轮车的人能够把制作车子的规矩传授给人,却不能把高明的技巧传授给人(,那是需要自己实践摸索的)。" ●梓(zǐ)匠轮舆(yú):木匠及制作轮车的工匠。◎技巧是靠天赋及实践摸索得来的。

4·3·23 子曰:"射不主皮,为力不同科,古之道也。"(《论语·八佾》一六)

【译注】孔子说:"比赛射箭,不在于能否射穿箭靶,因为各人的气力不同(,重在看射得正不正),这是古代的规矩。" ●皮:皮制箭靶。同科:同等。

4·3·24 孟子曰："羿之教人射，必志于彀；学者亦必志于彀。大匠诲人必以规矩，学者亦必以规矩。"（《孟子·告子上》二〇）

【译注】孟子说："神射手羿教人射箭，一定要求拉满弓。学习的人也一定努力拉满弓。高明的木匠教徒弟，一定要依照规矩，学习的人也一定要依照规矩。"●彀（gòu）：弓拉满。

4·3·25 公孙丑曰："道则高矣，美矣，宜若登天然，似不可及也；何不使彼为可几及而日孳孳也？"孟子曰："大匠不为拙工改废绳墨，羿不为拙射变其彀率。君子引而不发，跃如也。中道而立，能者从之。"（《孟子·尽心上》四一）

【译注】公孙丑说："道是又高又美，求道当然像登天一样，似乎高不可攀。为什么不能让它变得看上去容易攀登，因而令人每天努力呢？"孟子说："高明的工匠不因拙劣的学徒而改弃规矩，神射手羿不因蠢笨的学生改变开弓的幅度。君子的教育方式如同拉满弓却不放箭，做出跃跃欲试的样子。在正确的道路之中站着，有能力的学生也就跟随而来。"●几及：有望达到。日：每天。孳孳：努力貌。绳墨：木匠用来取直的工具，这里意为规矩。彀率：指拉弓的幅度。引而不发：拉满弓而不射。跃如：跃跃欲试貌。中道：正确的道路。◎这是讲教育方法，不降低标准，却有步骤地示范、引导学生深入学习。

4·3·26 孟子曰："孔子登东山而小鲁，登泰山而小天下。故观于海者难为水，游于圣人之门者难为言。观水有术，必观其澜。日月有明，容光必照焉。流水之为物也，不盈科不行；君子之志于道也，不

成章不达。"(《孟子·尽心上》二四)

【译注】孟子说:"孔子登上东山,便觉得鲁国变小了;及至登上泰山,更觉得天下也变小了。所以对于看过海的人,其他的水流便很难再吸引他;跟圣人学习过的人,别的学说也很难再吸引他。看水有方法,一定要看它壮阔的波澜。日月的光明,极小的缝隙也能照得到。流水这种东西,不把洼地注满就不会往前流淌;君子学习道(也像光明和流水一样),没有一定的阶段性成就,就不能达到更高目标。"●小:认为……小。澜:波澜。容光:微小的缝隙。盈:充满。科:坎,坑。章:音乐的一个片段为一章。这里指一定阶段、规模。

4·3·27　徐子曰:"仲尼亟称于水,曰:'水哉,水哉!'何取于水也?"孟子曰:"源泉混混,不舍昼夜,盈科而后进,放乎四海。有本者如是,是之取尔。苟为无本,七八月之间雨集,沟浍皆盈;其涸也,可立而待也。故声闻过情,君子耻之。"(《孟子·离娄下》一八)

【译注】徐子问:"孔子多次称赞水,说:'水啊,水啊!'他看重水哪一点呢?"孟子说:"有源头的泉水滚滚而出,昼夜不停,把洼地注满才向前流淌,一直流入大海。有本源的事物也像水一样,孔子看重的正是这点。假如没有本源,就像七八月间雨水集中,大小沟渠都满了,但不一会儿就干涸了。所以,名声超越实际,君子引以为耻。"●浍(kuài):田间水沟。闻(wèn):名誉。◎本则依然以水为喻,讲说学习的道理,强调学习要重根本。可与上则参看。

4·3·28　子曰:"苗而不秀者有矣夫,秀而不实者有矣夫。"

(《论语·子罕》二二)

【译注】孔子说:"庄稼长出禾苗却不吐穗扬花,是有的;吐穗扬花却不灌浆结实,也是有的。"●秀:稻麦等吐穗扬花。实:结果实。◎这可以理解为孔子教导弟子学习要持之以恒、不可半途而废。也有人认为,这是惋惜英年早逝的弟子颜回。

4·3·29 **君子之道,辟如行远必自迩;辟如登高必自卑。**
(《中庸》第一五章)

【译注】实行君子之道,如同走远路,一定要从近处开始;又如登高,一定要从低处起步。●辟如:譬如。迩(ěr):近处。卑:低矮。

4·3·30 **孟子曰:"尽信《书》,则不如无《书》。吾于《武成》,取二三策而已矣。仁人无敌于天下,以至仁伐至不仁,而何其血之流杵也?"**(《孟子·尽心下》三)

【译注】孟子说:"完全相信《尚书》记载,那还不如没有《尚书》呢。我对于《尚书·武成》这一篇,所取的不过其中两三个片段罢了。真正的仁人无敌于天下,凭着周武王这样最讲仁道的人去讨伐商纣这最不讲仁道的人,怎么会弄到血流漂杵的程度?"●《书》:指《尚书》。《武成》:《尚书》佚篇。血之流杵:战争血流成河,木棒都漂起来了;杵,作为兵器的木棒。

4·4 诵诗学礼,依仁游艺

本节讨论学习的内容。——相关论述尚有"孔子惧,作《春秋》"(2·1·12)、"孔子成《春秋》,而乱臣贼子惧"(2·1·13)、"尽信《书》,

则不如无《书》"（4·3·30）等。

4·4·1　子曰："志于道，据于德，依于仁，游于艺。"（《论语·述而》六）

【译注】孔子说："目标是道，根基是德，依靠仁来推行，游憩于六艺之中。"●艺：六艺，是指礼（礼仪）、乐（音乐）、射（射箭）、御（驾车）、书（文学）、数（算术）。

4·4·2　太宰问于子贡曰："夫子圣者与？何其多能也？"子贡曰："固天纵之将圣，又多能也。"子闻之，曰："太宰知我乎！吾少也贱，故多能鄙事。君子多乎哉？不多也。"（《论语·子罕》六）

【译注】太宰问子贡："孔老先生是圣人吗？为什么这么多才多艺呢？"子贡说："这本来是上天让他成为圣人，又让他多才多艺。"孔子听说了，道："太宰真是了解我啊！我小时候穷苦微贱，所以学了许多卑贱的技能。真正的君子会有这样多的技艺吗？不会这样多吧。"●太宰：掌握宫廷事务之官。纵：使。鄙事：不值得称道的技艺。

4·4·3　牢曰："子云：'吾不试，故艺。'"（《论语·子罕》七）

【译注】牢（孔子的学生）说："孔子说：'我不曾被国家任用做官，所以学了一些技艺在身。'"●试：录用。

4·4·4　子曰："《诗》三百，一言以蔽之，曰：'思无邪。'"（《论语·为政》二）

【译注】孔子说："《诗经》三百篇，用一句话来概括，就是

'心思纯正无邪念'。●《诗》三百：《诗经》共收诗三百零五篇，泛称三百。蔽：概括。

4·4·5　子曰："《关雎》，乐而不淫，哀而不伤。"(《论语·八佾》二〇)

【译注】孔子说："《关雎》这首诗，快乐而有节制，悲哀而不至伤害身心。"●淫：无节制。

4·4·6　子所雅言，《诗》、《书》、执礼，皆雅言也。(《论语·述而》一八)

【译注】孔子有用官话的时候，读《诗经》《尚书》以及行礼时，都用官话。●雅言：有别于方言俗语的正音正言，相当于普通话、官话。

4·4·7　子谓伯鱼曰："女为《周南》《召南》矣乎？人而不为《周南》《召南》，其犹正墙面而立也与？"(《论语·阳货》一〇)

【译注】孔子对儿子孔鲤（字伯鱼）说："你研究《周南》《召南》了吗？人如果不研究《周南》《召南》，就像正对着墙站着吧？（视野受限，寸步难行。）"●《周南》《召南》是《诗经》中的篇章。

4·4·8　子曰："诵《诗》三百，授之以政，不达；使于四方，不能专对；虽多，亦奚以为？"(《论语·子路》五)

【译注】孔子说："熟读《诗经》三百篇，交给他政治任务，他做不了；派他出使四方，他又不能独立应付。如此读书，读得

再多又有什么用？" ●专对：独立应付。以：用。

4·4·9　陈亢问于伯鱼曰："子亦有异闻乎？"对曰："未也。尝独立，鲤趋而过庭。曰：'学《诗》乎？'对曰：'未也。''不学《诗》，无以言。'鲤退而学《诗》。他日，又独立，鲤趋而过庭。曰：'学礼乎？'对曰：'未也。''不学礼，无以立。'鲤退而学礼。闻斯二者。"陈亢退而喜曰："问一得三：闻诗，闻礼，又闻君子之远其子也。"（《论语·季氏》一三）

【译注】陈亢（孔子的学生，字子禽）问伯鱼（孔子的儿子孔鲤）："你从老师那里也曾听过不同的教导吗？"孔鲤说："没有。他老人家有一回独自站在庭中，我恭敬地走过。他问我：'学《诗》了吗？'我回答：'没有。'他说：'不学《诗》便不会说话。'我于是回去学《诗》。又一日，他又独自站在庭中，我恭敬地走过，他问：'学礼了吗？'我说：'没有。'他说：'不学礼，就没法立足。'我于是回去学礼。我只是从父亲那里得到过这两次单独的教诲。"陈亢回去很高兴，说："我问了一句话，得到三个收获：知道该学《诗》，知道该学礼，知道君子对儿子保持距离（，没有偏私）。" ●趋：小步快走，以示恭敬。◎关于"君子远其子"，还可参看《孟子·离娄上》一八"古者易子而教之"（2·3·12）。

4·4·10　子曰："小子何莫学夫《诗》？《诗》，可以兴，可以观，可以群，可以怨。迩之事父，远之事君；多识于鸟兽草木之名。"（《论语·阳货》九）

【译注】孔子说："学生们为什么没人学《诗》呢？学《诗》，可以培养联想能力，可以提高观察力，可以锻炼合群能力，可以学

习讽刺方法。(有了这些能力,)往近处说,可以侍奉父母;往远处说,可以服侍君主。还能多认识些鸟兽草木的名称。"●莫:无人。兴:比兴,联想。观:观察。群:合群。怨:讽谏。

4·4·11 子曰:"加我数年,五十以学《易》,可以无大过矣。"(《论语·述而》七)

【译注】孔子说:"增加我几年寿命,到五十岁时再学习《易经》,便可以没有大的过错了。"◎这是否可以理解为:学《易经》需要有更丰富的社会、生活经验?

4·4·12 孟子曰:"王者之迹熄而《诗》亡,《诗》亡然后《春秋》作。晋之《乘》,楚之《梼杌》,鲁之《春秋》,一也;其事则齐桓、晋文,其文则史。孔子曰:'其义则丘窃取之矣。'"(《孟子·离娄下》二一)

【译注】孟子说:"古代圣君采风的事废止了,《诗》也就没有了。《诗》没有了,孔子便创作了《春秋》。各国都有史书,晋国的叫《乘》,楚国的叫《梼杌》,鲁国的叫《春秋》,都是一样的。所记载的事,不过是齐桓公、晋文公等人的事迹,所用的笔法,不过是一般的史书笔法。孔子说:'《诗》褒善抑恶的大义,被我在《春秋》中借用了。'"●王者之迹:这里指古代圣君通过采风来了解民情的做法。《乘》《梼杌》(táowù)《春秋》:分别是晋、楚、鲁国的史书。窃取:借用,这里是孔子自谦的说法。

4·5 有教无类,因材施教

本节讨论教育的原则及方法。——相关论述尚有"忠焉,能勿诲乎?"(1·7·7)。

4 为学

4·5·1 子曰:"自行束脩以上,吾未尝无诲焉。"(《论语·述而》七)

【译注】孔子说:"只要主动拿一点见面礼来,我没有不教诲的。"●束脩:一捆干肉。

4·5·2 子曰:"有教无类。"(《论语·卫灵公》三九)

【译注】孔子说:"对学生不分类别,我全都给予教诲。"

4·5·3 子曰:"中人以上,可以语上也;中人以下,不可以语上也。"(《论语·雍也》二一)

【译注】孔子说:"中等水平以上的人,可以给他讲授高深的学问。中等水平以下的人,不能向他讲授高深的学问。"●中人:智力中等的人。语:讲,告诉。◎因材施教是孔子的重要教育方针。

4·5·4 孔子曰:"生而知之者上也,学而知之者次也;困而学之,又其次也;困而不学,民斯为下矣。"(《论语·季氏》九)

【译注】孔子说:"生来就了解道的是上等人,通过学习而了解的就次一等;感到困惑才去学习的又次一等;感到困惑都不知学习,这样的人便是最下等的。"

4·5·5 或生而知之,或学而知之,或困而知之,及其知之一也。或安而行之,或利而行之,或勉强而行之,及其成功一也。(《中庸》第二〇章)

【译注】(人与人不同,)有的人生下来就了解道,有的人要通

过学习才了解，有的人感到困惑才去学习了解，但那结果是一样的，都了解了道。(至于遵行,)有人自然而然地去遵行，有人是为利益而遵行，有人则是迫于外力勉强地遵行。但那结果是一样的，都获得了成功。●安：安然，自然而然。

4·5·6 子曰："唯上知与下愚不移。"（《论语·阳货》三）

【译注】参见1·9·10。◎"上知"是指生而知之者，"下愚"则指困而不学者。除此两类，其他人皆可通过学习而提高。

4·5·7 孟子曰："君子之所以教者五：有如时雨化之者，有成德者，有达财者，有答问者，有私淑艾者。此五者，君子之所以教也。"（《孟子·尽心上》四〇）

【译注】孟子说："君子教育的方式有五种：有像及时雨般灌溉万物的，有成就品德的，有培养才能的，有答疑解惑的，有留下道德文字供后人私下学习获取的。这五种，就是君子用来施行教化的方法。"●达财：朱熹认为"财"与"材"通。私淑：指私下学习、汲取；淑，拾取。

4·5·8 子路问："闻斯行诸？"子曰："有父兄在，如之何其闻斯行之？"冉有问："闻斯行诸？"子曰："闻斯行之。"公西华曰："由也问'闻斯行诸'，子曰：'有父兄在'，求也问'闻斯行诸'，子曰：'闻斯行之'。赤也惑，敢问。"子曰："求也退，故进之；由也兼人，故退之。"（《论语·先进》二二）

【译注】子路问孔子："听到了就去实行吗？"孔子说："有父兄在，怎能听到了就去实行（而不听听他们的意见呢）？"冉

有问:"听到了就去实行吗?"孔子说:"听到了就可以去实行。"公西华问:"仲由问'听到了就实行吗',先生说'有父亲兄长在(应该听听他们的意见)';冉有问'听到了就去实行吗',先生却说'听到了就可以实行'。我很困惑,请问道理何在?"孔子说:"冉有做事退缩,所以我鼓励他向前;子路胆量过人,所以我要拦拦他。"●斯:这,指此刻,马上。诸:之乎的合音。敢问:请问。退:畏缩不前,这里是使动用法。兼人:勇气过人。

4·5·9 孟子曰:"教亦多术矣,予不屑之教诲也者,是亦教诲之而已矣。"(《孟子·告子下》一六)

【译注】孟子说:"教育也有多种方式。我对某些人不屑于教诲,那也是一种教诲罢了。"

4·5·10 (孟子曰:)"设为庠序学校以教之。庠者,养也;校者,教也;序者,射也。夏曰校,殷曰序,周曰庠,学则三代共之,皆所以明人伦也。人伦明于上,小民亲于下。有王者起,必来取法,是为王者师也。"(《孟子·滕文公上》三)

【译注】(孟子说:)"要开办庠、序、学、校来教育百姓。'庠'意为教养,'校'意为教导,'序'意为陈列(摆出实物教育学生)。(地方学校)夏朝称作'校',殷朝称作'序',周朝称为'庠'。至于位于国都的'学',三代都这么称呼。这些机构的作用,便是向百姓阐明人伦关系。在上位者把人伦关系处理得明确无误,下面的百姓自然会亲密和谐。有王者兴起,就一定会学习效法,深明此道者可以做王者的老师。"●射:陈列。也有人认为是习射讲武。◎庠(xiáng)、序、学、校,都是学校的名称。

4·6 乐育英才，师生相得

本节讨论师生关系。从这些语录可以看出，孔子跟学生的关系是融洽而充满人情味的；孟子对于学生也采取"往者不追，来者不拒"的宽松态度。——相关论述尚有"得天下英才而教育之"（2·2·8）、"古者易子而教之"（2·3·12）、"见贤思齐焉"（3·2·5）、"子路、曾晳、冉有、公西华侍坐"（3·4·6）、"人之患在好为人师"（3·15·30）、"学而不厌，诲人不倦"（4·1·1）、"温故而知新，可以为师矣"（4·3·10）、"鲤趋而过庭"（4·4·9）等，而"逄蒙学射于羿"（3·11·6）一则展示了正反两种师生关系，尤值得玩味。

4·6·1　子曰："三人行，必有我师焉；择其善者而从之，其不善者而改之。"（《论语·述而》二二）

【译注】孔子说："几个人在一起走，其中一定有值得我师法的人。我应选取好的方面学习，至于不好的方面，如果自己也有，就改正。"

4·6·2　子曰："二三子以我为隐乎？吾无隐乎尔。吾无行而不与二三子者，是丘也。"（《论语·述而》二四）

【译注】孔子说："你们这几个学生认为我有所隐瞒吗？我对你们没有隐瞒啊。我没有什么不能向你们公开的，这就是我孔丘的为人。"●隐：隐瞒。

4·6·3　卫公孙朝问于子贡曰："仲尼焉学？"子贡曰："文、武之道，未坠于地，在人。贤者识其大者，不贤者识其小者。莫不有文武之道焉。夫子焉不学，而亦何常师之有？"（《论语·子张》二二）

【译注】卫国的公孙朝问子贡:"孔仲尼的学问从哪儿来的?"子贡说:"周文王周武王之道,并未失传,还保存在民间。贤者能取其大处,不贤者取其小处。无处没有文武之道。孔老师从哪里不能学习,又何必有固定的老师呢?" ● 焉:哪里。莫:无处。

4·6·4 子曰:"回也非助我者也,于吾言无所不说。"(《论语·先进》四)

【译注】孔子说:"颜回不是对我有所帮助的人,他对我所讲的观点没有不喜欢的。" ● 说:同"悦"。◎ 学生提问题,能促进教师提高,即所谓教学相长。颜回对孔子的学说从无疑问,孔子因此说"回也非助我者也",这是谦虚的说法,实则显示了与颜回的契合。

4·6·5 子畏于匡,颜渊后。子曰:"吾以女为死矣。"曰:"子在,回何敢死?"(《论语·先进》二三)

【译注】孔子在匡地被囚禁,(脱险后)颜渊才赶上来。孔子说:"我以为你死了呢。"颜渊说:"先生在,我哪里敢死?"

4·6·6 颜渊死。子曰:"噫!天丧予!天丧予!"(《论语·先进》九)

【译注】颜渊死了。孔子说:"唉!老天要我的命啊,老天要我的命啊!"

4·6·7 颜渊死,子哭之恸。从者曰:"子恸矣!"曰:"有恸乎?非夫人之为恸而谁为?"(《论语·先进》一〇)

【译注】颜渊死了，孔子哭得非常痛心。跟着孔子的人说："您太悲痛了！"孔子说："真的太悲痛吗？我不为这个人悲痛，还能为谁悲痛呢？"●恸（tòng）：极度悲痛，大哭。

4·6·8 伯牛有疾，子问之，自牖执其手，曰："亡之，命矣夫！斯人也而有斯疾也，斯人也而有斯疾也！"
（《论语·雍也》一〇）

【译注】伯牛（孔子的学生冉耕）得了重病，孔子去探问他，从窗户拉着他的手说："活不成了，这是命啊！这样的人怎么会害这样的病，这样的人怎么会害这样的病！"●牖（yǒu）：窗子。

4·6·9 子曰："由之瑟奚为于丘之门？"门人不敬子路。子曰："由也升堂矣，未入于室也。"（《论语·先进》一五）

【译注】孔子说："仲由鼓瑟（鼓成这个样子），为什么到我这里来呢？"学生们因此瞧不起子路（仲由的字）。孔子又说："仲由的学问如同登上了厅堂，（已经不错了；）只是还没进入内室（还不够精深）罢了。"●瑟：一种乐器。奚：为何。为：弹奏。

4·6·10 柴也愚，参也鲁，师也辟，由也喭。（《论语·先进》一八）

【译注】高柴愚直，曾参迟钝，颛孙师偏激，仲由鲁莽。●辟：偏激。喭（yàn）：鲁莽，粗俗。◎这四位都是孔子的学生。

4·6·11 子曰："雍也可使南面。"（《论语·雍也》一）

【译注】孔子说:"冉雍这个人,可以让他当大官。"◎南面:面朝南的是最尊贵的正位,这里指居位做官。

4·6·12 子曰:"片言可以折狱者,其由也与?"(《论语·颜渊》一二)

【译注】孔子说:"根据一方面的语言就可以断案的,大概只有仲由吧?"●片言:一方之言。折狱:判决案件。

4·6·13 孟子曰:"君子之泽五世而斩,小人之泽五世而斩。予未得为孔子徒也,予私淑诸人也。"(《孟子·离娄下》二二)

【译注】孟子说:"在位的贤人,其流风余韵,五代以后便断绝了;不在位的贤人,其家世影响,五代以后也断绝了。我没能成为孔子的及门弟子,我是私下向人学来的。"●君子、小人:这里指在位的贤人和不在位的贤人。泽:影响。斩:断绝。

4·6·14 闵子侍侧,訚訚如也;子路,行行如也;冉有、子贡,侃侃如也。子乐。"若由也,不得其死然。"(《论语·先进》一三)

【译注】闵子骞(孔子的学生)站在孔子身边,恭敬谦和的样子。子路则是刚强的样子。冉有、子贡都是从容温和的样子。孔子很高兴,但又说:"像仲由,恐怕不得善终吧。"●訚(yín)訚如:谦和恭敬貌。行(hàng)行如:刚强貌。侃侃如:从容不迫貌。

4·6·15 孟子曰:"逃墨必归于杨,逃杨必归于儒。归,斯

受之而已矣。今之与杨、墨辩者，如追放豚，既入其苙，又从而招之。"（《孟子·尽心下》二六）

【译注】孟子说："离开墨翟这一派的，一定会归入杨朱这一派；离开杨朱这一派的，一定会回到儒家来。回来了，接受他也就算了。如今去跟杨、墨两家辩论，就像追跑掉的猪，已经送回猪圈了，还要把它的脚拴住（，何必呢）。"●放：跑掉。苙（lì）：畜养牲口的栏。招：绊住脚。

4·6·16 孟子之滕，馆于上宫。有业屦于牖上，馆人求之弗得。或问之曰："若是乎从者之廋也？"曰："子以是为窃屦来与？"曰："殆非也。夫子之设科也，往者不追，来者不拒。苟以是心至，斯受之而已矣。"（《孟子·尽心下》三〇）

【译注】孟子到滕国，住在上宫。有一双正在编的草鞋放在窗台上不见了。馆舍中人遍寻不见。有人问孟子："照这么看，是不是跟着您的人把它藏起来了？"孟子说："你以为他们是为了偷一双鞋来的吗？"对方回答："大概不会。不过您开设课程，对学生的态度是走的也不追问，来的也不拒绝。只要怀着学习的心来，您就接受了（，这难免良莠不齐吧）。"●馆：住宿。上宫：上等馆舍。业屦（jù）：正在编的草鞋。牖（yǒu）：窗户。廋（sōu）：藏。殆：大概。设科：开设课程。

4·6·17 孟子曰："贤者以其昭昭使人昭昭，今以其昏昏使人昭昭。"（《孟子·尽心下》二〇）

【译注】孟子说："贤人教诲人，是他自己先明白，再使受教育者明白；而今的某些人，自己还昏聩糊涂，却想使被教育者明

白。"●昭昭:明白。昏昏:昏聩。

4·6·18 公都子曰:"滕更之在门也,若在所礼,而不答,何也?"孟子曰:"挟贵而问,挟贤而问,挟长而问,挟有勋劳而问,挟故而问,皆所不答也。滕更有二焉。"(《孟子·尽心上》四三)

【译注】学生公都子问孟子:"滕更(他是滕君的弟弟)在您门下学习时,似乎在应当礼遇之列,然而他有所问,您却不回答,这是为什么?"孟子说:"倚仗自己的贵势来问,倚仗自己的贤能来问,倚仗自己年长来问,倚仗自己有功劳来问,倚仗着自己有交情来问,我都不会回答的。滕更在这五项中占了两项。"●挟(xié):倚仗。所礼:应该以礼相待的。◎孟子这里所说的"挟……而问",是指倚仗某种优势而态度倨傲地问,这破坏了师徒相待之礼。

下编

5 大　道

此前诸章多从个人角度讨论道德修养问题，本章《大道》则从目标、途径等宏观视角探讨儒家的价值观念，涉及人同社会及万物的关系。本章前三节谈"礼乐"，后面诸节谈"道"，对"大学之道""中庸之道"有比较集中的阐述。还涉及对"诚"及"鬼神天命"的讨论。

5·1　礼（一）：克己复礼，以和为贵

"礼"是规范人生、维护社会秩序的一整套道德规范，带有一定的理想性质。"五经"中的《礼记》是讲礼专书，《大学》《中庸》便都是《礼记》中的篇章。

儒家推崇"礼乐"，认为"礼所以经国家、定社稷、利人民；乐所以移风易俗、荡人之邪、存人之正性"（《吕氏春秋》，高诱注）。孔子一生为复兴周礼奔走呼吁，认为礼的精神就是"仁"，"克己复礼"则"天下归仁"。

此外，礼与义互为表里："义以为质，礼以行之"（1·5·11），"礼也者，义之实也"（《礼记·礼运》）。孟子述有"夫义，路也；礼，门也"（6·3·6）的比喻。

儒家关于"礼"的论述很多，这里辑录的只是一部分，分为两节：5·1"礼（一）：克己复礼，以和为贵"侧重于政治方面，5·2"礼（二）：

饮食言动，生死无违"侧重于生活方面。

相关论述尚有"亲亲之杀，尊贤之等，礼所生也"（1·1·11）、"人而不仁，如礼何"（1·2·2）、"动之不以礼，未善也"（1·3·19）、"君使臣以礼，臣事君以忠"（1·7·5）、"道之以德，齐之以礼"（1·11·11）、"生，事之以礼"（2·3·16）、"男女授受不亲，礼与"（2·6·9）、"笾豆之事，则有司存"（3·1·7）、"不能以礼让为国，如礼何"（3·8·6）、"未若贫而乐，富而好礼者也"（3·13·6）等。

5·1·1　子张问："十世可知也？"子曰："殷因于夏礼，所损益，可知也；周因于殷礼，所损益，可知也。其或继周者，虽百世，可知也。"（《论语·为政》二三）

【译注】子张问："今后十代的礼仪变化可以预知吗？"孔子说："殷代礼仪因袭夏代，减损哪些、增益哪些，是可以查知的。周代礼仪因袭殷代，减损哪些、增益哪些，也是可以查知的。（礼仪有延续性，）因此如有继承周礼者，就是百代之后，也还可以预知大概。"●因：因袭。损益：减损、增益。◎孔子的祖上是宋国贵族，而宋为殷商后裔。孔子对殷商是有感情的。

5·1·2　子曰："夏礼，吾能言之，杞不足征也；殷礼，吾能言之，宋不足征也。文献不足故也。足，则吾能征之矣。"（《论语·八佾》九）

【译注】孔子说："夏代的礼，我还能讲述，它的后裔杞国已不足为证。殷代的礼，我还能讲述，它的后裔宋国已不足为证。这是因为两国的典籍和贤者不足之故；如有足够的典籍和贤者，我还是能够引以为证的。"●杞（Qǐ）：国名，为夏后裔。征：验证。文献：文指典籍，献指贤者。

5·1·3 子曰:"吾说夏礼,杞不足征也;吾学殷礼,有宋存焉;吾学周礼,今用之,吾从周。"(《中庸》第二八章)

【译注】孔子说:"我喜欢夏代的礼法,夏的后裔杞已经不足验证了。我学习殷商的礼制,殷商后裔宋国还有所存留(,但已经不适用了)。我学习周朝的礼制,现在还在实行,所以我遵从周礼。"

5·1·4 子曰:"周监于二代,郁郁乎文哉! 吾从周。"(《论语·八佾》一四)

【译注】孔子说:"周礼借鉴了夏、商两代的礼仪而制定,多么丰富多彩! 我崇尚周礼。"●监:同"鉴"。郁郁:花纹鲜明貌。

5·1·5 子曰:"甚矣吾衰也! 久矣吾不复梦见周公。"(《论语·述而》五)

【译注】孔子说:"我衰老得太厉害了! 我好久没梦见周公了!"●周公:姬旦,周武王的弟弟,是制定周礼的代表人物,孔子对他格外崇敬。

5·1·6 有子曰:"礼之用,和为贵。先王之道,斯为美;小大由之。有所不行,知和而和,不以礼节之,亦不可行也。"(《论语·学而》一二)

【译注】有了说:"礼的效用,以和谐为最佳。从前明君治理国家,便是以此为美。小事大事都遵循这个法则去做。不过若有行不通的地方,只知一味的为和谐而和谐,却不用礼去节制,也是行不通的。"●用:效用。由:遵循。和:和谐。◎古人对

237

"和"的解释,可参见《礼记·中庸》:"喜怒哀乐之未发,谓之中;发而皆中节,谓之和。"(5·6·1)可知表情达意乃至发言动作恰到好处,谓之"和",意近于"和谐"。

5·1·7 郊社之礼,所以事上帝也;宗庙之礼,所以祀乎其先也。明乎郊社之礼,禘尝之义,治国其如示诸掌乎。(《中庸》第一九章)

【译注】郊社的祭礼,是用来事奉上帝的;宗庙的祭礼,是用来祭祀自己祖先的。明白了郊、社之礼及禘、尝诸祭的意义,治国就像在手中把玩一样容易吧?●郊社之礼:是古代祭天地之礼。禘(dì)、尝:分别为夏祭和秋祭的名称,是天子诸侯四时祭祖之礼。示诸掌:在手掌中展示,极言其容易。

5·1·8 非天子,不议礼,不制度,不考文。今天下车同轨,书同文,行同伦。虽有其位,苟无其德,不敢作礼乐焉;虽有其德,苟无其位,亦不敢作礼乐焉。(《中庸》第二八章)

【译注】不是天子就不要议订礼制、制定法度、考订文字。如今天下车轮距划一,文字统一,伦理道德也是相同的。即使占据高位,如果没有圣人的德行,也不敢制定礼乐。即使有圣人的德行,如果不占据高位,也不敢制定礼乐。●制度:制定法度。考文:考订文字规范。轨:指轮距宽度。伦:伦理规范。◎"虽有其德,苟无其位……"是指孔子这种情况。类似论述还可见《中庸》第二九章:"上焉者虽善无征,无征不信,不信民弗从;下焉者虽善不尊,不尊不信,不信民弗从。"(1·12·10)

5·1·9 孔子曰:"天下有道,则礼乐征伐自天子出;天下无道,则礼乐征伐自诸侯出。自诸侯出,盖十世希不失矣;自大夫出,五世希不失矣;陪臣执国命,三世希不失矣。天下有道,则政不在大夫。天下有道,则庶人不议。"(《论语·季氏》二)

【译注】孔子说:"天下政治清明,制作礼乐及决定出兵等事都是由天子来做;天下政治混沌,制作礼乐及决定出兵等事诸侯也来做。由诸侯来做,大概传到十代,很少能不垮台的。由权臣大夫来做,传到五代,便很少不垮台的。若由大夫的家臣把持国家政权,传到三代便很少不垮台的。天下政治清明,则国政权柄不会落在大夫手中。天下政治清明,则百姓就不会议论纷纷。"●礼乐征伐:制定礼乐及决定讨伐等事。希:同"稀",很少。失:失去权力,垮台。陪臣:大夫的家臣。

5·1·10 子贡欲去告朔之饩羊。子曰:"赐也!尔爱其羊,我爱其礼。"(《论语·八佾》一七)

【译注】子贡要把每月初一告祭祖庙时作为牺牲的活羊省掉。孔子说:"端木赐啊,你可惜那只羊,我可惜那种礼啊。"●饩(xì):活的牲口。爱:爱惜。

5·1·11 孔子曰:"不知命,无以为君子也;不知礼,无以立也;不知言,无以知人也。"(《论语·尧曰》三)

【译注】见3·7·11。

5·1·12 子曰:"先进于礼乐,野人也;后进于礼乐,君子也。如用之,则吾从先进。"(《论语·先进》一)

【译注】孔子说:"先学习礼乐再做官的,是百姓子弟;先有爵禄而后学礼乐的,是卿大夫子弟。如果要我选用人才,我选先学礼乐的。" ●先进:这里指先学礼乐后做官。野人:这里指没有官爵的普通人。君子:这里指贵族。

5·1·13 子曰:"上好礼,则民易使也。"(《论语·宪问》四一)

【译注】孔子说:"在上位者凡事依礼而行,百姓就容易支使了。"

5·1·14 子夏问曰:"'巧笑倩兮,美目盼兮,素以为绚兮。'何谓也?"子曰:"绘事后素。"曰:"礼后乎?"子曰:"起予者商也!始可与言《诗》已矣。"(《论语·八佾》八)

【译注】子夏问孔子:"'漂亮的面孔笑得真美,美丽的眼睛黑白分明,洁白的底子上画着花朵。'这几句诗是啥意思?"孔子说:"先有素白的底子,然后再绘画。"子夏说:"那么礼应该产生在(朴素的仁义)后面吧?"孔子说:"卜商(子夏的字)真是启发我的人啊。现在可以同你讨论《诗经》了。" ●倩:面目美好。盼:黑白分明。素:白底子。绚(xuàn):有文采。起:启发。

5·1·15 万章曰:"孔子,君命召,不俟驾而行;然则孔子非与?"曰:"孔子当仕有官职,而以其官召之也。"(《孟子·万章下》七)

【译注】参见2·1·5。

5·1·16 卫灵公问陈于孔子。孔子对曰:"俎豆之事,则尝闻之矣;军旅之事,未之学也。"明日遂行。(《论语·卫灵公》一)

【译注】卫灵公向孔子请教军队阵法,孔子回答:"礼仪祭祀等事,我曾了解一些;军旅之事,我没学过。"第二天,孔子就离开了卫国。●陈:阵,军旅等事。俎(zǔ)豆:祭祀、宴客用的器具,引申为祭祀。

5·1·17 (孟子)曰:"孔子为鲁司寇,不用,从而祭,燔肉不至,不税冕而行。不知者以为为肉也,其知者以为为无礼也。乃孔子则欲以微罪行,不欲为苟去。君子之所为,众人固不识也。"(《孟子·告子下》六)

【译注】(孟子)说:"孔子做鲁国司寇,不被信任,跟着去祭祀,事后也没有祭肉送来,于是孔子不等脱掉礼帽便离开了。不了解孔子的以为他是为了争那块祭肉,了解孔子的知道他是因为鲁国失礼而离去。并且孔子是想自己背着一点小罪名走,不想随便离开。君子的作为,一般人本来是识别不了的。"●司寇:掌刑狱之官,为六卿之一。燔(fán)肉:祭肉。税冕:脱礼帽;税,同"脱"。苟去:随随便便地离开。◎因祭肉没送来就辞职而去,孔子是不是有点小题大做呢?但孟子认为,孔子是有意这样做的,自己担着点小小的"不是"(微罪),不欲完全归罪于鲁君。

5·1·18 万章曰:"士之不托诸侯,何也?"孟子曰:"不敢也。诸侯失国,而后托于诸侯,礼也;士之托于诸侯,非礼也。"(《孟子·万章下》六)

【译注】万章问孟子:"士不靠着诸侯过活,为什么呢?"孟子

说："不敢啊。诸侯失掉了国家，（流亡到别国）靠着那里的诸侯过活，这是符合礼制的。士靠着诸侯过活，是不合礼制的。"●托：依靠，寄寓。

5·1·19　子曰："恭而无礼则劳，慎而无礼则葸，勇而无礼则乱，直而无礼则绞。"(《论语·泰伯》二)

【译注】孔子说："一味恭顺却不按礼节行事，就难免空忙劳倦；一味谨慎却不按礼节行事，则不免畏惧懦弱；一味勇猛却不按礼节行事，就会悖乱；一味心直口快却不按礼节行事，就容易尖刻伤人。"●劳：空忙劳倦。葸（xǐ）：胆怯，害怕。绞：尖刻刺人。

5·1·20　子曰："夷狄之有君，不如诸夏之亡也。"(《论语·八佾》五)

【译注】孔子说："夷狄边鄙国度虽有君主，也还赶不上中原国家没有君主呢。"●夷狄：指中原以外文明较落后的部落、地区。诸夏：指中原华夏诸国。

5·1·21　孔子谓季氏："八佾舞于庭，是可忍也，孰不可忍也？"(《论语·八佾》一)

【译注】孔子评论鲁国权臣季氏说："他用六十四人在庭院中奏乐舞蹈，这种僭越之事可以容忍，又有什么事不能容忍呢？"●八佾（yì）：古代乐舞以八人为一行，叫一佾，八佾为六十四人，这本是天子所用的乐舞。

5·1·22　子曰："管仲之器小哉！"或曰："管仲俭乎？"曰：

"管氏有三归，官事不摄，焉得俭？""然则管仲知礼乎？"曰："邦君树塞门，管氏亦树塞门。邦君为两君之好，有反坫，管氏亦有反坫。管氏而知礼，孰不知礼？"（《论语·八佾》二二）

【译注】孔子说："管仲的器量狭小得很啊！"有人问："他是不是太节俭了？"孔子说："管仲收取大量市井租赋，他家管事的人很多，从不兼职，又怎么能说节俭呢？"对方又问："那么管仲懂得礼吗？"孔子说："国君宫殿门前设有照壁，管仲家也设照壁。国君为了两国国君交往，在堂上设有放置酒杯的设备，管仲家也有这东西。若说管仲懂礼，又有谁不懂礼？" ●管仲：名夷吾，曾为齐国宰相，辅佐齐桓公称霸一时。三归：指市井租赋。摄：兼职。邦君：国君。树塞门：在大门处建短墙，相当于照壁。反坫（diàn）：国君堂上放置酒杯的土台。

5·1·23　孟子曰："非礼之礼，非义之义，大人弗为。"（《论语·离娄下》六）

【译注】孟子说："似是而非的礼，似是而非的义，有德行的人是不去做的。"

5·2　礼（二）：饮食言动，生死无违

本节侧重讨论生活中的礼，其中包括丧葬之礼。——相关论述尚可参看2·3"孝悌（二）：养生送死，民德归厚"一节。

5·2·1　孔子于乡党，恂恂如也，似不能言者。其在宗庙朝廷，便便言，唯谨尔。（《论语·乡党》一）

【译注】孔子在家乡非常恭顺，好像不大善言辞的样子。在宗庙或朝廷上，便能明白流畅地讲话，只是说得很谨慎。●恂（xún）恂如：温和恭顺貌。便便：出言流畅，善于辞令。

5·2·2 入公门，鞠躬如也，如不容。立不中门，行不履阈。过位，色勃如也，足躩如也，其言似不足者。摄齐升堂，鞠躬如也，屏气似不息者。出，降一等，逞颜色，怡怡如而已。没阶，趋进，翼如也。复其位，踧踖如也。(《论语·乡党》四)

【译注】孔子走进朝廷大门，恭敬谨慎的样子，好像没有容身之处。站立时不站在门中间，进门时不踩门槛。经过君主座位前，面色庄重，脚步加快，话也似乎不顺畅。提着下摆上堂，恭敬谨慎，屏住气似乎不呼吸。走出来，降下一级台阶，面色就放松了，露出怡然的神色。完全走下台阶，又快走几步，好像鸟儿舒展翅膀一样。回到自己的位置，恭敬不安地站立着。●鞠躬：这里不是指俯身低头行礼，而是形容恭敬谨慎之貌。阈（yù）：门槛。躩（jué）如：快走貌。摄齐（zī）：提着衣裳的下摆。逞颜色：表情放松。怡怡如：愉悦的样子。没（mò）阶：走完台阶。趋：小步快走。翼如：如小鸟展翅的样子。踧踖（cùjí）如：恭敬不安貌。

5·2·3 子之燕居，申申如也，夭夭如也。(《论语·述而》四)

【译注】孔子在家闲居，总是很整齐端庄，和乐舒展。●燕居：闲居。申申如：整饬貌。夭夭如：和舒貌。

5·2·4 席不正，不坐。(《论语·乡党》一二)

【译注】座席不端正，不坐。

5·2·5　虽疏食菜羹，必祭，必齐如也。(《论语·乡党》一一)

【译注】即使是吃糙米饭、菜汤，也一定要祭一祭，而且态度恭敬如斋戒。●齐：同"斋"。

5·2·6　食不厌精，脍不厌细。食饐而餲，鱼馁而肉败，不食。色恶，不食。臭恶，不食。失饪，不食。不时，不食。割不正，不食。不得其酱，不食。肉虽多，不使胜食气。惟酒无量，不及乱。沽酒市脯，不食。不撤姜食，不多食。(《论语·乡党》八)

【译注】粮米不嫌制得精，鱼肉不嫌切得细。粮米陈腐变质，鱼和肉腐烂，都不再吃。食物颜色不好，不吃。气味难闻，不吃。烹调不好，不吃。不到该吃的时候，不吃。肉切得不合规矩，不吃。没有调味佐料，不吃。席上的肉即便很多，吃肉的量也不超过粮食。只有酒是不限量的，但不能喝醉。市面上打的酒、买的肉干不吃。吃到最后也不撤掉姜，只是不多吃。●脍(kuài)：细切的肉、鱼。饐(yì)、餲(ài)：均指食物因经久而腐臭、味恶。馁(něi)、败：鱼腐为馁，肉腐为败。失饪：没有做熟。不时：不合时令。不胜食气：不超过干粮；气，同"饩"(xì)，粮食。◎此则看似说饮食，其实是谈饮食之礼。

5·2·7　君赐食，必正席先尝之。君赐腥，必熟而荐之。君赐生，必畜之。侍食于君，君祭，先饭。(《论语·乡党》一八)

【译注】国君赐给食物，孔子一定要摆正座位先尝一尝。国君赐给生肉，一定要煮熟了再给祖先上供。国君赐给的活物，则

要畜养它。同国君一起吃饭,当国君举行饭前祭礼时,自己先吃白饭(不吃菜)。●腥:生肉。荐:祭献。生:活物。

5·2·8　食不语,寝不言。(《论语·乡党》一〇)

【译注】吃饭时不说话,躺在床上不交谈。

5·2·9　子食于有丧者之侧,未尝饱也。(《论语·述而》九)

【译注】孔子在家有丧事的人身边吃饭,从不曾吃饱过。

5·2·10　乡人饮酒,杖者出,斯出矣。(《论语·乡党》一三)

【译注】同乡里人一同饮酒,要等老年人出去了,自己这才出去。●杖者:老年人。

5·2·11　朋友之馈,虽车马,非祭肉,不拜。(《论语·乡党》二三)

【译注】朋友有所馈赠,即便是车马,只要不是祭肉,收受时便不行礼。●馈(kuì):馈送的礼物。

5·2·12　升车,必正立,执绥。车中,不内顾,不疾言,不亲指。(《论语·乡党》二六)

【译注】孔子登车,一定先端正站好,拉着扶手带(登上去)。在车子里,不向内回顾,不大声讲话,不指指点点。●绥(suí):登车时手挽的绳索。疾言:大声说话。

5·2·13　问人于他邦,再拜而送之。(《论语·乡党》一五)

【译注】给在外邦的朋友带礼物问询,要向受托者两次拜谢送

行。●再拜：两次拜谢。

5·2·14 见齐衰者，虽狎，必变。见冕者与瞽者，虽亵，必以貌。凶服者式之。式负版者。有盛馔，必变色而作。迅雷风烈，必变。(《论语·乡党》二五)

【译注】孔子见到穿丧服的，即便是平日很亲密的人，也一定改变态度（严肃起来）。见到戴礼帽者或盲人，即使常见，也一定表现出恭敬的表情。乘车时遇到拿了死者衣物的，就要手扶车前横木、身体微俯表示恭敬同情。遇到背负国家图籍的也要这样做。在丰盛的酒席前，也一定改变神色，站起身来。每遇霹雳和大风，也一定改变神色。●齐（zī）衰（cuī）：古代丧服。狎：亲密。变：改变态度。冕：礼帽。瞽者：盲人，乐师。亵（xiè）：常见，熟悉。貌：这里指恭敬的表情。凶服：丧服。式：同"轼"，车前横木；这里指身体靠在横木上微俯，以示敬意。版：国家图籍。盛馔：丰盛的酒席。作：起立。◎一说"负版"也是一种丧服。

5·2·15 师冕见，及阶，子曰："阶也。"及席，子曰："席也。"皆坐，子告之曰："某在斯，某在斯。"师冕出。子张问曰："与师言之道与？"子曰："然。固相师之道也。"(《论语·卫灵公》四二)

【译注】师冕（他是位盲乐师）来见孔子，走到阶前，孔子说："这是台阶。"走到座席边，孔子说："这是座席。"都坐下，孔子又告知："某人在这里，某人在那里。"师冕出去了。子张问孔子："这是同盲乐师讲话的方式吗？"孔子说："对，这本来是帮助盲乐师的方法。"●师（与师言之道与）：这里指盲乐师。相（xiàng）：帮助。

5·2·16 林放问礼之本。子曰:"大哉问!礼,与其奢也,宁俭;丧,与其易也,宁戚。"(《论语·八佾》四)

【译注】林放向孔子请教礼的根本问题。孔子说:"这个问题太大了!礼,与其奢侈铺张,宁可简朴;丧葬之礼,与其简易,宁可显示足够的悲哀。"●林放:鲁人。易:简易。戚:悲哀。

5·2·17 子疾病,子路使门人为臣。病间,曰:"久矣哉,由之行诈也!无臣而为有臣。吾谁欺?欺天乎?且予与其死于臣之手也,无宁死于二三子之手乎!且予纵不得大葬,予死于道路乎?"(《论语·子罕》一二)

【译注】孔子病重,子路安排孔子的学生为家臣,准备丧葬事宜。孔子的病渐渐好了。一次孔子说:"仲由干这种欺诈的事已经太久了!按照礼节,我本不该有专司治丧的臣,你却一定要让人为臣。我欺骗谁呢?欺骗天吗?况且我与其死在臣的手中,还不如死在你们这几个学生手中!而且我纵使不能隆重安葬,难道会死在路边吗?"●臣:这里指专司治丧的人。病间:病情减轻。二三子:学生们。◎按照礼节,只有诸侯、大夫死了才能由臣治丧。

5·2·18 子游曰:"丧致乎哀而止。"(《论语·子张》一四)

【译注】子游说:"居丧,充分表达出哀痛也就够了。"

5·2·19 颜渊死,门人欲厚葬之。子曰:"不可。"门人厚葬之。子曰:"回也视予犹父也,予不得视犹子也。非我也,夫二三子也。"(《论语·先进》一一)

【译注】颜渊死了,孔子的学生们想要举行超出常规的葬礼。

孔子说："不行（，这样做不合礼法）。"结果学生们仍旧很隆重地把他安葬了。孔子说："颜回，你把我当父亲看待，我却不能把你当儿子看待。（这种违礼的事肯定是你所不愿的，）不是我的主意，是这几位学生要这样干的。"

5·2·20 颜渊死，颜路请子之车以为之椁。子曰："才不才，亦各言其子也。鲤也死，有棺而无椁。吾不徒行以为之椁。以吾从大夫之后，不可徒行也。"
（《论语·先进》八）

【译注】颜渊死了，他的父亲颜路请求孔子卖掉车子来替颜渊打造外椁。孔子说："不管有才没才，总归是各管各的儿子。我的儿子孔鲤死时，只有内棺，没有外椁。我没有（卖掉车子）徒步走路给他置办椁。因为我的身份也曾是大夫，出门不能没车啊。"●椁（guǒ）：古代棺外有椁。鲤：孔子的儿子孔鲤。

5·2·21 子张曰："《书》云：'高宗谅阴，三年不言。'何谓也？"子曰："何必高宗，古之人皆然。君薨，百官总己以听于冢宰三年。"（《论语·宪问》四〇）

【译注】子张说："《尚书》说：'殷高宗守孝，住在凶庐，三年不发表意见。'是什么意思？"孔子说："何必是殷高宗呢，古代人都是这样。国君死了，继承的君王三年不问政治，其间各部门的官员听命于宰相。"●谅阴：居丧时住的房子，也叫凶庐。薨（hōng）：诸侯或高官死。冢（zhǒng）宰：宰相。

5·3 乐：钟鼓之音，仁善之心

"乐"即音乐，是古代"六艺"之一。儒家经典有《乐经》。汉《风俗通》说:"(孔子)自卫反鲁,删《诗》《书》,定《礼》《乐》,制《春秋》之义。"儒家推崇"礼乐",认为礼能"经国家,定社稷,利人民",乐能"移风易俗,荡人之邪,存人之正性"(《吕氏春秋》,高诱注)。另外,乐还能给人带来欢乐,使"远近合同",故先哲谈"乐"(yuè),常涉及"与民同乐(lè)"的话题。

相关论述尚有"人而不仁,如乐何"(1·2·2)、"践其位,行其礼,奏其乐"(2·2·6)、"先进于礼乐,野人也"(5·1·12)、"八佾舞于庭,是可忍也,孰不可忍也"(5·1·21)、"仁言不如仁声之入人深也"(6·6·3)等。

5·3·1　孟子曰:"仁之实,事亲是也;义之实,从兄是也;智之实,知斯二者弗去是也;礼之实,节文斯二者是也;乐之实,乐斯二者,乐则生矣;生则恶可已也,恶可已,则不知足之蹈之手之舞之。"(《孟子·离娄上》二七)

【译注】参见1·9·12。◎注意三个"乐"字的词义和读音。

5·3·2　颜渊问为邦。子曰:"行夏之时,乘殷之辂,服周之冕,乐则《韶》《舞》。放郑声,远佞人。郑声淫,佞人殆。"(《论语·卫灵公》一一)

【译注】颜渊问孔子如何治理邦国。孔子说:"用夏朝的历法,乘殷朝的车子,戴周朝的礼帽,音乐就用《韶》乐和《武》乐。摒弃郑国的乐曲,斥退小人。郑国的乐曲是靡靡之音,小人则很危险。"●为邦:治国。辂(lù):车子。冕:礼帽。《韶》:《韶》乐。《舞》:《武》,是歌颂周武王的音乐。郑声:郑国的小调。佞人:谄佞之人,小人。殆:危险。

5·3·3　子曰:"兴于诗,立于礼,成于乐。"(《论语·泰伯》八)

【译注】孔子说:"诗篇使人振作,礼使人立足稳固,乐则陶冶性情,使人完善。"●兴:振作。成:成熟,完善。

5·3·4　子曰:"礼云礼云,玉帛云乎哉?乐云乐云,钟鼓云乎哉?"(《论语·阳货》一一)

【译注】孔子说:"礼啊礼啊,难道仅仅说的是玉帛礼物吗?乐啊乐啊,难道仅仅说的是钟鼓乐器吗?"◎这是孔子批评当时人对礼乐只重形式不重精神实质。

5·3·5　子在齐闻《韶》,三月不知肉味。曰:"不图为乐之至于斯也!"(《论语·述而》一四)

【译注】孔子在齐国欣赏《韶》乐,(被乐声所陶醉,)很长时间吃肉尝不出滋味。感叹说:"没想到欣赏音乐竟能到达如此美好的境界!"●不图:不料。

5·3·6　子谓《韶》:"尽美矣,又尽善也。"谓《武》:"尽美矣,未尽善也。"(《论语·八佾》二五)

【译注】孔子评论《韶》乐:"美极了,也好极了。"评论《武》乐:"美极了,但还不够好。"◎《韶》乐是舜时乐曲名,舜的天下是禅让得来的,故孔子认为"尽善";《武》乐是周武王时乐曲名,武王的天下是用武力夺来的,因此孔子认为"未尽善"。

5·3·7　子曰:"师挚之始,《关雎》乱,洋洋乎盈耳哉!"(《论语·泰伯》一五)

【译注】孔子说:"从太师挚演奏开篇,到《关雎》的尾章,满耳都充溢着音乐声,真是好听啊!"●师挚:鲁国乐官太师挚。始、乱:音乐的开端和尾章。洋洋:形容声音响亮。

5·3·8 子曰:"吾自卫反鲁,然后乐正,《雅》《颂》各得其所。"(《论语·子罕》一五)

【译注】孔子说:"我从卫国返回鲁国,才把音乐篇章整理好,使《雅》归《雅》,《颂》归《颂》,各得其所。"●《雅》《颂》:《诗经》包括《风》《雅》《颂》三部分,这里指后两者。

5·3·9 子语鲁大师乐,曰:"乐其可知也:始作,翕如也;从之,纯如也,皦如也,绎如也,以成。"(《论语·八佾》二三)

【译注】孔子对鲁国的首席乐师谈音乐,说:"音乐理论是可知的:开始演奏时,繁盛而热烈,接下来,纯净和谐,乐声清泠,絮絮不绝,最终完成。"●大师:太师,乐官。翕(xī):盛大热烈。纯:美好和谐。皦(jiǎo):清晰分明。绎(yì):连续不断。

5·3·10 孔子曰:"益者三乐,损者三乐。乐节礼乐,乐道人之善,乐多贤友,益矣。乐骄乐,乐佚游,乐晏乐,损矣。"(《论语·季氏》五)

【译注】孔子说:"有益的快乐有三种,有害的快乐也有三种。以得到礼乐的调节为快乐,以宣扬别人的善为快乐,以交有益的朋友为快乐,这是有益的快乐。以骄纵为快乐,以游荡为快乐,以豪饮为快乐,这是有害的快乐。"●乐:本则中除"礼

乐"之"乐"读yuè，余皆读lè。佚游：闲游；佚，同"逸"。晏乐：宴饮取乐。

5·3·11 子与人歌而善，必使反之，而后和之。(《论语·述而》三二)

【译注】孔子与人一起唱歌，如果唱得好，就一定要让对方重新唱一遍，然后自己跟着和一遍。●反：重复。和（hè）：和谐地跟着唱。

5·3·12 子于是日哭，则不歌。(《论语·述而》七)

【译注】孔子如果在这一天哭过，就不再唱歌。

5·3·13 齐人归女乐，季桓子受之，三日不朝，孔子行。(《论语·微子》四)

【译注】齐国人送了歌姬舞女给鲁国，鲁国上卿季桓子接受了，（因沉溺于乐舞，）三天不问政事。孔子于是离开。●归：馈，馈送。

5·3·14 庄暴见孟子，曰："暴见于王，王语暴以好乐，暴未有以对也。"曰："好乐何如？"孟子曰："王之好乐甚，则齐国其庶几乎？"他日，见于王曰："王尝语庄子以好乐，有诸？"王变乎色，曰："寡人非能好先王之乐也，直好世俗之乐耳。"曰："王之好乐甚，则齐其庶几乎，今之乐犹古之乐也。"曰："可得闻与？"曰："独乐乐，与人乐乐，孰乐？"曰："不若与人。"曰："与少乐乐，与众乐乐,孰乐?"曰:"不若与众。""臣请为王言乐。今王鼓乐于此,百姓闻王钟鼓之声,管籥之音,举疾首蹙頞而相告曰:'吾王之好鼓乐,夫何使我至于此极也?父子不相见,兄弟妻子离散。'今王田猎于此,百姓闻王车马之音,见羽旄之美,举疾首蹙頞而相告曰:'吾王之好田猎,夫何使我至于此极也?父子不相见,兄弟妻子离散。'此无他,不与民同乐也。今王鼓乐于此,百姓闻王钟鼓之声,管籥之音,举欣欣然有喜色而相告曰:'吾王庶几无疾病与?何以能鼓乐也?'今王田猎于此,百姓闻王车马之音,见羽旄之美,举欣欣然有喜色而相告曰:'吾王庶几无疾病与?何以能田猎也?'此无他,与民同乐也。今王与百姓同乐,则王矣。"(《孟子·梁惠王下》一)

【译注】齐臣庄暴来见孟子说:"我去见齐王,齐王对我说他喜好音乐,我不知该如何回答。"又问:"喜好音乐,怎么样?"孟子说:"齐王如果非常喜好音乐,齐国便有希望了。"过了些日子,孟子去见齐王,问道:"我听说王曾对庄暴说喜好音乐,有这事吗?"齐王表情扭捏道:"我不是喜好先王的音乐,只是喜好世俗流行的音乐罢了。"孟子说:"王若非常喜好音乐,那么齐国真的有幸了。眼下流行的音乐,跟古代的音乐也差不多。"齐王说:"能说来听听吗?"孟子说:"一个人单独欣赏音乐快乐,跟别人一同欣赏音乐也快乐,哪个更快乐?"齐王说:"当然跟别人一块欣赏更快乐。"孟子又说:"与几个人一块欣赏快乐,与众多人一块欣赏快乐,哪个更快乐?"齐王回答:"当然跟众多人一块欣赏更快乐。"孟子说:"那我就为您说说欣赏音乐快乐的道理吧。眼下王在这里奏乐,百姓听到钟

鼓、箫管之声,全都头疼皱眉相互议论:'我王喜好音乐,为什么让我们陷入如此凄惨的地步?父子不能相见,兄弟分手,妻离子散!'眼下王在这里打猎,百姓听到您的车马之声,见到华丽的仪仗,全都头疼皱眉相互议论:'我王喜好打猎,为什么让我们陷入如此凄惨的地步?父子不能相见,兄弟分手,妻离子散!'这没有别的原因,就是因为您不能与民同乐。再假如眼下王在这儿奏乐,百姓听到钟鼓、箫管之声,都眉开眼笑地相互议论:'我王大概身体很健康吧,否则为什么会奏乐呢?'眼下王在这里打猎,百姓听到您的车马之声,见到华丽的仪仗,全都眉开眼笑地相互转告:'我王大概身体很健康吧,否则怎么能打猎呢?'这没有别的原因,就是因为您能与民同乐。如今王能与百姓一同娱乐,就可以实行王道,使天下归心。" ●庶几:差不多。有希望之意。管籥(yuè):古代笙箫一类乐器。举:全都。疾首蹙頞(cù'è):头疼皱眉头;頞,鼻梁。田猎:打猎。羽旄:旗帜。◎与民同乐的话题,还可参看6·5·16和6·5·17。

5·4 得道多助,为德不孤

"道"的本义是道路、途径,引申为事物发展规律乃至政治主张、信仰,也泛指道德、道义等。"德"则指人的品德、操守,有时又是仁爱、仁政的同义语。儒家语涉"道""德"的论述甚多,这里所选只是一部分。

相关论述尚有"道不远人"(1·3·4)、"不得志,独行其道"(1·6·3)、"忠恕违道不远"(1·8·5)、"君子之道费而隐"(2·6·3)、"天命之谓性,率性之谓道"(3·2·1)、"身不行道,不行于妻子"(3·2·6)、"大德不逾闲,小德出入可也"(3·11·1)、"天下溺,援之以道"(3·11·3)、"巧言乱德"(3·15·6)等。

此外,对"道"的理解,还可参考本书附录部分的《礼记·礼运》"大同""小康"章。该内容虽非出自"四书",却是理解儒家政治理想所不可忽视的。

5·4·1 子曰:"德不孤,必有邻。"(《论语·里仁》二五)

【译注】孔子说:"有道德的人不会孤单,一定会有志同道合者来做伴。"

5·4·2 樊迟从游于舞雩之下,曰:"敢问崇德,修慝,辨惑。"子曰:"善哉问!先事后得,非崇德与?攻其恶,无攻人之恶,非修慝与?一朝之忿,忘其身,以及其亲,非惑与?"(《论语·颜渊》二一)

【译注】樊迟陪孔子在舞雩台下悠游,樊迟说:"请问如何提高品德,消除他人内心的怨恨,辨别自己的迷惑呢?"孔子说:"问得好!工作争先,不计收获,这不是提高品德的方法吗?批评自己的过错,不去攻击别人的过错,这不是消除无形怨恨的方法吗?因为一时愤怒,竟忘了自身安危,甚至还危及双亲,这难道不是迷惑吗?" ●舞雩(yú):台名,是鲁国求雨的地方。慝(tè):隐匿,这里指隐匿的怨气。

5·4·3 舜有臣五人而天下治。武王曰:"予有乱臣十人。"孔子曰:"才难,不其然乎?唐、虞之际,于斯为盛。有妇人焉,九人而已。三分天下有其二,以服事殷。周之德,其可谓至德也已矣。"(《论语·泰伯》二〇)

【译注】舜有五位贤臣,天下因而太平。武王说:"我有十位能治理天下的贤臣。"孔子说:"人才难得,不是这样的吗?在唐尧、虞舜之间以及武王这会儿,人才最盛。然而武王的十位贤

臣中还有一位妇人，实际上也只有九位罢了。此前周人已占有天下三分之二，但仍旧向殷商称臣。周的道德，可以说是再崇高不过了。"●乱臣：治国之臣。

5·4·4 南宫适问于孔子曰："羿善射，奡荡舟，俱不得其死然。禹、稷躬稼而有天下。"夫子不答。南宫适出，子曰："君子哉若人！尚德哉若人！"（《论语·宪问》五）

【译注】南宫适（孔子的学生）问："羿擅长射箭，奡擅长水战，结果都不得善终。禹和稷身体力行种庄稼，却得到了天下。"孔子没有回答。南宫适出去了，孔子赞叹道："这个人，好一个君子！这个人，多么崇尚道德！"●奡（ào）：传说中的上古勇士。荡舟：用舟师作战。躬：亲身。若人：此人。

5·4·5 齐景公有马千驷，死之日，民无德而称焉。伯夷、叔齐饿于首阳之下，民到于今称之。其斯之谓与？（《论语·季氏》一二）

【译注】齐景公虽然有四千匹马，但他死时，百姓觉得他没什么好德行值得称颂的。伯夷、叔齐饿死在首阳山下，百姓至今称颂他们。就是这个意思吧。●驷：古代驾车用四匹马，一驷指四匹马。◎本则文意不连贯，或有阙文。

5·4·6 子张曰："执德不弘，信道不笃，焉能为有？焉能为亡？"（《论语·子张》二）

【译注】子张说："秉执道德却不能弘扬，信仰大道却不够坚定，这样的人算是有道德呢，还是没道德？"●弘：弘扬。

5·4·7　子曰:"骥不称其力,称其德也。"(《论语·宪问》三三)

【译注】孔子说:"把千里马称作骥,不是赞美它的力量,是赞美它的品德。"

5·4·8　子曰:"由,知德者鲜矣!"(《论语·卫灵公》四)

【译注】孔子说:"仲由啊,懂得德的人真是太少啦!"

5·4·9　子曰:"吾未见好德如好色者也。"(《论语·子罕》一八)

【译注】参见2·6·10。

5·4·10　是故君子先慎乎德。有德此有人,有人此有土,有土此有财,有财此有用。德者本也,财者末也。外本内末,争民施夺。是故财聚则民散,财散则民聚。是故言悖而出者,亦悖而入。货悖而入者,亦悖而出。(《大学》第一一章)

【译注】(前面提到:"民之所好好之,民之所恶恶之。此之谓民之父母。")为此缘故,君子首先要注重道德修养。有道德才会有人拥护,有人拥护才能保有土地,有土地才会生产财富,有财富才能供给使用。德是根本,财是枝节。如果放弃根本、追求枝节,那就会与民争利、诉诸劫夺。所以君王聚财敛货,百姓就会流亡;君王散财于民,百姓就会归附。因而你说话无理,人家也会用无理的话回答你;财货靠非法手段取得,也终会被人以非法手段夺去。●外本内末:疏远根本,追求枝节。悖(bèi):乱,逆,不合理。

5·4·11　孟子曰:"周于利者凶年不能杀,周于德者邪世不

能乱。"(《孟子·尽心下》一〇)

【译注】孟子说:"财利富足的遇到荒年也不会困窘,道德高尚的遇到乱世也不会迷惑。"●周:足。

5·4·12 孟子曰:"以力假仁者霸,霸必有大国;以德行仁者王,王不待大。汤以七十里,文王以百里。以力服人者,非心服也,力不赡也;以德服人者,中心悦而诚服也,如七十子之服孔子也。《诗》云:'自西自东,自南自北,无思不服。'此之谓也。"(《孟子·公孙丑上》三)

【译注】孟子说:"倚仗力量、假借仁义之名而称霸的,称霸一定靠的是国力强大。依靠道德、施行仁义而实现王道的,称王不一定靠强大的国力。汤凭借纵横七十里的土地、文王凭借纵横百里的土地(实现了王道)。倚仗力量压服人的,别人口服心不服,只因力量不足。依靠道德来服人的,别人都心悦诚服,就像七十位大弟子服膺孔子一样。《诗经·大雅·文王有声》说的好:'从西从东、从南从北,没有不心悦诚服的。'说的正是此意。"●王(wàng)(以德行仁者王):指靠施仁政而统一天下,与"霸"之靠强力统一天下相对。赡:足。七十子:指孔子的七十个大弟子。思:助词,无意义。

5·4·13 子曰:"齐一变,至于鲁;鲁一变,至于道。"(《论语·雍也》二四)

【译注】孔子说:"齐国的政教一改革,便上升到鲁国的水平;鲁国的政教再改革,就合于大道了。"

5·4·14 大哉圣人之道！洋洋乎，发育万物，峻极于天。优优大哉！礼仪三百，威仪三千，待其人而后行。故曰苟不至德，至道不凝焉。故君子尊德性而道问学，致广大而尽精微，极高明而道中庸。温故而知新，敦厚以崇礼。是故居上不骄，为下不倍。国有道其言足以兴，国无道其默足以容。《诗》曰："既明且哲，以保其身。"其此之谓与？（《中庸》第二七章）

【译注】圣人之道太伟大了！浩浩荡荡，生养万物，与天一样高峻。充足而宽裕，礼仪大端三百项，礼仪细节三千条，有待于有德之人继承实行。所以说如果没有道德纯粹的圣人，纯粹的道就不能凝聚生成。因而君子尊崇德行而追求学问，达到广大目标而又穷尽精微之处，达到高明境界又能遵循中庸之道。温习旧知识从而获得新知识，增厚自己的道德以崇尚礼仪。由此之故，居上位者不骄矜，居下位者不背离。当国家政治清明时，他的主张足以使国家兴盛；当国家政治混沌时，他的静默足以容身自保。《诗经·大雅·烝民》说："既明智又深通哲理，方能保全自己。"说的就是这种情形吧。●洋洋：盛大貌。峻：高峻。优优：宽和貌。倍：背离。

5·4·15 《诗》云："殷之未丧师，克配上帝。仪监于殷，峻命不易。"道得众则得国，失众则失国。（《大学》第一一章）

【译注】《诗经·大雅·文王》说："殷商没丧失人心时，还能符合上天的意志。以殷商为鉴吧，守住天命不容易。"这就是说，你的做法得民心，就能保有国家；失民心，也就失掉国家。●丧师：丧失民心；师，众。克：能。仪：宜。监：鉴，镜；以……为鉴。峻命：大命，天命。

5·4·16 孟子曰:"天时不如地利,地利不如人和。三里之城,七里之郭,环而攻之而不胜。夫环而攻之,必有得天时者矣;然而不胜者,是天时不如地利也。城非不高也,池非不深也,兵革非不坚利也,米粟非不多也,委而去之,是地利不如人和也。故曰:域民不以封疆之界,固国不以山谿之险,威天下不以兵革之利。得道者多助,失道者寡助。寡助之至,亲戚畔之;多助之至,天下顺之。以天下之所顺,攻亲戚之所畔,故君子有不战,战必胜矣。"(《孟子·公孙丑下》一)

【译注】孟子说:"天时不及地利,地利不及人和。有座小城,边长三里,外郭边长七里。敌人围着攻打,却不能取胜。围着攻打,一定有合于天时的优势,但却不能取胜,可见天时不及地利。(还有另一种情况,)守城这一方,城墙不是不高,护城河不是不深,军备不是不坚固锐利,粮食也不是不多,但守城者最终还是弃城而逃,可见地利不如人和。所以说:限制百姓,不必用国家的疆界;巩固国家,不必靠着山河险阻;威望行于天下,也不必靠着军备坚利。能坚守正道(行仁政)就能获得众人帮助,丧失正道,相助的人就少。少到极点,连亲戚也背叛了。相助的人多了,整个天下都会顺从。凭着天下顺从的力量来攻打亲戚背叛之人,(结果还用问吗?)所以,君子不战则已,若战,定会大胜!" ●郭:外城。池:护城河。兵革:兵器和铠甲。委:丢下。域:这里是动词,限制。畔:同"叛"。

5·4·17 孟子曰:"桀纣之失天下也,失其民也;失其民者,失其心也。得天下有道:得其民,斯得天下矣；得其民有道：得其心，斯得民矣；得其心有道：所欲与之聚之，所恶勿施，尔也。民之归仁也，犹水之就下、兽之走圹也。"（《孟子·离娄上》九）

【译注】孟子说："桀、纣丧失天下，是因为失掉百姓的支持；失掉百姓的支持，是因为失掉民心。获得天下有途径：获得百姓支持，就能获得了天下。获得百姓支持也有途径：获得民心，就能获得他们的支持。获得民心也有途径：百姓想要的，为他们聚拢；百姓厌恶的，不要强加给他们，如此而已。百姓归附于仁德，就像水向低处流，又像野兽奔向旷野。"●尔也：如此而已。走圹：跑向旷野。◎此则可与6·5·7参看。

5·4·18 孟子曰："天下有道，以道殉身。天下无道，以身殉道。未闻以道殉乎人者也。"（《孟子·尽心上》四二）

【译注】孟子说："天下政治清明，道为君子所用；天下政治混沌，君子为坚守道而献身。没听说过牺牲道来迁就王侯的。"●殉：同"徇"，顺从。

5·5 大学之道，修齐治平

所谓"大学"，是跟"小学"（礼、乐、射、御、书、数）相对而言的。《礼记》中有《大学》一篇，传为孔子弟子曾参所撰。宋代理学家程颐、程颢十分重视此篇，朱熹更将它列为"四书"之首。《大学》开篇的"大学之道，在明明德，在亲民，在止于至善"，提出研习者自我完善及兼善天下的纲领（又称"三纲领"）。而实现目标的步骤，则依次为格物、致知、诚意、正心、修身、齐家、治国、平天下（又称"八条目"）。

本节辑录了《大学》的主要观点，可与3·2"反求诸己，君子慎独"、5·7"至诚无息，载物配天"、6·2"风吹草偃，身正令行"诸节参读。相关论述，尚有"好学近乎知……则知所以治天下国家矣"（1·3·12）、"为人君，止于仁"（2·1·9）等。

5·5·1　大学之道，在明明德，在亲民，在止于至善。知止而后有定，定而后能静，静而后能安，安而后能虑，虑而后能得。物有本末，事有终始。知所先后，则近道矣。（《大学》第一章）

【译注】大学的宗旨，在于彰显（自身原有的）光明美善的品德，（再推己及人）使民众弃旧图新，最终达到最美善的境界。知道最美善的目标，才能意志坚定；意志坚定，才能心不妄动；心不妄动，才能神安气定；神安气定，才能潜心思虑；潜心思虑，才能达到至善之境。万物都有根本与枝节，万事都有开始与终结。知道先后顺序，也就接近大学的宗旨了。●明明德：前一个"明"是动词，使之明，彰显；后一个"明"是形容词，光明美好。亲民："亲"同"新"，动词；亲民就是使民日新月异。定：意志坚定。静：心静，不妄动。得：指达到至善之境。

5·5·2　古之欲明明德于天下者，先治其国；欲治其国者，先齐其家；欲齐其家者，先修其身；欲修其身者，先正其心；欲正其心者，先诚其意；欲诚其意者，先致其知；致知在格物。（《大学》第一章）

【译注】古代想要彰显个人的美善之德并推广至天下的人，先要治理好自己的国家；要想治理好国家，先要整顿好自己的家；要想整顿好自己的家，先要修治自身；而要修治自身，先要端正自己的心；要端正自己的心，先要使自己意念真诚；要使自己意念真诚，先要获取足够的知识；要想获取足够的知

识，则要推究一切事物的道理。●齐：整顿，使整齐有序。诚：使……真诚。致：获取，拿来。格物：推究事物的原理。

5·5·3 所谓治国必先齐其家者，其家不可教而能教人者，无之。故君子不出家而成教于国：孝者，所以事君也；悌者，所以事长也；慈者，所以使众也。《康诰》曰："如保赤子。"心诚求之，虽不中不远矣。未有学养子而后嫁者也！（《大学》第一〇章）

【译注】（从"所谓治国"到"所以使众也"，参见2·2·5）《尚书·康诰》说："如同爱护婴儿一样（爱护老百姓）。"内心真诚地去追求，即使达不到目标，也不会差太远。没听说要先学会生孩子再去嫁人的（，全力去做就是了）。●养子：生孩子。

5·5·4 汤之《盘铭》曰："苟日新，日日新，又日新。"《康诰》曰："作新民。"《诗》曰："周虽旧邦，其命惟新。"是故君子无所不用其极。（《大学》第三章）

【译注】商汤刻在澡盆上的铭文说："如能洗掉一天的污垢使自身清新，就应天天洗掉污垢使自身清新，更要持续不断地洗涤污垢使自身清新更清新。"《尚书·康诰》说："鼓励百姓，使他们的精神面貌焕然一新。"《诗经·大雅·文王》说："周虽然是古老国家，却禀受了新的天命。"所以，君子无时无地不在追求最新最美的至善之境。●汤：成汤，商朝开国君主。《盘铭》：这是刻在澡盆上的铭文；盘，盛水器，这里是澡盆。苟：如果。新：去掉污秽，使身体焕然一新，引申为道德上的修养提高。作：振作，鼓励。旧邦：古老的国家；周从始祖后稷至文王，已历千年。命：天命。极：至善之境。

5·5·5 自天子以至于庶人，壹是皆以修身为本。其本乱而末治者否矣。其所厚者薄，而其所薄者厚，未之有也！(《大学》第一章)

【译注】从天子到平民，统统都应抓住修身这个根本。这个根本问题没解决，枝节问题（如治家理国等）反倒治理得很好，那是不可能的。首当其冲的重要事（修身）反而被忽视，相对不那么重要的事（如治家理国等）反而大力去做，（这样能成功的,）是从未有过的。●壹：所有。所厚者：应当重视的，指修身。所薄者：相对次要的，指治家理国等。

5·5·6 所谓齐其家在修其身者，人之其所亲爱而辟焉，之其所贱恶而辟焉，之其所畏敬而辟焉，之其所哀矜而辟焉，之其所敖惰而辟焉。故好而知其恶，恶而知其美者，天下鲜矣。故谚有之曰："人莫知其子之恶，莫知其苗之硕。"此谓身不修不可以齐其家。(《大学》第九章)

【译注】所说的整顿好家族在于先修治自身，是因为人们对自己亲爱的人会有过分偏心，对自己轻贱的人会有过分厌憎，对自己敬畏的人会有过分敬服，对自己怜悯的人会有过分同情，对自己怠慢的人会有过分鄙视。因此，喜欢对方又能看清他的缺点的，厌恶对方又能看到他的长处的，真是天下罕见。所以谚语说："没人能看到自家孩子的缺点，没人能看出自家庄稼长得茁壮。"这就是所说的不修治自身就不能管好家庭的道理。●辟：在这里有偏颇、偏向之意。哀矜（jīn）：怜悯，同情。敖惰：轻视、怠慢。硕：茁壮。◎文末所引谚语意为：孩子总是自家的好，苗总是人家的好。

5·5·7 所谓修身在正其心者，身有所忿懥，则不得其正；有所恐惧，则不得其正；有所好乐，则不得其正；有所忧患，则不得其正。心不在焉，视而不见，听而不闻，食而不知其味。此谓修身在正其心。(《大学》第八章)

【译注】所说的修治自身，要先端正自己的心念。因为心中有恼怒怨恨，就不能平静端正；心中有所恐惧，就不能平静端正；心中欲望太多，就不能平静端正；心中有所忧虑，就不能平静端正。心念不能端正、专注（而被忿懥、恐惧、好乐、忧患所占据），那么纵使在看，也啥都看不见；纵使在听，也啥都听不见；纵使在吃，也不知啥滋味。这就是修治自身先要端正心念的道理。●忿懥(zhì)：愤怒。心不在焉：心念不专注。

5·5·8 所谓诚其意者，毋自欺也，如恶恶臭，如好好色，此之谓自谦，故君子必慎其独也！小人闲居为不善，无所不至，见君子而后厌然，掩其不善，而著其善。人之视己，如见其肺肝然，则何益矣。此谓诚于中，形于外，故君子必慎其独也。曾子曰："十目所视，十手所指，其严乎！"富润屋，德润身，心广体胖，故君子必诚其意。(《大学》第七章)

【译注】所说的"诚其意"（让意念真诚），即是不要自欺欺人。对恶的厌恶，就像厌恶腐臭的气味；对善的喜爱，就像喜爱美丽的女人。这就是所说的快乐自足、毫无矫饰。所以，君子哪怕一人独处时，也一定要谨慎（因为一旦有所放松，这种诚的境界很容易遭破坏）。小人独处，则净干坏事，无所不为。不过见到君子又躲躲闪闪，掩盖自己的不良，刻意表现其良善的一面。然而别人看他，就像透视了他的心肝五脏一样，掩盖

又有何用？这是因为内心真诚，就一定会反映到外表上来，因而君子在独处时也一定要谨慎。曾子说："(人在独处时，)像是有十只眼看着，十只手指着，这是多么可怕啊！"财富可以装饰你的居室，品德则可以修养你的身心，心胸宽广便会身体安泰，因而君子一定要让自己意念真诚。●如恶恶臭：前一"恶"是动词，后一"恶"是形容词，极坏的。下一句中的"如好好色"，用法与此类同。谦：满足。厌（yàn）然：掩藏貌。严：厉害。胖（pán）：安泰舒适貌。◎关于"君子慎独"的论述，尚可参见《中庸》第一章（3·2·1）。

5·5·9　所谓致知在格物者，言欲致吾之知，在即物而穷其理也。盖人心之灵莫不有知，而天下之物莫不有理，惟于理有未穷，故其知有不尽也。是以《大学》始教，必始学者即凡天下之物，莫不因其已知之理而益穷之，以求至乎其极。至于用力之久，而一旦豁然贯通焉，则众物之表里精粗无不到，而吾心之全体大用无不明矣。此谓物格，此谓知之至也。(《大学》第六章)

【译注】所谓"致知在格物"，是说我要获得知识，就要接触事物，并穷究它的原理、规律。因为人心聪灵无不具备认知能力，而天下事物又总按一定原理存在并发展。只是这些原理还未被认识透彻，因而人的知识也就有限。因此，《大学》开篇即教导，开始学习的人一定要接触天下万事万物，无不拿自己已知的道理（为基础、为工具）去进一步探索，以彻底认识事物的原理、规律。竭尽全力、持之以恒，一旦豁然开朗、融会贯通，则所有事物的外表、内涵、整体及细部没有认识不清的。而自己内心的整体能力及效用，也就没有不明之处了。

这就是所说的对事物的穷究,这就是所说的知识达到顶点。
●致知:获取知识;致,获致,拿来。格物:推究事物的原理。即:接触。穷:穷尽。◎此则不是《大学》原文,是朱熹补撰的。

5·5·10 孟子曰:"人有恒言,皆曰'天下国家'。天下之本在国,国之本在家,家之本在身。"(《孟子·离娄上》五)

【译注】孟子说:"人们的口头语,都说'天下国家'。天下的基础在于国,国的基础又在于家,家的基础则在于个人。"●恒言:常言。

5·6 中庸之道,过犹不及

中庸是儒家哲学思想的至高境界,主张待人处世不偏不倚、恰到好处,无过无不及;其总体精神为"仁"(完美处理人与人的关系)。

此种境界,又可用一个"宜"字来概括。而"宜"即"义"("义者宜也")。如何奉行"义"呢?"义以为质,礼以行之"(1·5·11);"礼也者,义之实也"(《礼记·礼运》)。可见,遵礼而行,是达到中庸的不二法门。——《中庸》是《礼记》中一篇,讨论的正是"礼"的问题。

《中庸》的作者,一般认为是孔子的孙子子思所撰,集中讨论中庸之道。其"致中和"的观点以及对"诚"的论述(参见5·7"至诚无息,载物配天"),尤为重要。

相关论述尚有"择乎中庸而不能期月守也"(1·9·9)、"由也好勇过我,无所取材"(1·10·2)、"疾之已甚,乱也"(1·10·5)、"中立而不倚,强哉矫"(1·10·10)、"君子和而不同,小人同而不和"(3·1·21)、"莫见乎隐,莫显乎微"(3·2·1)、"我则异于是,无可无不可"(3·10·8)、"汤执中,立贤无方"(5·9·7)等。此外,尚可参看1·5"义:义者宜也,舍生取义"的部分条目。

5·6·1 喜怒哀乐之未发,谓之中;发而皆中节,谓之和。中也者,天下之大本也;和也者,天下之达道也。致中和,天地位焉,万物育焉。(《中庸》第一章)

【译注】喜怒哀乐各种情感蕴含于内心没有生发时,(平静而不偏颇,)这种状态叫"中";生发出来而合于节度,(没有过与不及,)这种状态叫作"和"。(天与人是相通的,)"中"是天地万物的本来状态,"和"则是天地万物共遵的大道。人达到"中和"的状态,天地上下也便各安其位,万物也都欣欣向荣了。●达道:共遵之道。位:到位,安于位。

5·6·2 故曰苟不至德,至道不凝焉。故君子尊德性而道问学,致广大而尽精微,极高明而道中庸。温故而知新,敦厚以崇礼。是故居上不骄,为下不倍。国有道其言足以兴,国无道其默足以容。《诗》曰:"既明且哲,以保其身。"其此之谓与?(《中庸》第二七章)

【译注】参见5·4·14。

5·6·3 子曰:"道之不行也,我知之矣。知者过之,愚者不及也。道之不明也,我知之矣。贤者过之,不肖者不及也。人莫不饮食,鲜能知味也。"(《中庸》第四章)

【译注】参见1·9·3。◎又《中庸》第五章:"子曰:'道其不行矣夫。'"

5·6·4 子曰:"中庸之为德也,其至矣乎!民鲜久矣。"(《论语·雍也》二九)

【译注】孔子说:"中庸作为一种道德,是至高无上了!人们缺少这种道德已经很久了。"●至:极高,到顶。鲜(xiǎn):少。◎"中"是指不偏,无过无不及;"庸"是指平常、不变。又见《中庸》第三章:"子曰:'中庸其至矣乎!民鲜能久矣。'"

5·6·5 子曰:"天下国家可均也,爵禄可辞也,白刃可蹈也,中庸不可能也。"(《中庸》第九章)

【译注】孔子说:"天下国家可以公平治理,爵位俸禄可以毅然拒绝,闪光的刀刃可以勇敢踏上去——但秉持中庸之道比这要难啊。"●均:公平治理。蹈:踏。

5·6·6 仲尼曰:"君子中庸,小人反中庸。君子之中庸也,君子而时中;小人之反中庸也,小人而无忌惮也。"(《中庸》第二章)

【译注】孔子说:"君子秉持中庸之道,小人违背中庸之道。君子实行中庸,随时保持适中的状态;小人违背中庸,行事放纵,爱走极端。"●时中:随时保持中庸状态。

5·6·7 子曰:"素隐行怪,后世有述焉,吾弗为之矣。君子遵道而行,半涂而废,吾弗能已矣。君子依乎中庸,遁世不见知而不悔,唯圣者能之。"(《中庸》第一一章)

【译注】孔子说:"那些靠钻牛角尖及行为搞怪而哗众取宠的人,后人可能会记住他;但我却不这样做。有些君子遵循中庸之道行事,却半途而废,我则(勉力向前)不能停下。君子坚

持中庸之道，即便远离人世、不被人知，也不后悔。这一点只有圣人能做得到。"●素隐行怪：素隐即索隐，求索隐秘不明之事；行怪就是行为古怪。涂：同"途"。已：停止。遁：隐，避。见知：被人了解，出名。

5·6·8 子曰："回之为人也，择乎中庸。得一善，则拳拳服膺而弗失之矣。"（《中庸》第八章）

【译注】孔子说："颜回的为人处世，选择了中庸之道。得到一种好的道理，就心悦诚服、牢记在心，再也不让它失掉。"●拳拳：诚恳眷爱之貌。服膺（yīng）：心悦诚服。

5·6·9 子贡问："师与商也孰贤？"子曰："师也过，商也不及。"曰："然则师愈与？"子曰："过犹不及。"（《论语·先进》一六）

【译注】子贡问孔子："颛孙师（子张）和卜商（子夏）谁更好一些？"孔子说："颛孙师过分，卜商达不到。"子贡问："那么颛孙师更强些吗？"孔子说："过分和达不到是一样的（，都不好）。"

5·6·10 尧曰："咨！尔舜！天之历数在尔躬，允执其中。四海困穷，天禄永终。"——舜亦以命禹。（《论语·尧曰》一）

【译注】尧让位给舜时，对他说："啧啧！你这位舜！上天的景命已经落在你的身上，你要不偏不倚地执守着中庸之道。假如你的百姓陷入穷困，上天赐予的禄位也就永远终止了。"——舜传位给禹时，也说了这番话。●咨：啧啧称赏之词。尔：你。天之历数：天命。允：平允。中：中庸。天禄：上天赋予

的禄位。◎这是尧传位给舜时说的话。

5·6·11 子曰:"舜其大知也与!舜好问而好察迩言,隐恶而扬善,执其两端,用其中于民,其斯以为舜乎!"(《中庸》第六章)

【译注】孔子说:"舜是大智之人吧。他喜欢问东问西,连浅近的意见也爱听;把别人的过错隐而不宣,把别人的优点大力宣扬;掌握正反两方面的意见,取其适中的用于百姓。这就是舜伟大的原因啊。"●迩言:浅近之言。隐恶而扬善:掩盖别人的过恶,宣扬别人的优长。

5·6·12 孟子曰:"仲尼不为已甚者。"(《孟子·离娄下》一〇)

【译注】孟子说:"孔夫子是做事从不过火的人。"●甚:过头,过火。

5·6·13 子曰:"不得中行而与之,必也狂狷乎!狂者进取,狷者有所不为也。"(《论语·子路》二一)

【译注】孔子说:"不能与合乎中庸之道的人做朋友,那一定要与狂傲者和狷介者为友。狂傲者有进取之心,狷介者有所不为(不肯同流合污)。"●中行:合乎中庸之道。与:交往,友好。狂:狂傲。狷:耿直,固执,洁身自好。◎又《孟子·离娄下》八:"孟子曰:'人有不为也,而后可以有为。'"可参看。

5·6·14 万章问曰:"孔子在陈曰:'盍归乎来!吾党之小子狂简,进取,不忘其初。'孔子在陈,何思鲁之狂士?"孟子曰:"孔子'不得中道而与之,必也狂狷乎！狂者进取，狷者有所不为也'。孔子岂不欲中道哉？不可必得，故思其次也。""敢问何如斯可谓狂矣？"曰："如琴张、曾晳、牧皮者，孔子之所谓狂矣。""何以谓之狂也？"曰："其志嘐嘐然，曰：'古之人，古之人。'夷考其行，而不掩焉者也。狂者又不可得，欲得不屑不絜之士而与之，是狷也，是又其次也。孔子曰：'过我门而不入我室，我不憾焉者，其惟乡原乎！乡原，德之贼也。'"（《孟子·尽心下》三七）

【译注】万章问："孔子在陈国，说：'何不回去！我的那地方的学生志大而狂放，进取而不忘本。'孔子在陈国，为什么思念鲁国的狂放之士？"孟子说："孔子说过'不能与合乎中庸之道的人做朋友，那一定要与狂傲者和狷介者为友。狂傲者有进取之心，狷介者有所不为'。孔子难道不想结交合乎中庸之道的人吗？因为不能肯定得到，所以退而求其次。"万章问："请问什么样的人可以称为狂人？"孟子说："像琴张、曾晳、牧皮这些人，都是孔子所说的狂放者。"万章问："为什么说他们是狂放的人呢？"孟子说："他们志大言夸，张口就是'古人，古人'，然而考察他们的行为，却跟言语有所不合。狂放的人如果得不到，便要同不屑于做坏事的人交朋友，这便是狷介之士，这是更次一等的选择。孔子说过：'从我门前过却不进屋子，而我不感到遗憾的，大概只有乡原（乡愿，也就是伪君子）吧。乡原是道德的戕害者。'" ●盍（hé）：何不。狂简：志大才疏，狂放不羁。曾晳：曾参的父亲，也是孔门弟子。琴张、牧皮不可考。嘐（xiāo）嘐然：志大言夸之貌。掩：重叠，合。不絜（jié）：不洁，污秽。◎此段可与3·15·19参看。

5·7 至诚无息，载物配天

《大学》《中庸》都谈到"诚"。"诚"即诚恳、真诚，是人的一种无妄、本真的状态。儒家认为"诚"是上天赋予的品质，修身的目的就是要达到"至诚"的境界；这又是齐家、治国的基础与前提。由"至诚"出发，可达"悠远""博厚""高明"之境；与天地相配，与宇宙同在。我们常说的"厚德载物"即根植于此。

"诚"的概念不见于孔子的论述。《论语》中"诚"字仅出现两次，均做副词用。至《大学》，则把"诚意、正心"放到道德修习的重要位置。《大学》相传为曾参所撰，则"诚"之观念的提出，或当始于曾子。《中庸》的作者子思是曾子的弟子，文中讨论"诚"的内容颇多。孟子则是子思的再传弟子，《孟子》中"诚"字出现二十余次，其中九次用如诚恳、真诚。如《孟子·离娄上》一二所言"诚身有道：不明乎善，不诚其身矣"（3·2·11），几乎完全照抄《中庸》第二〇章，其间的承袭之迹，崭然可见。（当然，也有一种《大学》《中庸》后起的判断，则情况正相反。）

本节内容可与3·2"反求诸己，君子慎独"、5·5"大学之道，修齐治平"、5·6"中庸之道，过犹不及"诸节参看。

5·7·1 诚者，天之道也；诚之者，人之道也。诚者，不勉而中，不思而得，从容中道，圣人也。诚之者，择善而固执之者也。（《中庸》第二〇章）

【译注】真诚是上天赋予的品行；努力做到诚，是做人应走的正道。天生真诚的人，不用努力就能合于中庸，不用思虑就能达到中庸，很从容地行于中庸之道，这样的人是圣人。而努力做到真诚的，就要选择至善之道，坚守不移（，这样的人是普通人）。●诚：真实无妄。诚之：通过修炼达到真实无妄。勉：努力。固执：坚守。

5·7·2 诚者自成也，而道自道也。诚者物之终始，不诚无物。是故君子诚之为贵。(《中庸》第二五章)

【译注】诚，是自己成就自己，道，是自己引导自己。诚是万物的起始和归宿，没有诚也就没有万物。因此君子以诚为贵。●自道：自己引导自己。

5·7·3 自诚明，谓之性；自明诚，谓之教。诚则明矣，明则诚矣。(《中庸》第二一章)

【译注】由真诚而明白道理，这是天性使然；由明白道理而寻获真诚，这是后天教育的结果。有了真诚自然明白道理，明白道理也就获得了真诚。●自：从，由。明：明理，或可理解为明了（liǎo）。

5·7·4 唯天下之至诚，为能尽其性；能尽其性，则能尽人之性；能尽人之性，则能尽物之性；能尽物之性，则可以赞天地之化育；可以赞天地之化育，则可以与天地参矣。(《中庸》第二二章)

【译注】只有天下至诚之圣人，才能尽情发挥其天赋善性；能尽情发挥其天赋善性，才能表率天下人尽情发挥善性；能表率天下人尽情发挥善性，才能充分了解、发挥天下万物之性；充分了解、发挥天下万物之性，就可以赞助天地化育万物生灵；可以赞助天地化育万物生灵，也就可以跟天地并立为三了。●尽：尽情发挥。赞：襄赞，帮助。化育：感化，养育。与天地参：朱熹解为"谓与天地并立为三也"。

5·7·5 其次致曲，曲能有诚，诚则形，形则著，著则明，

明则动，动则变，变则化，唯天下至诚为能化。(《中庸》第二三章)

【译注】(前面说到"唯天下之至诚，为能尽其性……可以与天地参矣")那么次一等的贤人呢？（虽然不能像圣人那样"尽其性，"）却也能致力于局部，在局部运用其真诚。有诚在内，必然表现于外，表现于外则能显著，显著就能发扬光大，发扬光大就能感动别人，感动别人就能引发变化，引发变化就能化育万物。只有天下最诚之人，才能达到化育万物的地步。●曲：偏，一部分。形：表现于外。著：显著。明：光明。动：感动。

5·7·6 《康诰》曰："如保赤子。"心诚求之，虽不中不远矣。未有学养子而后嫁者也！(《大学》第一〇章)

【译注】参见5·5·3。

5·7·7 至诚之道，可以前知。国家将兴，必有祯祥；国家将亡，必有妖孽。见乎蓍龟，动乎四体。祸福将至：善，必先知之；不善，必先知之。故至诚如神。(《中庸》第二四章)

【译注】诚到了极点，则可以预知未来。国家将要兴盛，定有祥瑞出现；国家将要灭亡，定有不祥之兆。这一切都会显现在蓍草龟甲上，表现在人的行为仪态中。祸福将要来临，是福，一定能预知；是祸，也一定能预知。因此说，最高的真诚可以通神。●前知：预知未来。祯祥：祥瑞。蓍（shī）龟：古人占卜用的蓍草和龟甲。四体：身体的行为仪态。

5·7·8 诚者,非自成己而已也,所以成物也。成己,仁也;成物,知也。(《中庸》第二五章)

【译注】诚,不光是成就自己就罢了,还要完善外物。成就自己,是发挥仁;完善外物,是发挥智。●知:同"智"。

5·7·9 故至诚无息,不息则久,久则征,征则悠远,悠远则博厚,博厚则高明。博厚,所以载物也;高明,所以覆物也;悠久,所以成物也。博厚配地,高明配天,悠久无疆。如此者,不见而章,不动而变,无为而成。(《中庸》第二六章)

【译注】所以说,最纯粹的诚是没有停歇的,不停歇则能持久,持久则能显征象于外,显征象于外则能悠长邈远,悠长邈远则能博大深厚,博大深厚则能高大光明。博大深厚即可承载万物,高大光明即可笼罩万物,悠久邈远即可成就万物。博大深厚与大地相匹配,高大光明与高天相匹配,悠久邈远则如时光一样无穷无尽。这样一来,不明显的也能昭著;不动的也能化育,无所作为也能最终成就。●息:停歇。征:征象。载:承载。覆:覆盖,笼罩。见:同"现",显著。章:彰明。变:化育。◎《易经·坤卦》:"《象》曰:地势坤,君子以厚德载物。"可参看。

5·7·10 在下位不获乎上,民不可得而治矣;获乎上有道:不信乎朋友,不获乎上矣;信乎朋友有道:不顺乎亲,不信乎朋友矣;顺乎亲有道:反诸身不诚,不顺乎亲矣;诚身有道:不明乎善,不诚乎身矣。(《中庸》第二〇章)

【译注】在下位者，如果不能获得上级的信任，就不能很好地治理百姓。获得上级信任是有方法的，（先要得到朋友的信任，）得不到朋友的信任，也就得不到上级的信任。得到朋友的信任也是有方法的，（先要孝顺双亲，）不孝顺双亲，也就不能得到朋友的信任。孝顺双亲也是有方法的，（先要反躬自问，是否做到真诚，）若反省自己不能做到真诚，也就不能孝顺双亲。让自身真诚也是有方法的，（先要明白什么是善，）不明白什么是善，也就不能让自身真诚。●获乎上：获得上级认可、信任。有道：有办法，有途径。反诸身：反躬自问，反躬自省。◎可与《孟子·尽心上》四"万物皆备于我矣，反身而诚"（1·3·21）参看。

5·7·11 孟子曰："居下位而不获于上，民不可得而治也。获于上有道：不信于友，弗获于上矣；信于友有道：事亲弗悦，弗信于友矣；悦亲有道：反身不诚，不悦于亲矣；诚身有道：不明乎善，不诚其身矣。是故诚者，天之道也；思诚者，人之道也。至诚而不动者，未之有也；不诚，未有能动者也。"（《孟子·离娄上》一二）

【译注】参见3·2·11。◎此则论述，也可见《孟子》与《中庸》的联系。

5·8 鬼神天命，疑信之间

先秦社会普遍存在着鬼神迷信。孔子的态度则是"不语怪、力、乱、神"（5·8·1），秉持着"敬鬼神而远之"（1·9·6）的态度。孔孟也谈"天"说"命"，但往往借此寄寓自己的道德诉求及政治理想。——相关论述尚有"死生有命，富贵在天"（2·4·6）、"质诸鬼神而无疑"（3·1·26）、"天之未丧斯文也"（3·5·6）、"天生德于予，桓魋其如予何"（3·5·7）、"子罕言利与命与仁"（3·13·1）、"不知命，无以为君子也"（5·1·11）、"天之历数在尔躬"（5·6·10）等。

5·8·1　子不语怪、力、乱、神。（《论语·述而》二一）

【译注】孔子几乎不谈关于怪异、勇力、悖乱及鬼神之事。●乱：悖乱，不合礼法。

5·8·2　季路问事鬼神。子曰："未能事人，焉能事鬼？"曰："敢问死。"曰："未知生，焉知死？"（《论语·先进》一二）

【译注】子路问孔子如何对待鬼神。孔子说："活着的人还不懂得如何服侍，又怎么能服侍死人？"子路又说："请问死是怎么回事？"孔子说："连生的道理还没搞明白，又怎么懂得死呢？"●事：服侍，对待。

5·8·3　祭如在，祭神如神在。子曰："吾不与祭，如不祭。"（《论语·八佾》一二）

【译注】孔子祭祀祖先时，就好像祖先在那里；祭神时，就好像神在那里。孔子说："我如不能亲自参加祭祀，就像不曾祭祀一样。"●与：参与。◎孔子的话还有一种理解："吾不与，祭如不祭。"意为"我不同意的祭礼，祭如不祭一样"。与：赞同。

5·8·4　子曰："鬼神之为德，其盛矣乎！视之而弗见，听之而弗闻，体物而不可遗。使天下之人齐明盛服，以承祭祀。洋洋乎！如在其上，如在其左右。《诗》曰：'神之格思，不可度思，矧可射思！'夫微之显，诚之不可掩如此夫。"（《中庸》第一六章）

【译注】孔子说："鬼神的功德太盛大了。虽然看不到，听不到，但却体现在万物之中，无所不在。假如天下人能斋戒诚心、衣冠齐整地祭祀，就能感受到鬼神的存在：流动而充溢，如在头上，如在身边。《诗经·大雅·抑》说：'神的降临，不可测度，人们怎能怠慢不敬！'鬼神幽隐而又显著。——真诚无妄之心也像这样，不可遮掩！"●齐：通"斋"。洋洋：流动充斥貌。格：至，来。思：语助词。矧（shěn）：况且。射（yì）：厌倦。◎此则可以同上一则合看。

5·8·5 子疾病，子路请祷。子曰："有诸？"子路对曰："有之。诔曰：'祷尔于上下神祇。'"子曰："丘之祷久矣。"（《论语·述而》三五）

【译注】孔子病得很厉害，子路请求为他祈祷。孔子说："有这回事吗？"子路回答："有这事。《诔文》说：'替你向天神地祇祈祷。'"孔子说："（原来说的是这个，）我早就祈祷过了。"●诔（lěi）：祈祷文。祇（qí）：地神。

5·8·6 王孙贾问曰："与其媚于奥，宁媚于灶，何谓也？"子曰："不然。获罪于天，无所祷也。"（《论语·八佾》一三）

【译注】王孙贾问孔子："与其巴结屋子西南角的神，不如巴结灶王爷，这话是什么意思？"孔子说："不对。如果得罪了上天，向谁祈祷都没用。"●王孙贾：卫国的大臣。媚：献媚，巴

结。奥：屋子的西南角。

5·8·7 子贡曰："夫子之文章，可得而闻也；夫子之言性与天道，不可得而闻也。"（《论语·公冶长》一三）

【译注】子贡说："老师关于文献方面的学问，我们都听到了；老师谈论天性和天道的话，我们没听过。"●文章：文献。

5·8·8 故君子不可以不修身，思修身不可以不事亲，思事亲不可以不知人，思知人不可以不知天。（《中庸》第二〇章）

【译注】因而君子不可以不修身。要修身就不能不侍奉双亲，要侍奉双亲就不能不了解人性，要了解人性，就不能不懂天道。

5·8·9 孟子曰："天下有道，小德役大德，小贤役大贤；天下无道，小役大，弱役强。斯二者，天也。顺天者存，逆天者亡。"（《孟子·离娄上》七）

【译注】孟子说："政治清明时，（以德服人，）道德不高的被德高望重的役使，不够贤能的被贤能的役使。政治黑暗时，（以力取胜，）力气小的被力气大的役使，弱的被强的役使。这两种情形，都是由老天决定的。顺从老天的就生存，违逆老天的就败亡。"●役：役于，被人役使。

5·8·10 （孟子曰：）"舜相尧二十有八载，非人之所能为也，天也。尧崩，三年之丧毕，舜避尧之子于南河之南，天下诸侯朝觐者，不之尧之子而之舜；讼狱者，不之尧之子而之舜；讴歌者，不讴歌尧之子而讴歌舜,故曰,天也。夫然后之中国,践天子位焉。而居尧之宫,逼尧之子,是篡也,非天与也。《泰誓》曰:'天视自我民视,天听自我民听',此之谓也。"(《孟子·万章上》五)

【译注】(孟子说:)"舜辅助尧二十八年,这不是一般人所能做到的,这是天意。尧死了,三年丧期终结,舜跑到南河之南去躲避尧的儿子(,好让尧的儿子继承天子之位)。结果,天下诸侯朝见时,不到尧的儿子那里,反而都到舜这儿来。有打官司的,不到尧的儿子那里,反而都到舜这儿来。唱赞歌的,不去歌颂尧的儿子,反而来歌颂舜。所以说,这都是天意。舜这才回到国都,坐上天子的座位。如果舜一开始就占据尧的宫室,逼迫尧的儿子,那就是篡夺,不是老天授予了。《尚书·泰誓》有言:'老天是通过百姓的眼睛来看,通过百姓的耳朵来听。'说的就是这种情况。●相:辅助。南河:今河南之漯河。朝觐(jìn):朝见(天子)。之("不之尧之子而之舜"的前后两个"之","夫然后之中国"的"之"):前往。讼狱:打官司。◎此则道出孟子的重要观点:所谓"天意",应是民心的反映。

5·8·11 公伯寮愬子路于季孙。子服景伯以告,曰:"夫子固有惑志于公伯寮,吾力犹能肆诸市朝。"子曰:"道之将行也与,命也;道之将废也与,命也。公伯寮其如命何!"(《论语·宪问》三六)

【译注】公伯寮向鲁国权臣季孙诬告子路。鲁大夫子服景伯把情况告诉了孔子,并说:"季孙已经被公伯寮所迷惑,然而我还有力量能把公伯寮杀掉,让他横尸街头。"孔子说:"我的主张能实行嘛,要看天命;我的主张不能实行嘛,也要看天命。

公伯寮岂能左右天命!"●愬（sù）：同"诉"。夫子：这里指季孙。惑志：迷惑。肆：陈尸示众。市朝：市集和朝廷，古代陈尸示众，大夫在朝廷，士在市集。

5·8·12 孟子曰："尽其心者，知其性也。知其性，则知天矣。存其心，养其性，所以事天也。殀寿不贰，修身以俟之，所以立命也。"（《孟子·尽心上》一）

【译注】孟子说："把善良之心扩展到极致，也便懂得了人的本性。懂得人的本性，也就懂得了天命。保持人的本心，培养人的本性，这就是对待天命的方法。无论命短还是寿长，都坚持不变，修养身心以迎接天命，这就是安身立命的态度方法。"●殀（yāo）：短命。不贰：不变。俟：等待。

5·8·13 孟子曰："尧舜，性者也；汤武，反之也。动容周旋中礼者，盛德之至也。哭死而哀，非为生者也。经德不回，非以干禄也。言语必信，非以正行也。君子行法，以俟命而已矣。"（《孟子·尽心下》三三）

【译注】孟子说："尧、舜的仁义是本性使然，商汤、周武的仁义是通过学习，回归本性。一切动作仪态、应对进退，无不合乎礼的，是道德的最高体现。为死者痛哭哀伤，不是为了给活人看的。依德而行、不违礼，不是为了求取俸禄。说话一定诚信，不是为着显示自己行为端正。君子依礼法而行，一切等待命运安排（，不必分神顾及其他）。"●反之：回归本性。动容周旋：一切仪态及行为。干禄：求取俸禄。行法：按礼法行事。

5·8·14 孟子曰："莫非命也，顺受其正。是故知命者不立

乎岩墙之下。尽其道而死者，正命也；桎梏死者，非正命也。"（《孟子·尽心上》二）

【译注】孟子说："天下事没有不是命运安排的，顺理而行，正常接受就是了。所以懂得天命的人不站在危墙之下（，以避免不正常死亡）。为坚持真理而死，便是接受正命（死得其所）；犯罪受刑罚而死，就是死于非命。" ●岩墙：将倒之墙。桎梏（zhìgù）：枷锁，刑具。

5·9 人皆尧舜，圣人在前

儒家在理论阐述中，远崇尧、舜、禹、汤、文、武、周公，近推孔子，其间不免有张扬夸饰的成分；不过许多赞誉之辞已成典故，故也选了一些。其中孟子"人皆可以为尧舜"的论断，对理解儒家述古崇圣的动机，有一定启发作用。

5·9·1 子曰："巍巍乎，舜、禹之有天下也，而不与焉！"
（《论语·泰伯》一八）

【译注】孔子说："真是崇高得很啊，舜和禹拥有天下，却不肯独享！" ●巍巍：崇高貌。与（yù）：参与，占有。

5·9·2 子曰："禹，吾无间然矣。菲饮食而致孝乎鬼神，恶衣服而致美乎黻冕，卑宫室而尽力乎沟洫。禹，吾无间然矣。"（《论语·泰伯》二一）

【译注】孔子说："对于禹，我没有意见。自己粗茶淡饭，却用丰隆的祭品祭祀鬼神以表孝心；自己衣衫粗恶，却把祭祀的衣冠制作得十分华美；自己住在低矮的屋子里，却尽心竭力修治

沟渠水利。对于禹，我没有意见。"●间：毁谤，非议。菲：菲薄，与后面的"恶""卑"都用作动词。黻（fú）冕：礼服礼帽。卑：低矮。沟洫（xù）：农田水利。

5·9·3 曹交问曰："人皆可以为尧舜，有诸？"孟子曰："然。""交闻文王十尺，汤九尺，今交九尺四寸以长，食粟而已，如何则可？"曰："奚有于是？亦为之而已矣。有人于此，力不能胜一匹雏，则为无力人矣；今曰举百钧，则为有力人矣。然则举乌获之任，是亦为乌获而已矣。夫人岂以不胜为患哉？弗为耳。徐行后长者谓之弟，疾行先长者谓之不弟。夫徐行者，岂人所不能哉？所不为也。尧舜之道，孝弟而已矣。子服尧之服，诵尧之言，行尧之行，是尧而已矣。子服桀之服，诵桀之言，行桀之行，是桀而已矣。"（《孟子·告子下》二）

【译注】曹交问孟子："人人都可以做尧舜，有这说法吗？"孟子说："有。"曹交说："我听说文王身高十尺，汤身高九尺。我呢，身高九尺四寸挂零，只会吃饭罢了，如何才能做尧舜呢？"孟子回答："这有啥关系？只要做就是了。这里有个人，力气不能提起一只小鸡，那肯定是个无力之人。又有人说能举三千斤，那肯定是大力士了。那么，能举起乌获所举的重量，也便是乌获了。人又怎么能以不能胜任担忧呢？只是你不做罢了。例如慢点走，不要抢到长者前面，这叫悌；走得快，抢在长者前面，这叫不悌。慢慢走路难道也有人做不到吗？只是不做而已。尧舜之道，核心不过是'孝悌'两字而已。你穿上尧的服装，口诵尧的言语，实行尧的行为，你便是尧了。反之，你穿着桀的衣服，口诵桀的言语，做着桀的举动，你便是

桀了。"●曹交：曹国国君的弟弟。一匹雏：一只小鸡。钧：一钧三十斤。乌获：秦国有名的大力士。徐行：慢走。弟：同"悌"，尊敬兄弟、长者。

5·9·4 储子曰："王使人瞯夫子，果有以异于人乎？"孟子曰："何以异于人哉？尧舜与人同耳。"（《孟子·离娄下》三二）

【译注】齐国公卿储子对孟子说："王派人来窥探先生，先生真有与众不同的地方吗？"孟子说："有什么与众不同的地方呢？连尧舜也跟一般人相同啊。"●瞯(jiàn)：窥探。夫子：这里指孟子。

5·9·5 孟子曰："圣人，百世之师也，伯夷、柳下惠是也。故闻伯夷之风者，顽夫廉，懦夫有立志；闻柳下惠之风者，薄夫敦，鄙夫宽。奋乎百世之上，百世之下，闻者莫不兴起也。非圣人而能若是乎？而况于亲炙之者乎？"（《孟子·尽心下》一五）

【译注】孟子说："圣人是百代的导师，伯夷、柳下惠就是这样的人。因而听到伯夷风范的人，贪顽者也会变得廉洁，懦弱者也会独立不屈；听到柳下惠风范的人，刻薄的也会变得厚道，鄙吝的也会变得宽厚。圣人在百代之前奋发，百代之后的听闻者没有不奋起的。不是圣人能如此吗？（百代之后尚且受感动，）何况当时亲受熏染的人呢？"●顽夫：冥顽者。薄夫：刻薄者。鄙夫：胸襟狭窄者。亲炙(zhì)：亲身受熏陶。

5·9·6 孟子曰："舜生于诸冯，迁于负夏，卒于鸣条，东夷之人也。文王生于岐周卒于毕郢，西夷之人也。

地之相去也，千有余里；世之相后也，千有余岁。得志行乎中国，若合符节，先圣后圣，其揆一也。"（《孟子·离娄下》一）

【译注】孟子说："舜出生在诸冯，迁居到负夏，死于鸣条，是东方人。文王生在岐周，死在毕郢，是西方人。两地相距一千多里，年代相距一千多年。然而他们的主张在华夏施行，所作所为像符节一样吻合。可见古代圣君和后代圣君所遵循的法度是一致的。"●诸冯：与下文的负夏、鸣条，都是古代地名，在今山东境内。岐周：今陕西岐县东北之岐山。毕郢（yǐng）：在今陕西咸阳东。得志：主张得以施行。符节：古代朝廷用作凭证的信物。揆（kuí）：法度、准则。

5·9·7 孟子曰："禹恶旨酒而好善言。汤执中，立贤无方。文王视民如伤，望道而未之见。武王不泄迩，不忘远。周公思兼三王，以施四事；其有不合者，仰而思之，夜以继日；幸而得之，坐以待旦。"（《孟子·离娄下》二〇）

【译注】孟子说："禹厌恶美酒而喜欢有意义的话。汤坚守中正之道，打破常规提拔贤者。文王对待百姓如同怜悯伤者，追寻真理不停步，总像尚未见到目标一样。武王不轻侮身边的近臣，不忘记远方的贤人。周公则兼学夏、商、周三代君王，以实现禹、汤、文、武的业绩。如有不合圣人之道的地方，便抬头考虑，夜以继日；一旦想通了，便坐待天亮，马上实行。"●旨酒：美酒。方：没有一定之规。泄：狎辱。四事：指禹、汤、文王、武王所行之政。

5·9·8 颜渊喟然叹曰："仰之弥高，钻之弥坚。瞻之在前，忽焉在后。夫子循循然善诱之，博我以文，约我以礼，欲罢不能。既竭吾才，如有所立卓尔。虽欲从之，末由也已。"（《论语·子罕》一一）

【译注】颜渊感叹说："孔先生之道，越仰望越觉得高不可攀，越钻研越觉得难以进入。看着好像在前面不远，忽然发现却在后面。先生善于一步步诱导，以文献来扩展我们的知识，以礼来约束我们的行为，让我们想停都停不下来。让我们已经发挥出全部才能，似乎卓然有所成就，但要想继续追随，却又无从入手了。"●弥：更加，越发。坚：难以进入。循循然：有次序地。诱：诱导。博：与下面的"约"都用作动词。竭：尽。卓尔：高大超群貌。末：无。由：途径，办法。

5·9·9　叔孙武叔语大夫于朝，曰："子贡贤于仲尼。"子服景伯以告子贡。子贡曰："譬之宫墙，赐之墙也及肩，窥见室家之好。夫子之墙数仞，不得其门而入，不见宗庙之美，百官之富。得其门者或寡矣。夫子之云，不亦宜乎！"（《论语·子张》二三）

【译注】鲁大夫叔孙武叔在朝堂上对大夫们说："子贡比他老师孔子还强些。"子服景伯把这话告诉子贡。子贡说："拿宫室围墙来打比方：我端木赐的围墙刚够到肩膀，因此人们能见到里面房屋的美好。先生的围墙高好几丈，（人们看不见里面，）又找不到大门可以进去，因此也见不到里面宗庙的雄伟，屋宇的富丽。能找到大门的人或许不多吧，因而叔孙先生这样讲，也就不奇怪了。"●窥（kuī）：偷看。仞：古代长度单位，七尺或八尺。百官：各种屋宇，官的本义即房舍。夫子：这里指叔孙武叔。

5·9·10　叔孙武叔毁仲尼。子贡曰:"无以为也!仲尼不可毁也。他人之贤者,丘陵也,犹可逾也;仲尼,日月也,无得而逾焉。人虽欲自绝,其何伤于日月乎?多见其不知量也。"(《论语·子张》二四)

【译注】叔孙武叔毁谤孔子。子贡说:"不要这样!仲尼先生是不可诋毁的。别人的贤能,好比山丘,还是可以翻越的;仲尼先生是日月,是无人能超越的。有人即使要自绝于日月,那对日月又有什么损害呢?只让人见到他自不量力吧。"●毁:毁谤,诋毁。逾:超越。不知量:不自量力。

5·9·11　陈子禽谓子贡曰:"子为恭也,仲尼岂贤于子乎?"子贡曰:"君子一言以为知,一言以为不知,言不可不慎也。夫子之不可及也,犹天之不可阶而升也。夫子之得邦家者,所谓立之斯立,道之斯行,绥之斯来,动之斯和。其生也荣,其死也哀,如之何其可及也!"(《论语·子张》二五)

【译注】陈子禽(孔子的学生陈亢)对子贡说:"您是谦虚客气吧,孔仲尼难道比您还强吗?"子贡回答:"君子说话,一句可以显露他的聪明,一句又能显露出他的不智,所以说话不能不慎重啊。孔夫子是不可能赶得上的,就像天不能沿着阶梯爬上去一样。老人家如果得到权柄做了诸侯或公卿,正如所说的,扶助百姓百姓就能站稳,引导百姓百姓就会前行,安抚百姓百姓就会归附,动员百姓百姓就能齐心。他老人家活着时荣名无限,死了令人哀痛万分,我又怎么赶得上呢!"●阶而升:踏着阶梯上去。道:同"导"。绥:安抚。动:动员,劝说。及:赶上。

5·9·12 孟子曰:"伯夷,圣之清者也;伊尹,圣之任者也;柳下惠,圣之和者也;孔子,圣之时者也。孔子之谓集大成。集大成也者,金声而玉振之也。金声也者,始条理也。玉振之也者,终条理也。始条理者,智之事也;终条理者,圣之事也。智,譬则巧也;圣,譬则力也。由射于百步之外也,其至,尔力也;其中,非尔力也。"(《孟子·万章下》一)

【译注】孟子说:"伯夷,是圣人中清高的;伊尹,是圣人中最负责任的;柳下惠,是圣人中最随和的;孔子,是圣人中最合时宜。孔子可以称之为集大成者吧。集大成就如同音乐先敲金钟以开篇又击玉磬以收尾一样。敲金钟以开篇,表示以条理始,击玉磬以收尾,表示以条理终。以条理始,是智的表现;以条理终,是超凡入圣。智好比技巧,圣好比力量。如同在百步之外射箭,能射到,是力量决定的;射得准,则不是靠力量(,要靠技巧)。" ●圣之时者:圣人中最合时宜的。集大成:指集中某方面的优秀成果,达到最高水平。金声玉振:乐章开始时,敲击单独悬挂的青铜镈钟,乐章结束时,敲击单独悬挂的玉制特磬收尾;振,收尾。由:犹。中(zhòng):射得准。

5·9·13 仲尼祖述尧舜,宪章文武;上律天时,下袭水土。辟如天地之无不持载,无不覆帱;辟如四时之错行,如日月之代明。万物并育而不相害,道并行而不相悖。小德川流,大德敦化。此天地之所以为大也。(《中庸》第三〇章)

【译注】孔夫子远继尧舜之道,近守文王、武王之法,上遵天时,下符地理。如同天地那样无所不载,无所不覆。又如四季

交错运行，日月轮替照明。万物一同生长互不妨害，道路并行而不背离。小德川流不息，大德化育万物。这也是天地之所以伟大的原因（，圣人之德即与此同）。●祖述：继承、效法前人言行。宪章：继承，以前人言行为规范。律、袭：都有符合意。覆帱（dào）：覆盖。错行：交错运行。代：相互更代，轮流。相悖（bèi）：相背离。敦化：使万物敦厚化育。

5·9·14 孟子曰："形色，天性也；惟圣人然后可以践形。"
（《孟子·尽心上》三八）

【译注】孟子说："一个人的体态容貌是天生的，（但外表的美质也要靠内在的修养来支撑，）只有圣人才能尽显其天然美质。"●形色：人的体态容貌。践形：尽显形色美质。

6 治　国

《中庸》指出"凡为天下国家有九经",从修身、尊贤、亲亲,说到对待臣民、百工、诸侯的态度,描绘了儒家的治国蓝图。本章《治国》辑录了"四书"中关于为政治国的论述,共分八节。第一节为总论;以下诸节分别从以身作则、选贤举能、恪尽职守、以民为本、推行仁政、反对战争、加惠于民等方面对统治者提出要求和劝诫。

6·1　为政尚德,九经安民

本节相关论述尚有"其养民也惠,其使民也义"(1·5·19)、"道之以德,齐之以礼,有耻且格"(1·11·11)、"民无信不立"(1·12·8)、"王天下有三重焉"(1·12·10)、"为君难,为臣不易"(2·1·18)、"子奚不为政"(2·2·4)、"尊五美,屏四恶,斯可以从政矣"(3·1·23、3·15·5)、"能以礼让为国乎"(3·8·6)、"是故君子笃恭而天下平"(3·8·8)、"必也正名乎"(3·9·11)、"设为庠序学校以教之"(4·5·10)、"片言可以折狱者,其由也与"(4·6·12)、"行夏之时"(5·3·2)等。

6·1·1　凡为天下国家有九经,曰:修身也,尊贤也,亲亲也,敬大臣也,体群臣也,子庶民也,来百工也,

柔远人也，怀诸侯也。(《中庸》第二〇章)

【译注】凡治理天下国家有九条原则，即修治自身，尊重贤者，笃爱亲人，敬重大臣，体恤群臣，爱民如子，招徕工匠，优待远客，安抚诸侯。●体：体恤。子庶民：爱民如子。来：招徕。柔：怀柔，施恩惠以安抚；与下面的"怀"大致相同。

6·1·2 修身则道立，尊贤则不惑，亲亲则诸父昆弟不怨，敬大臣则不眩，体群臣则士之报礼重，子庶民则百姓劝，来百工则财用足，柔远人则四方归之，怀诸侯则天下畏之。(《中庸》第二〇章)

【译注】修治自身，则首先确立正道；尊重贤者，则不至为小人迷惑；笃爱亲人，就不会招致叔伯兄弟的怨恨；敬重大臣，则不会遇事疑惑；体恤群臣，则会收到士的加倍回报；爱民如子，则百姓会努力工作；招徕工匠，则财用就能充足；优待远客，则四方之人都会归附；安抚诸侯，则天下人都会敬畏宾服。●昆弟：叔伯兄弟。眩：迷惑。劝：勤勉，努力。◎此则是对"九经"功效的分析。

6·1·3 齐明盛服，非礼不动，所以修身也；去谗远色，贱货而贵德，所以劝贤也；尊其位，重其禄，同其好恶，所以劝亲亲也；官盛任使，所以劝大臣也；忠信重禄，所以劝士也；时使薄敛，所以劝百姓也；日省月试，既廪称事，所以劝百工也；送往迎来，嘉善而矜不能，所以柔远人也；继绝世，举废国，治乱持危，朝聘以时，厚往而薄来，所以怀诸侯也。凡为天下国家有九经，所以行之者一也。(《中庸》第二〇章)

【译注】斋戒沐浴，端正衣冠，不符合礼仪的事不做，这是修身的原则。赶走进谗小人，远离女色诱惑，看轻财货，推崇道德，这是劝勉贤人的原则。提高亲族的爵位，增加他们的俸禄，与他们爱恨一致，这是亲爱亲族的原则。多设属吏，足供驱使，这是劝勉大臣的原则。竭诚信实地任用，给以丰厚俸禄，这是奖劝士人的原则。役使不误农时，税赋尽量削减，这是勉励百姓的原则。每日省察，按月考核，按劳付酬，这是奖劝工匠的原则。送往迎来，嘉奖善行而救济弱者，这是优待远客的原则。延续要断绝的贵族世系，复兴被废的小国，治理祸乱，济危扶困，按时接受诸侯朝聘，纳贡菲薄而还礼丰厚，这是安抚诸侯的原则。凡治理天下国家有九条原则，用以实行的原则只有一条（，就是以"诚"相待）。●去谗：赶走进谗小人。劝贤：劝勉、鼓励贤人。官盛任使：多设属吏供其使用。时使：按农时役使。薄敛（liǎn）：减轻赋敛。既廪称事：按劳付酬；"既廪"即"饩（xì）廪"，指俸禄；称事，符合劳动付出。嘉善：奖励善行。矜：怜悯、救济。继绝世：延续断绝的贵族世系。举废国：复兴被废的国家。持：扶持。朝聘：诸侯定期朝见天子。厚往而薄来：指对诸侯赏赐丰厚而诛求不多。◎此则阐述"九经"的具体施为原则。结尾所谓"凡为天下国家有九经，所以行之者一也"，朱熹的解释是："一者，诚也；一有不诚，则是九者皆为虚文矣。"

6·1·4 谨权量，审法度，修废官，四方之政行焉。兴灭国，继绝世，举逸民，天下之民归心焉。(《论语·尧曰》一)

【译注】检验、审定度量衡，修复已经废弃的职能部门，全国的政令就会通畅。复兴被灭亡的诸侯国，接续将要断绝的贵族世系，选拔遗落的人才，天下百姓就会心悦诚服。●"权

量""法度":指重量(权)、容积(量)和长度(法度)等度量衡标准。逸民:遗落的人才。

6·1·5 凡事豫则立,不豫则废。言前定则不跲,事前定则不困,行前定则不疚,道前定则不穷。(《中庸》第二〇章)

【译注】任何事情预先有准备就能成功,没准备就会失败。说话有稿子,就不会发言不畅;做事有计划,就不会困顿;行动有准则,失败了也不会后悔;道路事先看清,就不会走不通。●豫:预先准备。跲(jiá):窒碍。疚:愧疚,后悔。

6·1·6 子曰:"为政以德,譬如北辰,居其所而众星共之。"(《论语·为政》一)

【译注】孔子说:"治理国政凭借道德,就像北极星一样,安定地处在它的位置上,所有的星辰都环绕着它。"●北辰:北极星。共:拱卫,环绕。

6·1·7 子曰:"无为而治者其舜也与?夫何为哉?恭己正南面而已矣。"(《论语·卫灵公》五)

【译注】孔子说:"能做到无为而治的,大概只有舜吧?他做了什么呢?不过是庄重端正地面朝南坐在明堂上罢了(,一切顺其自然,不加人为干涉)。"●正南面:面南而坐。

6·1·8 《诗》曰:"奏假无言,时靡有争。"是故君子不赏而民劝,不怒而民威于铁钺。(《中庸》第三三章)

【译注】《诗经·商颂·烈祖》说:"祭祀时默默祈祷,此刻不

奏乐。"因而君子不用赏赐，百姓就勤勉努力；不用发怒，百姓就会敬畏，胜过斧钺刑罚的威慑。●奏假：祷告。靡：无。争：同"铮"，音乐之声。铁（fū）钺：斧钺，刑具。

6·1·9 子曰："听讼，吾犹人也，必也使无讼乎！"《论语·颜渊》一三）

【译注】孔子说："审理诉讼，我也跟别人差不多。一定要让诉讼官司不发生才好。"◎《大学》第五章也引用了这句话，并增加了"无情者不得尽其辞，大畏民志，此谓知本"等语，参见6·5·2。

6·1·10 孟氏使阳肤为士师，问于曾子。曾子曰："上失其道，民散久矣。如得其情，则哀矜而勿喜！"《论语·子张》一九）

【译注】孟氏任命曾子的学生阳肤做刑狱官，阳肤向曾子求教。曾子说："在上者不按规矩做事，民心早就散了。你在办案时如果能审得实情，应该抱着怜悯同情的态度，不要自鸣得意！"●孟氏：孟孙氏，鲁国有权势的大夫。哀矜：怜悯同情。

6·1·11 鲁人为长府。闵子骞曰："仍旧贯，如之何？何必改作？"子曰："夫人不言，言必有中。"《论语·先进》一四）

【译注】鲁国改建长府，孔子的学生闵子骞说："照老样子，怎么样？何必改建？"孔子说："这个人平常不多说话，一开口就能说到点子上。"●长府：金库。中：中肯，正中要害。

6·1·12　子路问政。子曰:"先之劳之。"请益。曰:"无倦。"(《论语·子路》一)

【译注】子路向孔子请教施政之事,孔子说:"自己先带头,然后再役使他们。"子路请求多讲一点,孔子说:"不要倦怠。"●益:增加。

6·1·13　子曰:"民可使由之,不可使知之。"(《论语·泰伯》九)

【译注】孔子说:"老百姓可以让他们沿着道路走,不必让他们了解为什么。"◎此段可参考《史记·商君列传》"民不可与虑始,而可与乐成"。也有人这样断句:"民可使,由之;不可使,知之。"(百姓听指挥,就由着他们干;不听指挥,就教导他们。)这不一定是孔子本意。

6·1·14　(孟子曰:)"当尧之时,天下犹未平,洪水横流,泛滥于天下,草木畅茂,禽兽繁殖,五谷不登,禽兽偪人,兽蹄鸟迹之道交于中国。尧独忧之,举舜而敷治焉。舜使益掌火,益烈山泽而焚之,禽兽逃匿。禹疏九河,瀹济漯而注诸海,决汝汉,排淮泗而注之江,然后中国可得而食也。当是时也,禹八年于外,三过其门而不入,虽欲耕,得乎?后稷教民稼穑,树艺五谷;五谷熟而民人育。人之有道也。饱食、暖衣、逸居而无教,则近于禽兽。圣人有忧之,使契为司徒,教以人伦,父子有亲,君臣有义,夫妇有别,长幼有叙,朋友有信。放勋曰:'劳之来之,匡之直之,辅之翼之,使自得之,又从而振德之。'"(《孟子·滕文公上》四)

【译注】(孟子说:)"尧的时代,天下还没平定。洪水横流,到

处泛滥。野草树木茂盛，鸟兽大批繁殖，五谷却难有收成。鸟兽占据人类的活动空间，到处都是它们的踪迹。尧独自为此忧虑，提拔舜来治理。舜让益掌管火，益用火焚烧山野沼泽，鸟兽于是逃跑躲藏。禹疏通了九条大河，引导济水漯水注入大海，挖掘汝水汉水，将淮水泗水排入长江。然后中原大地才能种庄稼、养活百姓。在那个时候，禹在外奔走八年，三次经过家门都来不及进去看看。——他倒是想自耕自食，可能吗？后稷（也有很多工作，）要教百姓种庄稼，栽五谷。五谷成熟，百姓得以养育。人有为人之道，吃饱了，穿暖了，住舒服了，却不受教育，也跟鸟兽差不多。圣人为此忧虑，于是派契做司徒，教百姓正确处理人伦关系，于是父子相亲，君臣守义，夫妻分内外，长幼有次序，朋友重诚信。尧说：'勉励他们，纠正他们，帮助他们，让他们自己有所得，再提升、教育他们。'"●偪：同"逼"。敷治：遍治。益：舜时大臣。瀹（yuè）：疏通。济、漯（Tà）、汝、汉、淮、泗、江：皆水名。后稷：名弃，周始祖，尧时为农师。树艺：种植。契（Xiè）：殷人的始祖。司徒：教育之官。叙：同"序"。放勋：即尧。劳、来：有勉励督促意。匡：纠正。辅、翼：帮助、护翼。振德：提振、教育；或以振为赈，即救济，德为加惠。

6·1·15 子禽问于子贡曰："夫子至于是邦也，必闻其政，求之与？抑与之与？"子贡曰："夫子温、良、恭、俭、让以得之。夫子之求之也，其诸异乎人之求之与？"（《论语·学而》一〇）

【译注】陈子禽问子贡："孔老师到哪个国家，就一定能了解那里的政治情况。是求问来的，还是别人主动告诉的？"子贡说："他老人家是凭着自己温和、良善、恭敬、俭朴、谦逊的

态度得来的。老人家求取信息的方法,跟别人获得信息的方法有所不同吧?"●温:温顺。良:良善。俭:俭朴。让:谦让。其诸:或者。

6·1·16　子张问明。子曰:"浸润之谮,肤受之愬,不行焉,可谓明也已矣。浸润之谮,肤受之愬,不行焉,可谓远也已矣。"(《论语·颜渊》六)

【译注】子张问孔子如何做到明察。孔子说:"无论是点滴渗入的谗言,还是直侵肌肤的诬告,在你这里都行不通,你就可以称得上明察了。点滴渗入的谗言和直侵肌肤的诬告在你这里行不通,(这不但是明察,)还可称得上高瞻远视呢。"●浸润:点滴渗入。谮(zèn):谗言。肤受:直侵肌肤般的。愬(sù):诽谤,诬告。

6·1·17　季康子问:"仲由可使从政也与?"子曰:"由也果,于从政乎何有?"曰:"赐也可使从政也与?"曰:"赐也达,于从政乎何有?"曰:"求也可使从政也与?"曰:"求也艺,于从政乎何有?"(《论语·雍也》八)

【译注】季康子问孔子:"仲由这个人,可以让他从政吗?"孔子说:"仲由为人果断,从政有什么困难呢?"季康子又问:"端木赐可以让他从政吗?"孔子说:"端木赐通达人情世故,从政有什么困难呢?"季康子又问:"冉求可以让他从政吗?"孔子说:"冉求多才多艺,从政有什么困难呢?"●果:果断,果决。何有:有何困难。艺:多才多艺。

6·1·18　子夏为莒父宰。问政。子曰:"无欲速,无见小

利。欲速，则不达；见小利，则大事不成。"（《论语·子路》 七）

【译注】子夏做了莒父那里的长官，向孔子请教如何从政。孔子说："不要心急求快，不要贪求小利。求快反而不能达到目的；贪求小利，则做不成大事。" ●莒（Jǔ）父：地名，在今山东莒县一带。

6·1·19 孟子曰："为政不难，不得罪于巨室。巨室之所慕，一国慕之；一国之所慕，天下慕之；故沛然德教，溢乎四海。"（《孟子·离娄上》六）

【译注】孟子说："搞政治并不难，只要不得罪那些有德望的世家大族就可以了。因为这些世家大族所追慕的（道德境界），可以表率民众、成为一国人的追慕目标，而一国的追慕目标，又可成为天下的追慕目标。这样一来，德教就可以浩浩荡荡充溢于天下了。" ●巨室：有德望的世家大族。慕：追慕。沛然：充沛貌。溢：洋溢。

6·1·20 子产听郑国之政，以其乘舆济人于溱洧。孟子曰："惠而不知为政。岁十一月，徒杠成；十二月，舆梁成，民未病涉也。君子平其政，行辟人可也，焉得人人而济之？故为政者，每人而悦之，日亦不足矣。"（《孟子·离娄下》二）

【译注】子产在郑国主政，用自己的专车帮人渡过溱水和洧水。孟子说："这个子产只会小恩小惠，却不懂得为政。每年十一月，修成走人的桥；十二月，修成行车的桥，百姓就不会为渡河发愁了。君子只要把大政抓好，外出时鸣锣开道给百姓带来

小小不便都可以。哪能一个个帮人渡河呢？所以说，执政的人如果一个个去讨好百姓，时间可就不够用了。"●乘舆：车子。济：渡河。溱（Zhēn）、洧（Wěi）：水名，在河南。徒杠：走人的桥。舆梁：过车的桥。病涉：以过河为苦。平：治理。行辟人：指官员出行，前面有人执鞭或鸣锣开道。

6·1·21 （孟子曰：）"有孺子歌曰：'沧浪之水清兮，可以濯我缨；沧浪之水浊兮，可以濯我足。'孔子曰：'小子听之！清斯濯缨，浊斯濯足矣。自取之也。'夫人必自侮，然后人侮之；家必自毁，而后人毁之；国必自伐，而后人伐之。《太甲》曰：'天作孽，犹可违；自作孽，不可活。'此之谓也。"（《孟子·离娄上》八）

【译注】（孟子说：）"有个小孩子唱道：'沧浪的水清啊，可以洗我的帽缨；沧浪的水浑啊，可以洗我的脚。'孔子说：'学生们听着！水清就洗帽缨，水浑就洗脚，这都是水自找的。'同理，人必然是先自取其侮，然后才招来他人欺侮；家一定先自己糟蹋，然后才招来别人糟蹋；国家呢，一定先自己攻来打去，然后才招来别人征伐。《尚书·太甲》说得好：'老天降灾，还能躲开；自己作孽，难逃活命！'说的就是这个意思。"●孺子：小孩子。沧浪：水名，在湖南境内。濯（zhuó）：洗。缨：帽缨。伐：征伐。违：躲避。

6·2 风吹草偃，身正令行

"诚意正心"是儒家政治理想的起点，强调在位者的道德修养及示范作用。对此，孔子有"君子之德风，小人之德草"（3·14·7）的形象比喻。——有关论述尚有"尧、舜帅天下以仁"（1·8·8）、"上好义，则民莫敢不服"（3·12·1）等。此外还可参看3·2"反求诸己，君子慎独"、5·5"大学之道，修齐治平"、5·7"至诚无息，载物配天"诸节。

6·2·1　故君子之道，本诸身，征诸庶民，考诸三王而不缪，建诸天地而不悖，质诸鬼神而无疑，百世以俟圣人而不惑。（《中庸》第二九章）

【译注】参见3·1·26。

6·2·2　子曰："苟正其身矣，于从政乎何有？不能正其身，如正人何？"（《论语·子路》一三）

【译注】孔子说："如果端正自身，治理国家又有什么困难？不能端正自身，又怎么能端正别人？"●正：使端正。何有：有何困难。

6·2·3　季康子问政于孔子。孔子对曰："政者，正也。子帅以正，孰敢不正？"（《论语·颜渊》一七）

【译注】季康子向孔子请教政治，孔子回答说："政就是正。你带头端正自己，哪个敢不端正？"●帅：带头。

6·2·4　子曰："其身正，不令而行；其身不正，虽令不从。"（《论语·子路》六）

【译注】孔子说："本身行为端正，不用下令，政事就能通行。如果自己行为不端，即使下令也没人听从。"

6·2·5　季康子问政于孔子曰："如杀无道，以就有道，何

如?"孔子对曰:"子为政,焉用杀?子欲善而民善矣。君子之德风,小人之德草。草上之风,必偃。"(《论语·颜渊》一九)

【译注】季康子向孔子请教为政,说:"如果杀掉无道者,亲近有道者,这样做怎么样?"孔子回答:"您搞政治,为什么要采用杀戮的手段呢?您自己带头向善,百姓自然就会向善。君子的品德如同风,百姓的品德如同草。草被风吹,肯定会随风偏倒。"●偃(yǎn):仰倒,倒伏。

6·2·6 （孟子曰：）"上有好者,下必有甚焉者矣。君子之德,风也；小人之德,草也。草尚之风,必偃。"
(《孟子·滕文公上》二)

【译注】(孟子说:)"在上位的有什么爱好,下面的人一定做得更甚。君子的品德好像风,小人的品德好像草。风吹到草上,草一定会随风偏倒。"●好(hào):喜好。甚:指程度更深,过分。

6·2·7 （孟子曰：）"孔子曰：'仁不可为众也。夫国君好仁,天下无敌。'今也欲无敌于天下而不以仁,是犹执热而不以濯也。《诗》云：'谁能执热,逝不以濯?'"(《孟子·离娄上》七)

【译注】(孟子说:)"孔子说:'仁不能仗着人多取胜（,要抓领头羊）。国君好仁,便天下无敌了。'而今要想无敌于天下却不行仁政,就像苦于暑热却不洗澡一样。《诗经·大雅·桑柔》说:'谁能苦热,却不洗澡?'"●为众:倚仗人多。执热:苦热。濯:洗。

6·2·8 （孟子曰：）"是以惟仁者宜在高位。不仁而在高位，是播其恶于众也。上无道揆也，下无法守也，朝不信道，工不信度，君子犯义，小人犯刑，国之所存者幸也。故曰，城郭不完，兵甲不多，非国之灾也；田野不辟，货财不聚，非国之害也。上无礼，下无学，贼民兴，丧无日矣。"（《孟子·离娄上》一）

【译注】（孟子说：）"因而只有仁者应该占据高位。不仁者在高位，是会把恶传播给大众。在上者没有道德规范，在下者没有法律制度，朝廷不相信道义，工匠不相信尺度，君子触犯义理，百姓触犯刑律，（在这种情况下，）国家还能存在，那是太侥幸了。所以说，城郭不牢固，军备不充足，这不是国家的灾难。田土未开垦，财货未聚集，这也不是国家的灾难。在上者不讲礼义，在下者不受教育，违法乱纪者大行其道，国家的败亡也就快了。" ●道揆（kuí）：义理法度。法守：法律制度。朝：朝廷。度：尺度。犯：触犯。完：坚固。辟：开垦。贼民：违法乱纪之民。

6·2·9 孟子曰："人不足以适也，政不足与间也；唯大人为能格君心之非。君仁，莫不仁；君义，莫不义；君正，莫不正。一正君而国定矣。"（《孟子·离娄上》二〇）

【译注】孟子说："那些从政的小人不值得批评，他们的政事也不值得非议。只有德高之人才能纠正君主的错误。君主好仁，没有不好仁的；君主好义，没有不好义的；君主端正，没有不端正的。一旦君主端正，国家就安定了。" ●适：同"谪"（zhé），批评。间（jiàn）：非议。格：纠正，使端正。◎此论又见《孟子·离娄下》五："孟子曰：'君仁，莫不仁；君义，莫不义。'"

6 治国

6·2·10 所谓平天下在治其国者，上老老而民兴孝；上长长而民兴弟；上恤孤而民不倍，是以君子有絜矩之道也。(《大学》第一一章)

【译注】所谓平定天下，在于先治理好自己的国家。在上者尊敬老人，百姓就会孝顺父母；在上者敬重长者，百姓就会敬顺尊长；在上者怜恤孤幼，百姓也不会抛弃他们。所以说，君子有"絜矩之道"。●老老：敬重老人。长长：敬重尊长。恤孤：怜恤孤幼。倍：背。絜（xié）矩之道：儒家的伦理思想之一，指以推己及人的标准来处理人际关系的法则。

6·2·11 一家仁，一国兴仁；一家让，一国兴让；一人贪戾，一国作乱。其机如此。此谓一言偾事，一人定国。(《大学》第一〇章)

【译注】君主一家仁爱，就会带动全国都兴起仁爱之风；君主一家礼让，就会带动全国都兴起礼让之风；君主一人贪婪残暴，也会导致全国悖乱。其中机枢就是这样。这也就是所说的：一句话就能坏事，一个人就能安邦。●贪戾（lì）：贪婪残暴；戾，凶暴。机：机枢，关键。偾（fèn）：败坏，破坏。

6·2·12 孟子曰："有事君人者，事是君则为容悦者也；有安社稷臣者，以安社稷为悦者也；有天民者，达可行于天下而后行之者也；有大人者，正己而物正者也。"(《孟子·尽心上》一九)

【译注】孟子说："（搞政治的有几种人，）有专门事奉君主的，事奉哪位君主，就一味讨他喜欢；有安邦定国之臣，以能安定社稷为开心；有顺乎天性的人，他的主张可以行于天下时才去

实行；还有圣人，是通过端正自己来端正天下万物。"●容悦：曲意逢迎，取悦于上。天民：顺乎天性的贤者。大人：圣人。

6·3 选贤举能，知人善任

亲近贤人，远离奸佞，是为政要义。这里还包括如何识别人才、拣选人才、使用人才的问题。——相关论述尚有"见贤而不能举，举而不能先，命也"（1·1·7）、"千乘之国，可使治其赋也"（1·4·7）、"可与言而不与之言，失人"（1·9·5）、"用上敬下，谓之尊贤"（2·5·7）、"故将大有为之君，必有所不召之臣"（3·5·13）、"见且由不得亟，而况得而臣之乎"（3·5·14）、"不患人之不己知，患不知人也"（3·9·3）、"为巨室，则必使工师求大木"（3·12·6）、"尧以不得舜为己忧"（3·12·7）、"不知言，无以知人也"（5·1·11）、"先进于礼乐，野人也"（5·1·12）、"才难，不其然乎"（5·4·3）、"兴灭国，继绝世，举逸民"（6·1·4）等。

6·3·1　哀公问曰："何为则民服？"孔子对曰："举直错诸枉，则民服；举枉错诸直，则民不服。"（《论语·为政》一九）

【译注】鲁哀公问孔子："怎么做老百姓就能服从？"孔子说："把正直的人提拔起来，放在邪僻者之上，老百姓就会心服口服；如果提拔邪僻者压在正直人头上，老百姓不会服气的。"●错：措，放置。枉：曲，不直。此则还可参见1·9·7。

6·3·2　哀公问政。子曰："文武之政，布在方策。其人存，则其政举。其人亡，则其政息。"（《中庸》第二〇章）

【译注】鲁哀公向孔子询问如何施政。孔子说："文王、武王的

政治措施，都记录在简牍上。(政策在于人的执行，)有贤人在世，这些政治措施就能推行。贤人不在了，这些政治措施也跟着消亡了。"●方策：木板和竹简。

6·3·3　周公谓鲁公曰："君子不施其亲，不使大臣怨乎不以。故旧无大故，则不弃也。无求备于一人！"(《论语·微子》一〇)

【译注】周公对鲁公说："君子不怠慢他的亲族，不使大臣因不被听信而怨恨。老臣故人不犯大错，不要轻易抛弃他。不要对一个人求全责备。"●周公：周文王之子。鲁公：周公之子伯禽。施：同"弛"，松懈。不以：不用。大故：大错。备：完备。

6·3·4　仲弓为季氏宰，问政。子曰："先有司，赦小过，举贤才。"曰："焉知贤才而举之？"子曰："举尔所知；尔所不知，人其舍诸？"(《论语·子路》二)

【译注】仲弓给季氏做家臣，向孔子求问政治。孔子说："先任用办事人员，(不要事事亲自出马，)宽恕人家的小过错，提拔优秀的人才。"又问："怎么去识别优秀人才把他选拔出来？"孔子说："提拔你所了解的。你不了解的，(如果真是人才，)别人难道会抛弃他吗？"●宰：总管。有司：具体主管者。舍：放弃，抛弃。

6·3·5　孟子曰："仁则荣，不仁则辱；今恶辱而居不仁，是犹恶湿而居下也。如恶之，莫如贵德而尊士，贤者在位，能者在职；国家闲暇，及是时，明其政刑。虽大国，必畏之矣。"(《孟子·公孙丑上》四)

【译注】孟子说："在位者实行仁政，就会获得荣耀；不行仁

政，就会遭受屈辱。而今厌恶屈辱却自居不仁之地，这就像讨厌潮湿却偏偏住在低洼处一样。如果厌恶屈辱，最好崇尚道德、尊重士人。有贤者在高位，有能人担任要职；国家没有内忧外患，赶在这样的时候，修明政治刑法，就是大国，也一定会畏惧你。"●贵德：崇尚道德。闲暇：太平无事。

6·3·6 （孟子曰：）"欲见贤人而不以其道，犹欲其入而闭之门也。夫义，路也；礼，门也。惟君子能由是路，出入是门也。《诗》云：'周道如底，其直如矢；君子所履，小人所视。'"（《孟子·万章下》七）

【译注】（孟子说：）"想跟贤人会面又不用正确的礼节，这就像要人家进来却又关上门一样。义如同大路，礼如同大门。只有君子能遵循义路，进出礼门。《诗经·小雅·大东》说：'大路像磨刀石一样平，像箭一样直。君子走大路，小人就会效法。'"●道：正确的方法。底：同"砥"，磨刀石。矢：箭。履：踩踏，走过。

6·3·7 孟子曰："不信仁贤，则国空虚；无礼义，则上下乱；无政事，则财用不足。"（《孟子·尽心下》一二）

【译注】孟子说："不信任仁德贤能之人，国家就会空虚；没有礼义，便会上下失序，导致混乱；没有好的政治，国家的财赋就会不足。"●空虚：指无人才可用。

6·3·8 子曰："众恶之，必察焉；众好之，必察焉。"（《论语·卫灵公》二八）

【译注】孔子说："大家都厌恶他，一定要详察；大家都喜欢他，也一定要详察。"

6·3·9　子贡问曰:"乡人皆好之,何如?"子曰:"未可也。""乡人皆恶之,何如?"子曰:"未可也。不如乡人之善者好之,其不善者恶之。"(《论语·子路》二四)

【译注】子贡问孔子:"乡亲都喜欢他,这人怎样?"孔子说:"不能判断。"子贡又问:"乡亲都厌恶他,这人怎样?"孔子说:"不能判断。不如乡亲中的好人都喜欢他,坏人都厌恶他(,这才是好人)。"

6·3·10　孟子见齐宣王,曰:"所谓故国者,非谓有乔木之谓也,有世臣之谓也。王无亲臣矣,昔者所进,今日不知其亡也。"王曰:"吾何以识其不才而舍之?"曰:"国君进贤,如不得已,将使卑逾尊,疏逾戚,可不慎与?左右皆曰贤,未可也;诸大夫皆曰贤,未可也;国人皆曰贤,然后察之;见贤焉,然后用之。左右皆曰不可,勿听;诸大夫皆曰不可,勿听;国人皆曰不可,然后察之;见不可焉,然后去之。左右皆曰可杀,勿听;诸大夫皆曰可杀,勿听;国人皆曰可杀,然后察之;见可杀焉,然后杀之。故曰,国人杀之也。如此,然后可以为民父母。"(《孟子·梁惠王下》七)

【译注】孟子见齐宣王,说:"我们平时所说的'故国',不是说那里有高大树木,而是有累代建功的老臣。您如今没有亲信的大臣,从前提拔的,今天不知到哪里去了。"齐宣王说:"我如何能识别哪些是缺少才干的,弃而不用呢?"孟子回答:"国君选拔贤人,如果迫不得已,需要让地位低的超越地位高的,关系远的超越关系近的,能不慎重吗?如果亲近者都说此人贤能,还不行;朝中士大夫都说此人贤能,仍不行;只有全

国百姓都认为此人贤能，于是亲自考察，若真的贤能，再加以任用。如果亲近者都说此人不好，不要听信；朝中士大夫都说此人不好，仍不要听信；只有全国人都认为此人不好，于是亲自考察，发现他真的不好，然后把他罢免。如果亲近者都说此人该杀，不要听从；朝中士大夫都说此人该杀，仍不要听从；只有全国人都认为此人该杀，于是亲自考察，发现他真的该杀，然后将他处死。所以说，这是全国人杀的他。这样，才有资格被称为百姓父母。"●故国：历史悠久的国家。乔木：高大的树木。世臣：世代有功的旧臣。疏：疏远。戚：关系亲近。

6·3·11　子曰："视其所以，观其所由，察其所安。人焉廋哉？人焉廋哉？"（《论语·为政》一〇）

【译注】孔子说："考察他所交的朋友，观察他做事所用的方法途径，审察他做事的心态。了解了这些，一个人的人品又怎能隐藏得住？一个人的人品又怎能隐藏得住？"●所以：所与，所结交的朋友；以，同"与"。所由：所用方法途径。所安：安于什么，心态。廋（sōu）：隐藏、藏匿。

6·3·12　子曰："君子不以言举人，不以人废言。"（《论语·卫灵公》二三）

【译注】孔子说："君子不因有人几句话说得好就提拔他（，要全面考察）；也不因为有人品德不好，就连同他的正确意见也鄙弃。"

6·3·13　子言卫灵公之无道也，康子曰："夫如是，奚而不丧？"孔子曰："仲叔圉治宾客，祝鮀治宗庙，王

孙贾治军旅。夫如是,奚其丧?"(《论语·宪问》一九)

【译注】孔子谈论卫灵公政治昏乱,康子说:"既是这样,为啥还没败亡?"孔子说:"有仲叔圉为他接待宾客,祝鮀掌管祭祀,王孙贾统率军队,像这样,怎么会败亡呢?"●卫灵公:春秋时卫国君主,是有名的昏君。康子:鲁臣季康子。丧:败亡。仲叔圉(yǔ)、祝鮀(tuó)、王孙贾:都是卫国贤臣。

6·3·14 (淳于髡)曰:"鲁缪公之时,公仪子为政,子柳、子思为臣,鲁之削也滋甚;若是乎,贤者之无益于国也!"曰:"虞不用百里奚而亡,秦穆公用之而霸。不用贤则亡,削何可得与?"(《孟子·告子下》六)

【译注】(淳于髡)问孟子:"鲁缪公在位时,公仪子执政,子柳、子思在朝为臣,而鲁国在那段时间削弱得似乎更厉害。如此看来,贤者在位也无益于国家啊!"孟子说:"虞国因不用百里奚而亡国,秦穆公因任用百里奚而称霸。不用贤人就会彻底亡国,(像鲁国那样)仅削弱一点,哪里办得到呢?"●鲁缪公:鲁国国君穆公,缪是谥号;子思、公仪子、子柳等都是他手下贤臣。削:削弱。滋甚:更甚;滋,加多。百里奚:春秋时虞国大夫,后为晋人所俘,逃至楚国,被秦国以五张羊皮赎去,辅佐秦穆公称霸。

6·3·15 (孟子曰:)"尧以不得舜为己忧,舜以不得禹、皋陶为己忧。夫以百亩之不易为己忧者,农夫也。分人以财谓之惠,教人以善谓之忠,为天下得人者谓之仁。是故以天下与人易,为天下得人难。……尧舜之治天下,岂无所用其心哉?亦不用于耕耳。"(《孟子·滕文公上》四)

【译注】(孟子说:)"尧为得不到舜这样的人才而忧虑,舜为得不到禹、皋陶这样的人才而忧虑。至于那些为自己的百亩地种不好而忧愁的,是农夫。把钱财分给人叫作惠,把善道教给人叫作忠,为天下选拔人才叫作仁。所以说,把天下送给别人容易,为天下选取人才难。……尧舜治理天下,难道没有用心力吗?只是没用在种庄稼上罢了!" ●易(百亩之不易):治理,打理。

6·3·16 或问子产,子曰:"惠人也。"问子西,曰:"彼哉,彼哉!"问管仲,曰:"人也。夺伯氏骈邑三百,饭疏食,没齿无怨言。"(《论语·宪问》九)

【译注】有人向孔子问子产是怎样的人,孔子说:"是个宽厚慈惠的人。"又问子西如何,孔子说:"那个人啊,那个人啊!"又问管仲如何,孔子说:"是个人才。他剥夺了伯氏骈邑三百户采地,伯氏只能粗茶淡饭过日子,但伯氏到死也没有怨恨的话。" ●子产、子西:都是郑国大臣。惠:慈惠。彼哉:那个人啊,有轻视之意。伯氏:齐国大夫。骈邑:地名。三百:三百户。饭疏食:吃粗疏的食物。没(mò)齿:至死。

6·3·17 子曰:"孟公绰为赵魏老则优,不可以为滕薛大夫。"(《论语·宪问》一一)

【译注】孔子说:"孟公绰这个人,若让他做晋国诸卿赵氏、魏氏的家臣,还是有余力的。他却没有能力做滕、薛这样小国的大夫。" ●孟公绰:鲁国人,属孟孙氏家族。老:大夫的家臣。滕、薛:春秋时诸侯国,都在山东境内。

6·3·18 子曰:"臧文仲其窃位者与!知柳下惠之贤而不与

立也。"(《论语·卫灵公》一四)

【译注】孔子说:"臧文仲大概是个占着官位不管事的吧!他明知柳下惠是贤人,却不让他担任要职。" ●臧文仲:鲁国大夫。窃位:尸位素餐,占位子不做事。立:同"位"。

6·3·19 (孟子曰:)"五霸,桓公为盛。葵丘之会,诸侯束牲载书而不歃血。初命曰,诛不孝,无易树子,无以妾为妻。再命曰,尊贤育才,以彰有德。三命曰,敬老慈幼,无忘宾旅。四命曰,士无世官,官事无摄,取士必得,无专杀大夫。五命曰,无曲防,无遏籴,无有封而不告。曰:凡我同盟之人,既盟之后,言归于好。——今之诸侯皆犯此五禁,故曰:今之诸侯,五霸之罪人也。"(《孟子·告子下》七)

【译注】(孟子说:)"('五霸'至'无以妾为妻',参见2·6·13。)第二条说:要尊重贤者、培育人才,以表彰有德者。第三条说:要敬老爱幼,不要怠慢宾客旅人。第四条说:士人官职不要传代,公家职务不要兼职,取士一定要有真才实学,不得擅杀大夫。第五条说:不要到处筑堤,不要阻遏邻国采购粮食,不要私下封赏却不向盟主汇报。最后说:所有参加会盟之人,订立盟约之后,要恢复旧日友好。——然而今天的诸侯全都违犯了这五条禁令,所以说,今天的诸侯对于五霸来说,是有罪之人。" ●宾旅:宾客和旅人。世官:世代做官。摄:兼职。专杀:擅杀。曲防:遍地建堤坝(以截断河流)。遏籴(dí):阻挡别国采购粮食;籴,买米。◎其中第二、四条都涉及人才问题。

6·4 在位谋政，尽职尽责

孔子说："不在其位，不谋其政。"（6·4·1）这与他的礼治主张、正名思想一脉相承。孔子同时认为"庶人不议"的前提是"天下有道"（5·1·9）。孟子同样不赞成"位卑而言高"，但更反对在其位不谋其政〔"立乎人之本朝，而道不行，耻也"（1·11·10）〕。相关论述尚可参看"子之持戟之士，一日而三失伍"（3·16·15）、"臧文仲其窃位者与"（6·3·18）以及3·9"君子重名，名正言顺"、3·10"积极入世，穷达有别"诸节。

6·4·1 子曰："不在其位，不谋其政。"曾子曰："君子思不出其位。"（《论语·宪问》二六）

【译注】孔子说："不在某一位子上，就不去考虑这一位子的政事。"曾子说："君子的思虑不超出他的位子。"◎孔子在《论语·泰伯》一四也说过"不在其位，不谋其政"的话。

6·4·2 季氏将伐颛臾。冉有、季路见于孔子曰："季氏将有事于颛臾。"孔子曰："求！无乃尔是过与？夫颛臾，昔者先王以为东蒙主，且在邦域之中矣，是社稷之臣也。何以伐为？"冉有曰："夫子欲之，吾二臣者皆不欲也。"孔子曰："求！周任有言曰：'陈力就列，不能者止。'危而不持，颠而不扶，则将焉用彼相矣？且尔言过矣。虎兕出于柙，龟玉毁于椟中，是谁之过与？"（《论语·季氏》一）

【译注】（孔子的学生冉有和子路辅佐鲁国权臣季孙，）季孙准备对鲁国的附庸国颛臾动武。冉有、子路去见孔子，说："季氏准备对颛臾动武。"孔子说："冉求！这难道不是你的过错

吗?颛臾,前代君主曾让他主持东蒙山的祭祀,而且它的地盘就在鲁国疆域之内,是跟鲁国共存亡的藩属。为什么要讨伐它?"冉有说:"季孙要这么干,我们两个做下属的都不赞同。"孔子说:"冉求!周任有句话说:'使出全力去任职,若是搞不好就辞职。'盲人遇到了危险,助手却不去拉他,要摔跟头,也不去扶他,还要这助手干啥?何况你的话是错的。老虎犀牛从笼子跑出来,龟壳美玉在匣子里毁掉了,这是谁的过错?(难道不是看守者的过错吗?)"●颛臾(Zhuānyú):鲁国的附庸国。有事:这里指打仗。无乃:难道不是……吗?东蒙主:东蒙山主祭者。夫子:这里指季孙。周任:古代史官。陈力:贡献力量。颠:摔倒。相:助手。兕(sì):犀牛。柙(xiá):笼子。椟(dú):匣子。

6·4·3 陈成子弑简公。孔子沐浴而朝,告于哀公曰:"陈恒弑其君,请讨之。"公曰:"告夫三子。"孔子曰:"以吾从大夫之后,不敢不告也。君曰:'告夫三子'者。"之三子告,不可。孔子曰:"以吾从大夫之后,不敢不告也。"(《论语·宪问》二一)

【译注】陈恒杀了齐简公。孔子沐浴而后朝见鲁哀公,报告说:"陈恒杀死国君,请出兵讨伐他。"哀公说:"你去报告季孙、仲孙、孟孙三位吧。"孔子退出来说:"因为我曾做大夫,不敢不来报告;但君主却对我说'你去报告季孙、仲孙、孟孙三位。'"孔子前往三位那里报告,三位都不同意干预。孔子说:"因为我曾做大夫,不敢不来报告。"●陈成子:齐国大夫,曾杀死齐简公,立齐平公。弑:臣杀君、子杀父称"弑"。哀公:鲁哀公。◎孔子这时已在家赋闲,因而一再强调自己曾为大夫("以吾从大夫之后"),表示自己有义务关心国事。

6·4·4 孟子谓蚳鼃曰:"子之辞灵丘而请士师,似也,为其可以言也。今既数月矣,未可以言与?"蚳鼃谏于王而不用,致为臣而去。齐人曰:"所以为蚳鼃则善矣;所以自为,则吾不知也。"公都子以告。曰:"吾闻之也:有官守者,不得其职则去;有言责者,不得其言则去。我无官守,我无言责也,则吾进退,岂不绰绰然有余裕哉?"(《孟子·公孙丑下》五)

【译注】孟子对齐大夫蚳鼃说:"你辞去灵丘长官而请求做刑狱官,似乎有道理,因为可以向王进言。如今已经几个月了,难道还不能向王进言吗?"蚳鼃于是向齐王进谏。王不听,他便辞官而去。齐人说:"孟子替蚳鼃着想,还是挺好的。但他对自己的反思,咱们还不得而知。"公都子把这样的议论转告孟子。孟子说:"我听说过,有官职的,不能尽职便应离开;有进言责任的,进言不听也应离去。我既没有官职,也没有进言责任,那么我的进退,不是绰绰有余、空间很大吗?"●蚳鼃(Chíwā):齐国大夫;鼃,今"蛙"字。灵丘:齐国邑名。致:致还官位,辞职。为:为……打算。不得其职:不能尽职。言责:进谏之责。绰绰然:宽裕貌。

6·4·5 孟子谓齐宣王曰:"王之臣有托其妻子于其友而之楚游者,比其反也,则冻馁其妻子,则如之何?"王曰:"弃之。"曰:"士师不能治士,则如之何?"王曰:"已之。"曰:"四境之内不治,则如之何?"王顾左右而言他。(《孟子·梁惠王下》六)

【译注】孟子对齐宣王说:"假如您的一位臣下把妻儿托付给他的朋友,自己到楚国去游历,等到他返回时,发现妻儿受冻挨饿,又该如何呢?"宣王说:"跟他绝交。"孟子说:"假如刑

狱官不能管理部下，又该如何？"宣王说："把他罢免。"孟子又说："假如国境之内没有治理好，那又该如何？"宣王东瞧西看，把话题岔开了。●比：等到。冻馁：冻饿。士师：刑狱官，属下管着乡士、遂士。已之：罢免他。顾：回头看。

6·4·6 （孟子曰：）"位卑而言高，罪也；立乎人之本朝，而道不行，耻也。"(《孟子·万章下》五)

【译注】参见1·11·10。◎孔孟强调人的位置感，认为在什么位置说什么话。孟子这段话的重点显然在后面：在位者不能推行自己的正确主张，就是尸素餐，就是耻辱。

6·5 以民为本，民贵君轻

以民为本的思想是先秦哲人留给后世的宝贵精神财富，《尚书》中已提出"天视自我民视，天听自我民听"（5·8·10）的论断。孟子"民为贵，社稷次之，君为轻"（6·5·5）的论述，曾被明代统治者从公开出版的《孟子》中删去，足见其对专制统治的冲击力度。——相关论述尚可参见6·6"仁政得民，王道可期"诸节。

6·5·1 所重：民、食、丧、祭。(《论语·尧曰》一)

【译注】（古代圣君）所重视的是百姓、粮食、丧礼、祭祀。

6·5·2 子曰："听讼，吾犹人也，必也使无讼乎！"无情者不得尽其辞，大畏民志，此谓知本。(《大学》第五章)

【译注】孔子说："审理诉讼，我也跟别人差不多，一定要让诉讼官司不发生才好。"圣人使隐瞒真情者不敢狡辩。（这需要在上者以其光明正直，）令民心畏服，（不敢去犯罪，也就没有

诉讼了,)这叫知道根本。●无情者:隐瞒真情的人。尽其辞:花言巧语地狡辩。民志:人心。◎孔子的话见《论语·颜渊》一三(6·1·9)。

6·5·3 叶公问政。子曰:"近者说,远者来。"(《论语·子路》一六)

【译注】叶公向孔子请教政治。孔子说:"境内的人让他们高兴,境外的人让他们来归。"●说:同"悦"。来:来归。

6·5·4 《诗》云:"乐只君子,民之父母。"民之所好好之,民之所恶恶之。此之谓民之父母。(《大学》第一一章)

【译注】《诗经·小雅·南山有台》说:"让人悦服的君子啊,百姓视为父母。"凡是百姓喜欢的,他也喜欢;凡是百姓厌恶的,他也厌恶。这样的君子,可以称之为百姓父母了。●只:语助词。

6·5·5 孟子曰:"民为贵,社稷次之,君为轻。是故得乎丘民而为天子,得乎天子为诸侯,得乎诸侯为大夫。诸侯危社稷,则变置。牺牲既成,粢盛既絜,祭祀以时,然而旱干水溢,则变置社稷。"(《孟子·尽心下》一四)

【译注】参见2·1·22。

6·5·6 孟子曰:"诸侯之宝三:土地,人民,政事。宝珠玉者,殃必及身。"(《孟子·尽心下》二八)

【译注】孟子说:"诸侯有三件宝贝:土地、人民和正确的政

治。那些以珠玉为宝贝的，灾祸一定会降临其身。" ●宝（宝珠玉者）：以……为宝。

6·5·7 孟子曰："桀纣之失天下也，失其民也；失其民者，失其心也。得天下有道：得其民，斯得天下矣；得其民有道：得其心，斯得民矣；得其心有道：所欲与之聚之，所恶勿施，尔也。民之归仁也，犹水之就下、兽之走圹也。故为渊驱鱼者，獭也；为丛驱爵者，鹯也；为汤武驱民者，桀与纣也。今天下之君有好仁者，则诸侯皆为之驱矣。虽欲无王，不可得已。今之欲王者，犹七年之病求三年之艾也。苟为不畜，终身不得。苟不志于仁，终身忧辱，以陷于死亡。《诗》云：'其何能淑，载胥及溺。'此之谓也。"（《孟子·离娄上》九）

【译注】孟子说："（由'桀纣之失天下也'至'兽之走圹也'，参见5·4·17。）所以，把鱼赶向深渊的是水獭，把鸟赶向丛林的是鹯鹰，把百姓赶向汤、武的是桀和纣。如今天下的君主有喜好仁德的，那么其他的诸侯都在把百姓赶向他。他纵使不想统一天下，也是不可能的。如今有（幡然悔悟）想要施仁政的君主，就像害了七年的病，需要三年的陈艾来医治。如果平常不储备，那是终身得不到的。但如果不施仁政，则将终身受忧受辱，以至于死亡。《诗经·大雅·桑柔》说过：'他哪能做得好，一同落水了。'说的就是这种情况。" ●獭（tǎ）：水獭，以鱼为食的动物。丛：丛林，树丛。爵：同"雀"。鹯（zhān）：一种猛禽。王（wàng）：这里指实行王道，统一天下。艾：艾草，一种药材。畜（xù）：储藏，积蓄。淑：善。载：无意义。胥及：相与，一同。

6·5·8 孟子曰："以佚道使民，虽劳不怨。以生道杀民，虽死不怨杀者。"（《孟子·尽心上》一二）

【译注】孟子说："抱着使民安逸的初衷去役使百姓，百姓纵使劳累，也不会抱怨。抱着让百姓活下来的初衷，不得已才杀人，百姓纵使被杀，也不怨恨杀他的人。"●佚道：使人安逸之道。生道：使人活命之道。

6·5·9 滕文公问曰："滕，小国也，间于齐、楚。事齐乎？事楚乎？"孟子对曰："是谋非吾所能及也。无已，则有一焉：凿斯池也，筑斯城也，与民守之，效死而民弗去，则是可为也。"（《孟子·梁惠王下》一三）

【译注】滕文公问孟子："滕是小国，夹在齐、楚之间。是服侍齐国呢，还是服侍楚国？"孟子回答："这样的主意我拿不了。如果一定要说，那只有一条：把护城河挖得更深，把城墙筑得更结实，与百姓一同守城，宁可死，百姓也不离开，这就有希望。"●间（jiàn）：介于二者之间。无已：没办法。池：护城河。效死：舍命报效，拼死。

6·5·10 齐宣王问曰："文王之囿方七十里，有诸？"孟子对曰："于传有之。"曰："若是其大乎？"曰："民犹以为小也。"曰："寡人之囿方四十里，民犹以为大，何也？"曰："文王之囿方七十里，刍荛者往焉，雉兔者往焉，与民同之。民以为小，不亦宜乎？臣始至于境，问国之大禁，然后敢入。臣闻郊关之内有囿方四十里，杀其麋鹿者如杀人之罪，则是方四十里为阱于国中。民以为大，不亦宜乎？"（《孟子·梁惠王下》二）

【译注】齐宣王问孟子:"听说周文王的猎场纵横七十里,有这事吗?"孟子回答:"史传上倒是有这样的记载。"宣王又问:"真的这么大吗?"孟子说:"百姓还认为小哩。"宣王说:"我的猎场纵横四十里,百姓还嫌大,这是为啥?"孟子说:"文王的猎场纵横七十里,砍柴打草的也能去,射鸡捉兔的也能去,文王跟百姓共同享有这猎场,百姓认为小,难道不应该吗?我才到齐国边境时,先问国家的禁令,然后才敢进入。我听说首都郊外有个猎场纵横四十里,百姓如果射杀那里的麋鹿,与杀人同罪。这等于在国中设置了纵横四十里的大陷阱。百姓认为太大了,难道不对吗?"●囿(yòu):园囿,猎场。方七十里:纵横七十里。传:史传,史书。刍荛(chúráo):割草打柴。雉(zhì)兔:野鸡、兔子,这里指打猎。禁:禁忌,禁令。郊关之内:指都城外百里范围。阱(jǐng):陷阱。

6·5·11 滕文公问曰:"滕,小国也;竭力以事大国,则不得免焉,如之何则可?"孟子对曰:"昔者大王居邠,狄人侵之。事之以皮币,不得免焉;事之以犬马,不得免焉;事之以珠玉,不得免焉。乃属其耆老而告之曰:'狄人之所欲者,吾土地也。吾闻之也:君子不以其所以养人者害人。二三子何患乎无君?我将去之。'去邠,逾梁山,邑于岐山之下居焉。邠人曰:'仁人也,不可失也。'从之者如归市。或曰:'世守也,非身之所能为也。效死勿去!'君请择于斯二者。"(《孟子·梁惠王下》一五)

【译注】滕文公问孟子:"滕是小国,拼尽力气服侍大国,仍难免于祸患,得怎么做才行?"孟子回答:"从前周太王住在邠地,狄人来侵扰,乃用毛皮丝绸去贿赂对方,但不能免;又用好狗

名马去贿赂对方,仍不能免;再用珍珠美玉去贿赂对方,还是不能免。于是周太王召集长老,告诉他们:'狄人想要的,是我们的土地。我听说:君子不能为养身之物而害身。你们何必怕没有君主呢?我准备离开这里了。'于是离开邠,翻越梁山,到周原岐山筑起城邑定居。邠人说:'周太王是仁人,我们不能抛弃他。'追随他的人如同赶集一般。但也有人说:'子孙对祖宗留下的土地世代相守,去留不是自己所能决定的,只能舍命捍卫,死也不离开!'——两条道,您选一条吧。" ●邠(Bīn):地名,今为陕西彬县。皮币:毛皮及缯帛。免:免祸。属:召集。耆(qí)老:地方长者。所……养:指养身之物。归市:赶集。世守:世代相守。◎太王即古公亶父,是周人祖先,曾带领周族定居于岐周。参见2·6·7。

6·5·12 齐人伐燕,胜之。宣王问曰:"或谓寡人勿取,或谓寡人取之。以万乘之国伐万乘之国,五旬而举之,人力不至于此。不取,必有天殃。取之,何如?"孟子对曰:"取之而燕民悦,则取之。古之人有行之者,武王是也。取之而燕民不悦,则勿取。古之人有行之者,文王是也。以万乘之国伐万乘之国,箪食壶浆以迎王师,岂有他哉?避水火也。如水益深,如火益热,亦运而已矣。"(《孟子·梁惠王下》一〇)

【译注】齐国攻打燕国,大获全胜。齐宣王问孟子:"有人劝我不要吞并燕国,有人劝我吞并燕国。一个万辆兵车的国家去攻打另一个万辆兵车的国家,五十天就拿下来,单靠人力,做不到这样,(定是天意安排;)如不吞并,老天一定会降灾的。那就吞并它吧,您看怎样?"孟子回答:"(那要看燕国百姓的态

度。)吞并后燕国百姓高兴,那就吞并它。古代人有这么做的,就是周武王。吞并后燕国百姓不高兴,那就不吞并。古代也有人就这么做,那就是周文王。一个万辆兵车的国家去攻打另一个万辆兵车的国家,百姓都提着饭篮、酒壶来欢迎王者之师,难道还有别的原因吗?不过是要避开水深火热的日子啊。如果水更深、火更热,那民心就会转向别处了。" ● 取:吞并。举:拿下。天殃:老天降灾。运:转。

6·5·13　齐人伐燕,取之。诸侯将谋救燕。宣王曰:"诸侯多谋伐寡人者,何以待之?"孟子对曰:"臣闻七十里为政于天下者,汤是也。未闻以千里畏人者也。《书》曰:'汤一征,自葛始。'天下信之,东面而征,西夷怨;南面而征,北狄怨,曰:'奚为后我?'民望之,若大旱之望云霓也。归市者不止,耕者不变。诛其君而吊其民,若时雨降。民大悦。《书》曰:'徯我后,后来其苏。'今燕虐其民,王往而征之,民以为将拯己于水火之中也,箪食壶浆以迎王师。若杀其兄父,系累其子弟,毁其宗庙,迁其重器,如之何其可也?天下固畏齐之强也,今又倍地而不行仁政,是动天下之兵也。王速出令,反其旄倪,止其重器,谋于燕众,置君而后去之,则犹可及止也。"(《孟子·梁惠王下》一一)

【译注】齐人攻打燕国并吞并了它,其他诸侯商量着拯救燕国。齐宣王问孟子:"众多诸侯谋划着要攻打我,我该怎么对付呢?"孟子回答:"我听说有凭借七十里国土而统一天下的,就是商汤;却没听说拥有千里国土而害怕别国的。《尚书》说:'商汤征伐,从葛国开始。'天下人都相信并盼望着。商汤向东方进军时,

西边的百姓就抱怨；向南方进军时，北边的百姓又抱怨，都说：'为什么把我们排在后面？'百姓盼着他，就像久旱之时盼着乌云彩虹一样。（汤出兵不扰民，）赶集的不停止，种庄稼的照常下地。汤的军队只是诛杀暴君、体恤百姓，如同天上落下及时雨，百姓无不欢欣鼓舞。《尚书》说：'等待我的王，他来了，我们就复活了！'如今，燕国国君虐待百姓，您派军队前去征讨，燕国百姓以为您将拯救他们于水深火热之中，于是提着饭篮酒壶欢迎王者之师。可如果您杀死他们的父兄，捆绑他们的子弟，毁坏他们的宗庙，掠走他们的宝器，这又怎么可以呢？天下各国本来就害怕齐国强大，如今您土地扩大一倍，又不施仁政，这是诱导各国兴兵啊。您赶快发布命令，放回燕国老少，停止搬运宝器，再跟燕国各界人士商议，为他们选立自己的国君，然后从燕国撤兵，还来得及阻止更大的祸患。"●葛：古国名。后我：把我排在后面。吊：体恤。时雨：及时雨。徯（xī）：等待。后（徯我后，后来其苏）：王。苏：苏醒，复活。系累：捆绑。宗庙：天子、诸侯祭祖之处，宗庙毁即国家亡。重器：这里指带有国家权力意义的祭器，如鼎等。倍地：土地加倍。旄：同"耄"，指八九十岁的老人。倪：即儿，年轻人。

6·5·14 邹与鲁哄。穆公问曰："吾有司死者三十三人，而民莫之死也。诛之，则不可胜诛；不诛，则疾视其长上之死而不救，如之何则可也？"孟子对曰："凶年饥岁，君之民老弱转乎沟壑，壮者散而之四方者，几千人矣；而君之仓廪实，府库充，有司莫以告，是上慢而残下也。曾子曰：'戒之戒之！出乎尔者，反乎尔者也。'夫民今而后得反之也。君无尤焉！君行仁政，斯民亲其上、死其长矣。"（《孟子·梁惠王下》一二）

【译注】邹国跟鲁国发生了冲突。邹穆公问孟子:"这回冲突,我的有关官吏死了三十三个,可百姓却没一个为他们而死的。杀掉百姓吧,人太多,杀不胜杀;不杀吧,可恨他们就眼睁睁看着长官被杀而不救护!我应该怎么处置这事?"孟子回答:"荒年灾月,您的百姓老弱弃尸于山沟荒野,强壮的逃亡四方,人数总有上千人。而您的粮仓却堆满粮食,仓库装满货物,有关官吏也不向您报告,这是在上者怠惰政事、残害百姓啊。曾子说过:'警戒啊,警戒!你怎样对待人家,人家就怎样对待你!'如今,百姓得着报复您的机会了。您别责备他们吧!您若实行仁政,这些百姓就会爱敬上司,为长官而死了。" ● 哄:交战。有司:有关官吏。莫之死:无人为此而死。疾:恨。凶年:灾年。转:这里是弃尸的意思。几:差不多。慢:怠慢。残:残害。尤:责备,归罪。

6·5·15 梁惠王曰:"寡人之于国也,尽心焉耳矣。河内凶,则移其民于河东,移其粟于河内。河东凶亦然。察邻国之政,无如寡人之用心者。邻国之民不加少,寡人之民不加多,何也?"孟子对曰:"王好战,请以战喻。填然鼓之,兵刃既接,弃甲曳兵而走。或百步而后止,或五十步而后止。以五十步笑百步,则何如?"曰:"不可;直不百步耳,是亦走也。"曰:"王如知此,则无望民之多于邻国也。……狗彘食人食而不知检,涂有饿莩而不知发;人死,则曰:'非我也,岁也。'是何异于刺人而杀之,曰:'非我也,兵也。'王无罪岁,斯天下之民至焉。"(《孟子·梁惠王上》三)

【译注】梁惠王对孟子说:"我对于国家,真是费尽心力。河内

闹饥荒，我就把那里的百姓迁往河东，再把河东的粮食运到河内。河东闹饥荒，也照此办理。我考察邻国的政治，还不如我这样用心呢。然而，邻国的百姓不见少，我的百姓也没增多，这是为什么？"孟子说："您喜欢打仗，让我拿打仗打个比方。咚咚地擂起战鼓，双方短兵相接，士兵丢掉铠甲拖着兵器就逃走。有个人跑了百步停下来，有个人跑了五十步停下来。那个跑了五十步的因而嘲笑跑百步的胆子小，行不行呢？"梁惠王说："不行。只是不曾跑百步罢了，那也是逃走啊。"孟子说："您如果知道这个道理，就不要企盼您的百姓多于邻国了。……（'狗彘食人食'至'斯天下之民至焉'，参见3·16·14）"●凶：受灾。加少：更少。填然：阗（tián）然，声势大。曳（yè）：拖着。

6·5·16　孟子见梁惠王，王立于沼上，顾鸿雁麋鹿，曰："贤者亦乐此乎？"孟子对曰："贤者而后乐此，不贤者虽有此，不乐也。《诗》云：'经始灵台，经之营之。庶民攻之，不日成之。经始勿亟，庶民子来。王在灵囿，麀鹿攸伏。麀鹿濯濯，白鸟鹤鹤。王在灵沼，於牣鱼跃。'文王以民力为台为沼，而民欢乐之，谓其台曰'灵台'，谓其沼曰'灵沼'，乐其有麋鹿鱼鳖。古之人与民偕乐，故能乐也。《汤誓》曰：'时日害丧？予及女偕亡！'民欲与之偕亡，虽有台池鸟兽，岂能独乐哉？"（《孟子·梁惠王上》二）

【译注】孟子谒见梁惠王。梁惠王站在池塘边，顾盼着鸿雁麋鹿，说："贤人也以此为乐吗？"孟子回答："只有成为真正的贤人会以此为乐；不贤者就是拥有这些，也不会感到快

乐。(举个周文王建灵台的例子吧,)《诗经·大雅·灵台》说:'开始建灵台,用心来经营。百姓都卖力,很快就建成。王说不着急,百姓更踊跃。王到灵囿中,母鹿伏草中。母鹿多肥壮,白鸟毛洁净。王游灵沼中,满池鱼儿蹦。'周文王虽然用民力建台掘池,百姓却很高兴,把此台称为'灵台',把此池称为'灵沼',并为池囿中有麋鹿鱼鳖而快乐。古代君王与民同乐,所以能得到快乐。相反,《尚书·汤誓》记载了百姓对自比太阳的夏桀的怨恨,说:'你这太阳啥时毁灭,我宁可跟你一道灭亡!'百姓恨不得跟他同归于尽,他即使有高台深池、珍禽异兽,难道能独自享乐吗?" ● 沼 (zhǎo):池塘。经始:开始,泛指开创事业。攻:建造。亟(jí):急。麀鹿:母鹿。攸:所。濯濯:肥胖而有光泽。鹤鹤:羽毛洁白貌。於(wū):发语词,表感叹。牣:满。时:这。害:同"曷",何。偕:同。

6·5·17 齐宣王见孟子于雪宫。王曰:"贤者亦有此乐乎?"孟子对曰:"有。人不得,则非其上矣。不得而非其上者,非也;为民上而不与民同乐者,亦非也。乐民之乐者,民亦乐其乐;忧民之忧者,民亦忧其忧。乐以天下,忧以天下,然而不王者,未之有也。"(《孟子·梁惠王下》四)

【译注】齐宣王在雪宫接见孟子。宣王问:"贤者也有这种快乐吗?"孟子回答:"有。不过人们得不到这种快乐,可就要埋怨他们的王了。得不到就埋怨他们的王,这当然是不对的。然而,作为百姓的王,却不能与民同乐,这同样不对。以百姓的快乐为自己的快乐,百姓也会因他快乐而快乐;以百姓的忧愁当作自己的忧愁,百姓也会因他的忧愁而忧愁。与天下的人同

乐同忧,这样还不能使天下归服,那是不可能的。" ●非(则非其上矣):非议,埋怨。非(非也):不正确。王(wàng)(然而不王者):指行王道而统一天下。

6·6 仁政得民,王道可期

施仁政、行王道,是儒家的最高政治理想,孟子对此论述最详。——本节可与本书论"仁"、论"道"、论"圣人"诸节(1·1—1·4、5·5、5·6、5·9)参看。

6·6·1 哀公问政。子曰:"文武之政,布在方策。其人存,则其政举。其人亡,则其政息。人道敏政,地道敏树。夫政也者,蒲卢也。故为政在人,取人以身,修身以道,修道以仁。仁者,人也,亲亲为大;义者,宜也,尊贤为大。亲亲之杀,尊贤之等,礼所生也。"（《中庸》第二〇章）

【译注】鲁哀公向孔子询问如何施政。孔子说:"文王、武王的政治措施,都记录在简牍上。(政治在于人的执行,)有贤人在世,这些政治措施就能推行;贤人不在了,这些政治措施也跟着消亡了。治理百姓就要快速推行政教,就像经营土地要种速生植物一样。贤人推行政教,跟栽植速生芦苇相似。所以为政的关键在人,选人又在于他的个人修养。个人修养要遵循正道,修道的核心是仁。('仁者,人也'至'礼所生也',参见1·1·11。)" ●方策:木板和竹简。敏:快速。蒲卢:蒲苇,一种易于生长的水生植物。取人:选拔人才。◎关于"蒲卢",还有土蜂及葫芦两种解释。

6·6·2 孟子曰:"人皆有不忍人之心。先王有不忍人之心,斯有不忍人之政矣。以不忍人之心,行不忍人之政,治天下可运之掌上。"(《孟子·公孙丑上》六)

【译注】孟子说:"人人都有怜恤他人的心态。前代圣君因为有怜恤他人之心,这样就有了怜恤他人的政治。凭着怜恤他人的心,来施行怜恤他人的政治,那么治理天下就如同在手掌上把玩小玩意儿一样。"

6·6·3 孟子曰:"仁言不如仁声之入人深也,善政不如善教之得民也。善政,民畏之;善教,民爱之。善政得民财,善教得民心。"(《孟子·尽心上》一四)

【译注】孟子说:"仁德的话语不如仁德的音乐深入人心,完善的政治不如完善的教育深入民心。完善的政治让百姓怕它,完善的教育令百姓爱它。完善的政治能获取百姓的财富,完善的教育才能获得民心。" ●仁声:仁德的音乐。

6·6·4 孟子曰:"以善服人者,未有能服人者也;以善养人,然后能服天下。天下不心服而王者,未之有也。"(《孟子·离娄下》一六)

【译注】孟子说:"只是凭借善去征服人家,没有能让人心服的。以善来熏陶教养人,这样才能令天下人心服。而天下人不能心悦诚服却能统一天下,是从来没有过的。" ●服:征服。养:熏陶教养。

6·6·5 孟子曰:"三代之得天下也以仁,其失天下也以不仁。国之所以废兴存亡者亦然。天子不仁,不保四海;诸侯不仁,不保社稷;卿大夫不仁,不保宗庙;士庶人不仁,不保四体。今恶死亡而乐不仁,是犹恶醉而强酒。"(《孟子·离娄上》三)

【译注】孟子说:"(夏、商、周)三代得天下靠的是施仁政,其末代君主丧失天下是因不再施仁政。国家兴废存亡的道理也是这样。天子不仁,不能保有天下;诸侯不仁,不能保有国家;卿大夫不仁,不能保有祖庙;士庶百姓不仁,不能保全自身。而今有人害怕死亡却乐于不仁,这就像讨厌醉酒却偏要酗酒一样。" ●四体:四肢,身体。强酒:不顾一切地饮酒,酗酒。

6·6·6 (齐宣王)曰:"德何如,则可以王矣?"曰:"保民而王,莫之能御也。"曰:"若寡人者,可以保民乎哉?"曰:"可。"曰:"何由知吾可也?"曰:"臣闻之胡龁曰,王坐于堂上,有牵牛而过堂下者,王见之,曰:'牛何之?'对曰:'将以衅钟。'王曰:'舍之!吾不忍其觳觫,若无罪而就死地。'对曰:'然则废衅钟与?'曰:'何可废也?以羊易之!'不识有诸?"曰:"有之。"曰:"是心足以王矣。百姓皆以王为爱也,臣固知王之不忍也。"王曰:"然。诚有百姓者。齐国虽褊小,吾何爱一牛?即不忍其觳觫,若无罪而就死地,故以羊易之也。"曰:"王无异于百姓之以王为爱也。以小易大,彼恶知之?王若隐其无罪而就死地,则牛羊何择焉?"王笑曰:"是诚何心哉?我非爱其财。而易之以羊也,宜乎百姓之谓我爱也。"曰:"无伤也,是乃仁术也,见牛未见羊也。君子之于禽兽也,见其生,不忍见其死;闻其声,不忍食其肉。是以君子远庖厨也。"王说曰:"《诗》云:'他人有心,予忖度之。'夫子之谓也。夫我乃行之,反而求之,不得吾心。夫子言之,于我心有戚戚焉。……"(《孟子·梁惠王上》七)

【译注】齐宣王问孟子:"道德至于何种程度,才可以实行王道、一统天下?"孟子说:"让百姓安居乐业,为着这样的目的统一天下,就没人能抵挡了。"宣王说:"像我这样的君主,能让百姓安居乐业吗?"孟子说:"能。"宣王说:"凭啥知道我能呢?"孟子说:"我听胡龁说过一件事,您有一次坐在厅堂上,有人牵着牛从堂下过,您见到了问:'牵牛到哪里去?'对方回答:'准备杀了祭钟'。您说:'放了它吧!我不忍看它瑟瑟发抖,就像没罪而被送往刑场一样。'那人问:'那么不祭钟了吗?'您说:'怎么能不祭呢?换成一只羊吧!'不知有没有这事?"宣王说:"确实有。"孟子说:"有这个心,就足可一统天下了。百姓得知这事,都认为您小气,我却知道,您是不忍啊。"宣王说:"是啊,确实有百姓这样说。齐国虽然不大,我又怎么会舍不得一头牛?我是不忍心看它瑟瑟发抖,像是没罪而被送入刑场,所以用一只羊来换掉。"孟子说:"您也别怪百姓说您小气。他们只知您用小的替换大的,哪知其中深意呢?(他们想:)您如果可怜动物无罪被杀,那牛和羊又有什么区别呢?"宣王笑着说:"是啊,这是一种什么心理呢?我其实不是因为吝惜钱财才换成羊的。百姓认为我小气,也是应该啊。"孟子说:"没关系。您这正是仁慈的表现:这是因为您见到牛却没见到羊的缘故。君子对于动物的态度是,见到它活着的样子,就不忍见它死;听到它们的哀号,就不忍吃它的肉。因此君子总是远离厨房。"宣王听了高兴地说:"《诗经·小雅·巧言》说:'别人的心思,我能揣摩到。'说的就是

您啊。我只是这样做了，回头想想，却不知是何心理。先生这么一说，正中下怀。……"●保民：安民。胡龁（hé）：齐国臣僚。衅（xìn）：以动物之血祭祀重器宝物。舍之：饶了它。觳觫（húsù）：因恐惧而发抖的样子。爱：吝啬，小气。褊（biǎn）：狭小。无异：不要惊异，别怪。无伤：没关系。庖（páo）厨：厨房。忖度（cǔnduó）：揣摩。戚戚：心动貌。

6·6·7 （齐宣王）曰："王政可得闻与？"对曰："昔者文王之治岐也，耕者九一，仕者世禄，关市讥而不征，泽梁无禁，罪人不孥。老而无妻曰鳏，老而无夫曰寡，老而无子曰独，幼而无父曰孤。此四者，天下之穷民而无告者。文王发政施仁，必先斯四者。《诗》云：'哿矣富人，哀此茕独。'"（《孟子·梁惠王下》五）

【译注】齐宣王问孟子："王政是怎么回事，能说来听听吗？"孟子回答："从前周文王治理岐周，农民的税率是九分抽一，做官的人世代给予俸禄；关卡、市场只稽查不征税，湖泊之中不禁捕捞，犯人自承罪责，不牵连妻儿。老年丧妻的叫'鳏'，老年丧夫的叫'寡'，老年无子女的叫'独'，幼年丧父的叫'孤'。这四种人是天下最穷苦无靠的。文王施行仁政，一定要先考虑这四种人。《诗经》说：'富人当然过得去，可怜这些无依无靠的孤独者。'"●九一：指九分抽一的税率。世禄：世代食禄。关市：关卡集市。讥：严察。泽梁：古代在流水中拦鱼的装置。孥（nú）：子女或妻儿。鳏（guān）：鳏夫。哿（gě）：可。茕（qióng）：孤独。

6·6·8 （孟子曰：）"且王者之不作，未有疏于此时者也；民之憔悴于虐政，未有甚于此时者也。饥者易为食,渴者易为饮。孔子曰:'德之流行,速于置邮而传命。'当今之时,万乘之国行仁政,民之悦之,犹解倒悬也。故事半古之人,功必倍之,惟此时为然!"(《孟子·公孙丑上》一)

【译注】(孟子说:)"况且统一天下的仁君不曾出现,没有比眼下相隔更长的了。百姓被暴政所压迫而痛苦不堪,也没有比现在更严重的了。所谓饿肚子的人不挑吃的,口干舌燥的人不挑喝的。孔子说过:'德政的传播,比驿站的马跑得快。'在今天这个时候,万辆兵车的大国只要推行仁政,百姓就会欢欣鼓舞,如同倒吊着的人被解救下来一样。所以只要花古人一半的力气,就能收获一倍的功效。眼下就是这样的时机!" ●憔悴:疲惫虚弱,状态不佳。易为食、易为饮:容易满足于(低档次的)吃、喝。置邮:置和邮,都指驿站。倒悬:倒吊着,形容处境痛苦。事半:干事只花一半力气。功必倍之:一定获得加倍的功效。

6·6·9 梁惠王曰:"晋国,天下莫强焉,叟之所知也。及寡人之身,东败于齐,长子死焉;西丧地于秦七百里;南辱于楚。寡人耻之,愿比死者壹洒之,如之何则可?"孟子对曰:"地方百里而可以王。王如施仁政于民,省刑罚,薄税敛,深耕易耨;壮者以暇日修其孝悌忠信,入以事其父兄,出以事其长上,可使制梃以挞秦楚之坚甲利兵矣。彼夺其民时,使不得耕耨以养其父母。父母冻饿,兄弟妻子离散。彼陷溺其民,王往而征之,夫谁与王敌?故曰:'仁者无敌。'王请勿疑!"(《孟子·梁惠王上》五)

【译注】梁惠王说:"您知道的,天下没有比晋国更强的了。然而到了我这儿,东边败于齐国,我的大儿子战死在那里;西边

333

被秦国占去七百里；南边被楚国所欺侮。我以此为奇耻大辱，只想替所有死难者一雪耻辱，我要怎样做才行呢？"孟子说："即使纵横百里的小国也可以一统天下。您如果向百姓施行仁政，减免刑罚，减轻赋税，让百姓深耕勤锄。年轻人在农闲时学习孝顺父母、敬爱兄长、为人尽心、讲求诚信的道理；在家则侍奉父兄，在外则服从上级。这样，就是让他们抽根木棒，也能跟秦楚坚甲利刃的虎狼之师一争高低。秦楚等国呢，他们（热衷打仗，）任意侵夺百姓农时，使百姓不能正常耕作以赡养父母。弄得父母受冻挨饿、兄弟分离、妻儿逃散。对方让百姓陷于水深火热，您则乘机前往征伐，又有谁能跟您对抗？所以说：'仁德之人无敌于天下。'您不必怀疑！"●晋国：即魏国（因国都在梁，故称梁惠王）。比：代，替。壹：全，都。洒：洗雪。易耨（nòu）：勤锄；耨，古代锄草的农具，也指锄草。制：通"掣"，抽。梃（tǐng）：木棒。时：农时。陷溺：使……受坑害、被溺毙。

6·6·10 孟子曰："尧舜，性之也；汤武，身之也；五霸，假之也。久假而不归，恶知其非有也。"（《孟子·尽心上》三〇）

【译注】孟子说："唐尧、虞舜的仁义是本性使然，商汤、周武的仁义是身体力行，五霸的仁义是假借名义。但长期假借不还，怎知他不会真的拥有呢？"●性之：顺其仁义之性。身之：身体力行。假：借。◎本则虽然没有出现"仁义"的字眼儿，但所讲的恰是仁义。可参看《孟子·尽心下》三三"尧舜，性者也；汤武，反之也"（5·8·13）。此外，孟子认为，一种道德品质，哪怕你开头只是虚应故事，并不打算真心修习，但时间一长，"久假不归"，很可能就真的拥有了。由此可见孟子对

一切向善之举都是支持鼓励的,哪怕只是摆摆样子。

6·6·11 孟子曰:"霸者之民驩虞如也,王者之民皞皞如也。杀之而不怨,利之而不庸,民日迁善而不知为之者。夫君子所过者化,所存者神,上下与天地同流,岂曰小补之哉?"(《孟子·尽心上》一三)

【译注】孟子说:"霸主的百姓(因功业显著)欢悦快乐,王者的百姓(因功德浩荡)心情舒畅。后者即使被杀也不怨恨,即使得利也不认为该谢谁,一天天向善却不关心是谁引导他们。圣人君子所到之处,使百姓感化;所停留之处,也发生神妙影响。向上下弥漫、与天地同运,这难道只是霸者的那点小小补益吗?" ●驩(huān)虞如:欢娱貌。皞(hào)皞如:广大自得之貌。庸:此处意为酬谢。为之者:引导他们的人。化:感化。神:神妙莫测。

6·6·12 孟子曰:"不仁而得国者,有之矣;不仁而得天下者,未之有也。"(《孟子·尽心下》一三)

【译注】孟子说:"不行仁德而取得一个国家的政权,这样的事或许有;不行仁德而能获得天下人心,这样的事却从不曾有过。"

6·6·13 子曰:"如有王者,必世而后仁。"(《论语·子路》一二)

【译注】孔子说:"如有王者出现,也一定需要三十年才能使仁德普及天下。" ●世:三十年为一世。◎孔子强调推行仁政需要有充足的时间及连续性,可参见《论语·子路》一一:"善人为邦百年,亦可以胜残去杀矣。"(6·7·1)。

335

6·6·14　梁惠王曰:"寡人愿安承教。"孟子对曰:"杀人以梃与刃,有以异乎?"曰:"无以异也。""以刃与政,有以异乎?"曰:"无以异也。"曰:"庖有肥肉,厩有肥马,民有饥色,野有饿莩,此率兽而食人也!兽相食,且人恶之;为民父母,行政不免于率兽而食人,恶在其为民父母也?仲尼曰:'始作俑者,其无后乎!'为其象人而用之也。如之何其使斯民饥而死也?"(《孟子·梁惠王上》四)

【译注】梁惠王对孟子说:"我很乐意听您指教。"孟子回答说:"杀人用木棍和用刀子,有什么区别吗?"梁惠王说:"没什么区别。"孟子说:"杀人用刀子或用政令,有什么区别吗?"梁惠王说:"没什么区别。"孟子说:"厨房里有肥肉,马棚里有肥马,百姓却面带饥色,田野里有饿死的尸体,这等于在位者率领野兽来吃人啊!野兽相互残杀,人看着还厌恶呢;可作为百姓的父母官,主持政治,却不免出现率兽食人的景象,这又怎么能给百姓做父母官?孔子说:'那个开始制作偶人来殉葬的人,大概会断子绝孙吧!'就因为偶人像人形,却用来殉葬之故。(仁者连这种事都不忍,)又怎么能让百姓活活饿死呢?"●安:乐意。厩:马厩。俑:用来殉葬的木偶或陶偶。象人:与人相像。◎此则是行仁政的反面例子,指出君主不行仁政,无异于率兽食人。

6·6·15　(孟子曰:)"离娄之明、公输子之巧,不以规矩,不能成方圆;师旷之聪,不以六律,不能正五音;尧舜之道,不以仁政,不能平治天下。今有仁心仁闻而民不被其泽,不可法于后世者,不行先王之道也。故曰:徒善不足以为政,徒法不能以自

行。"(《孟子·离娄上》一)

【译注】(孟子说:)"即使有离娄的目力,公输般的技巧,不用圆规和矩尺,也画不成方形、圆形。即使有师旷的耳音,不依照六律,也不能校正五音。即使有尧舜的修养,不实行仁政,也不能使天下太平。如今有些君主有仁爱之心、仁爱之名,但百姓却没从他那儿获得恩惠,其政治施为不能为后世做榜样,只因不实行先王之道的缘故。所以说:光有好心,还不足以行仁政;光有好法,它也不能自己运行。(还是要学习先王之道才行。)" ● 离娄:传说中古代目力最好的人。公输子:名般,即传说中的能工巧匠鲁班。师旷:古代著名乐师。聪:听觉灵敏,耳音好。六律:古代的六个音律,各有音高及名称。五音:指古代宫、商、角(jué)、徵(zhǐ)、羽五声音阶。被其泽:沾溉他的恩泽。法(法于后世):成为效法的榜样。

6·7 嗜杀好战,害政戕仁

好战嗜杀,历来为儒家所深恶痛绝,因为它与仁德、仁政截然对立。孟子说:"争地以战,杀人盈野;争城以战,杀人盈城,此所谓率土地而食人肉,罪不容于死。"(6·7·10)他对不义战争给予了最严厉的谴责。本节辑录了先哲反战的论述。——相关论述尚有"不教而杀谓之虐"(3·15·5)、"军旅之事,未之学也"(5·1·16)等。

6·7·1 子曰:"'善人为邦百年,亦可以胜残去杀矣。'诚哉是言也!"(《论语·子路》一一)

【译注】孔子说:"'善人治国连续一百年,也可以克服残暴免除杀戮。'这话真对啊!" ● 为邦:治国。胜残去杀:消除残暴,免除杀戮刑罚。◎尚可参见《论语·子路》一二:"如有

王者，必世而后仁。"（6·6·13）

6·7·2　季康子问政于孔子曰："如杀无道，以就有道，何如？"孔子对曰："子为政，焉用杀？子欲善而民善矣。君子之德风，小人之德草。草上之风，必偃。"（《论语·颜渊》一九）

【译注】参见6·2·5。

6·7·3　子曰："善人教民七年，亦可以即戎矣。"（《论语·子路》二九）

【译注】孔子说："善人训导百姓七年，也可以叫他们上战场了。"●即戎：参战，打仗。

6·7·4　子曰："以不教民战，是谓弃之。"（《论语·子路》三〇）

【译注】孔子说："驱使未受训练的百姓上战场，这叫荼毒生灵。"●弃：抛弃。

6·7·5　孟子曰："古之为关也，将以御暴；今之为关也，将以为暴。"（《孟子·尽心下》八）

【译注】孟子说："古代设立关卡是为了抵御强暴，今天设立关卡，是为了施行残暴。"

6·7·6　孟子曰："有人曰：'我善为陈，我善为战。'大罪也。国君好仁，天下无敌焉。南面而征，北夷怨；东面而征，西夷怨，曰：'奚为后我？'武王之伐殷也，革车三百两，虎贲三千人。王曰：'无畏！宁

尔也,非敌百姓也。'若崩厥角稽首。征之为言正也,各欲正己也,焉用战?"(《孟子·尽心下》四)

【译注】孟子说:"有人说:'我善于布阵,我善于打仗。'这是最大的罪恶。一国的君主喜好仁德,整个天下就不会有敌手。他向南面征讨,北面的便会抱怨;他向东面征讨,西面的就会抱怨,说:'为什么把我排在后面?'武王征讨殷商,兵车三百辆,勇士三千人。武王对殷商百姓说:'别怕!我是来安定你们的,不是跟百姓为敌的。'百姓都触地磕头,声音像是山崩。'征'的意思是'正',各人都想端正自己,又哪里用得着打仗?" ●陈:阵。革车:兵车。虎贲(bēn):勇士。无畏:不要怕。宁尔:安定你们。若崩:声音像山崩。厥角:厥,顿、磕;角,额头;厥角即磕头。稽首:跪拜。

6·7·7 孟子见梁襄王,出,语人曰:"望之不似人君,就之而不见所畏焉。卒然问曰:'天下恶乎定?'吾对曰:'定于一。''孰能一之?'对曰:'不嗜杀人者能一之。''孰能与之?'对曰:'天下莫不与也。王知夫苗乎?七八月之间旱,则苗槁矣。天油然作云,沛然下雨,则苗浡然兴之矣。其如是,孰能御之?今夫天下之人牧,未有不嗜杀人者也。如有不嗜杀人者,则天下之民皆引领而望之矣。诚如是也,民归之,由水之就下,沛然谁能御之?'"(《孟子·梁惠王上》六)

【译注】孟子见梁襄王,出来后,对人说:"看着不像君主,走近也看不出有什么值得敬畏之处。他突然发问说:'天下怎么能安定?'我回答:'天下归于统一,就能安定。'又问:'谁能统一天下?'我回答:'不好杀人者能统一。'又问:'又有

谁能跟随他呢？'我又答：'天下之人没有不跟随的。王了解禾苗吗？七八月间天旱，禾苗就枯萎了。假若忽然乌云密布，哗哗下起雨来，苗就会猛长起来。像这样，谁又能阻挡呢？如今天下的统治者，没有不好杀人的。如果有不好杀人的，那么天下百姓都伸着脖子盼着呢。真能如此，百姓归附他，如同水往低处流一样，哗啦哗啦谁能挡得住？" ●梁襄王：梁惠王之子。就之：到他跟前。卒（cù）然：猛然。油然：自然而然貌。沛然：盛大貌。浡（bó）然：兴起貌。御：抵御，抵挡。人牧：指统治者。引领：伸长脖子。

6·7·8 孟子曰："不仁哉梁惠王也！仁者以其所爱及其所不爱，不仁者以其所不爱及其所爱。"公孙丑问曰："何谓也？""梁惠王以土地之故，糜烂其民而战之，大败，将复之，恐不能胜，故驱其所爱子弟以殉之，是之谓以其所不爱及其所爱也。"（《孟子·尽心下》一）

【译注】孟子说："梁惠王真是不仁啊！仁人把爱人之心扩展到他所不爱的人身上，不仁者把对待他不爱的人的态度，用于他所爱的人身上。"公孙丑问："这话是什么意思？"孟子说："梁惠王为了争夺土地的缘故，不顾百姓被摧残荼毒，驱使他们作战，被打得大败。还想再战，又怕不胜，因而又驱赶他所爱的亲族子弟去送死，这就叫把对待他所不爱的人的态度，用于他所爱的人身上。" ●及：这里有扩展之意。糜烂：这里有摧残之意。殉：陪葬，送死。

6·7·9 孟子曰："五霸者，三王之罪人也；今之诸侯，五霸之罪人也；今之大夫，今之诸侯之罪人也。天子适诸侯曰巡狩，诸侯朝于天子曰述职。……一不朝，则贬其爵；再不朝，则削其地；三不朝，则六师移之。是故天子讨而不伐，诸侯伐而不讨。五霸者，搂诸侯以伐诸侯者也，故曰，五霸者，三王之罪人也。"（《孟子·告子下》七）

【译注】孟子说："五霸对于三王而言是有罪之人。今天的诸侯对五霸而言也是有罪之人。今天的大夫，对于今天的诸侯而言，同样是有罪之人。天子到诸侯那里巡行叫巡狩，诸侯到天子那里朝见叫述职。……（诸侯）一次不来朝，就贬他的爵禄；两次不来朝，就削减他的土地；三次不来朝，就要兴师问罪。因而天子动用武力说'讨'不说'伐'，诸侯说'伐'不说'讨'。所谓五霸，是挟持一部分诸侯征伐另一部分诸侯的。所以说，五霸对于三王，是有罪之人。"●适：前往。巡狩：巡行狩猎。朝：朝觐，朝见。述职：下级向上级汇报履职情况。六师：天子的军队。搂：挟持。

6·7·10 孟子曰："求也为季氏宰，无能改于其德，而赋粟倍他日。孔子曰：'求非我徒也，小子鸣鼓而攻之，可也！'由此观之，君不行仁政而富之，皆弃于孔子者也，况于为之强战？争地以战，杀人盈野；争城以战，杀人盈城，此所谓率土地而食人肉，罪不容于死。故善战者服上刑，连诸侯者次之，辟草莱、任土地者次之。"（《孟子·离娄上》一四）

【译注】孟子说："冉求做了季康子的家臣，不能改变主人的德行，反而把田赋增加了一倍。孔子因此说：'冉求不是我的学生，你们大张旗鼓攻击他都行！'由此看来，帮着不行仁政的君主发财的，都是被孔子唾弃的。何况是替这样的君主去卖

力打仗的呢？打仗抢土地的，杀死的人遍布田野；打仗夺城池的，杀死的人塞满城池，这就是所说的为争夺土地而吃人肉，判死刑都是轻的。所以说，好战的人应该服最重的刑罚；串联诸侯结盟的，处罚轻一等；开垦荒地，硬派给百姓耕种的，处罚再轻一等。"●弃于孔子：被孔子唾弃。强（qiǎng）战：努力作战。盈：满。上刑：最重的刑罚。连诸侯：结盟诸侯（以作战）。辟草莱、任土地：开垦荒地，分配给百姓耕种（以收租税）。◎尚可参见《论语·先进》一七："子曰：'非吾徒也。小子鸣鼓而攻之，可也！'"（6·8·4）

6·7·11 鲁欲使慎子为将军。孟子曰："不教民而用之，谓之殃民。殃民者，不容于尧舜之世。一战胜齐，遂有南阳，然且不可。"慎子勃然不悦曰："此则滑釐所不识也。"曰："吾明告子。……今鲁方百里者五，子以为有王者作，则鲁在所损乎，在所益乎？徒取诸彼以与此，然且仁者不为，况于杀人以求之乎？君子之事君也，务引其君以当道，志于仁而已。"（《孟子·告子下》八）

【译注】鲁国要让慎子做将军。孟子说："不训练百姓就让他们上阵打仗，这叫祸害百姓。祸害百姓的人，在尧舜时代是不被容忍的。即使一仗就打败齐国，因而占领南阳，也是不可以的。"慎子勃然而怒，说："这是我所不了解的。"孟子说："那我就明白告诉你。……如今鲁国有五个百里的长度和宽度，你认为如果有王者兴起，鲁国的土地是应减损些，还是增加些？徒然从齐国略取土地来增益鲁国，尚且是仁者所不做的事，何况还要杀人来取得土地呢？君子服侍君王，只是要一心一意引导君王立于正道，追求仁政罢了。"●慎子：鲁国将军，名

滑鳌。殃民：祸害百姓。南阳：山东汶阳，为齐鲁所争之地。徒：徒然（这里指轻而易举、无须费力）。务：务必。当道：立于正道。

6·8 让利于民，民富君安

本节辑录有关在位者如何正确对待财富、为政惠民的论述。——相关论述尚有"王何必曰利"（1·6·9）、"因民之所利而利之"（3·1·23）、"既庶矣，又何加焉"（4·2·7）等，并可与3·13"物质利益，考验贪廉"及讲说仁义诸节参看。

6·8·1　生财有大道：生之者众，食之者寡，为之者疾，用之者舒，则财恒足矣。仁者以财发身，不仁者以身发财。未有上好仁而下不好义者也，未有好义其事不终者也，未有府库财非其财者也。(《大学》第一一章)

【译注】生产财富也有正确的途径：从事生产的人多，吃俸禄的人少；干活的勤奋，消费的节俭，这样，财富便永远充足。（"仁者以财发身"至"未有府库财非其财者也"，参见3·13·2。）●疾：勤奋。舒：舒缓，节俭。恒：长久。

6·8·2　冉有曰："今夫颛臾，固而近于费。今不取，后世必为子孙忧。"孔子曰："求！君子疾夫舍曰'欲之'而必为之辞。丘也闻有国有家者，不患贫而患不均，不患寡而患不安。盖均无贫，和无寡，安无倾。夫如是，故远人不服，则修文德以来之。既来之，则安之。今由与求也，相夫子，远人不服，而不能来也；邦分崩离析，而不能守也；而谋动干

戈于邦内。吾恐季孙之忧，不在颛臾，而在萧墙之内也！"（《论语·季氏》一）

【译注】（孔子的学生子路和冉有向孔子报告说：鲁国权臣季孙打算对鲁国附庸国颛臾动武，孔子表示反对。）冉有陈说理由："如今的颛臾，城池坚固而且逼近季孙的费邑，今天不把它拿下，以后一定会给子孙留下祸患。"孔子说："冉求！君子最讨厌那种不说自己贪心，却一定要找借口掩饰的。我听说无论诸侯还是大夫，不怕百姓贫穷，只怕财富分配不公平；不怕百姓人少，只怕百姓生活不安定。因为财富平均就无所谓贫穷，社会和谐就不会感到人少，百姓安定国家就不会倾覆。这样一来，远方的人不归服，就修养仁义道德招徕他们。对已经来归的，则让他们安心定居。如今仲由与冉求辅佐季孙，远方之人不归服，不能招徕他们；国家面临分裂，不能想法保全，反而要在国内动武。我怕季孙的忧患不在颛臾那里，却在鲁君的屏风后面！" ●费（Bì）：季氏封邑。疾：恨。为之辞：找借口。寡：人数少。均：平均，公平。倾：倾覆。来：招徕。分崩离析：崩塌解体。萧墙：宫门内的屏风。◎《论语》原文为"不患寡而患不均，不患贫而患不安"，学者以为应为"不患贫而患不均，不患寡而患不安"。本则背景可参见6·4·2。

6·8·3 季康子患盗，问于孔子。孔子对曰："苟子之不欲，虽赏之不窃。"（《论语·颜渊》一八）

【译注】季康子苦于盗贼多，问计于孔子。孔子回答："如果您不贪得无厌，（搞得百姓很穷，）您就是奖励他们，也不会去偷窃的。" ●不欲：不贪。

6·8·4 季氏富于周公，而求也为之聚敛而附益之。子曰："非吾徒也。小子鸣鼓而攻之，可也！"（《论语·先进》一七）

【译注】鲁国权臣季氏比周公还富有，而冉求还为他聚敛搜刮，增其财富。孔子说："冉求不再是我们的人。弟子们可以大张旗鼓攻击他！"◎尚可参见《孟子·离娄上》一四（6·7·10）。

6·8·5 子曰："放于利而行，多怨。"（《论语·里仁》一二）

【译注】孔子说："根据利益原则行事，肯定会招来怨恨的。"
●放（fǎng）：依据。

6·8·6 （孟子曰：）"不违农时，谷不可胜食也；数罟不入洿池，鱼鳖不可胜食也；斧斤以时入山林，材木不可胜用也。谷与鱼鳖不可胜食，材木不可胜用，是使民养生丧死无憾也。养生丧死无憾，王道之始也。五亩之宅，树之以桑，五十者可以衣帛矣。鸡豚狗彘之畜，无失其时，七十者可以食肉矣。百亩之田，勿夺其时，数口之家可以无饥矣。谨庠序之教，申之以孝悌之义，颁白者不负戴于道路矣。七十者衣帛食肉，黎民不饥不寒，然而不王者，未之有也。"（《孟子·梁惠王上》三）

【译注】（孟子对梁惠王说：）"如果在农忙时不妨害农民，打的谷子就吃不完。不用细眼渔网到池沼捕鱼，池沼中的鱼鳖水产也吃不尽。上山砍树也有一定时间限制，木材也会用不尽。谷物鱼鳖吃不完，木材用不尽，这就使得百姓生养死葬都没有抱

怨的了。生养死葬没有抱怨，这就是王道的开端啊。（王道的图景是这样的：）每家拨给五亩地做宅院，四周种上桑树（养蚕），五十岁以上的老人就可以穿上暖和的丝绵袄了。鸡、狗、猪等家畜只要按时喂养繁殖，七十岁往上的老人就可以吃上肉了。一家子种上一百亩田，只要不跟他们争农时，收成足可让数口之家不饿肚子。再办好各级学校，反复向子弟们申明孝悌大义，（人人尊老敬老，）须发花白的老人就不必背着重物在路上劳碌了。七十岁的老人穿绵吃肉，百姓不冻不饿，如此而不能使天下归服的，是不可能的。" ●不可胜（shēng）食：吃不完；胜，能承担。数罟（cùgǔ）：网眼很密的渔网。洿（wū）池：大而深的水池。斧斤：斧子。憾：抱怨。豚（tún）：小猪。彘（zhì）：猪。谨：认真对待。庠（xiáng）序：古代的地方学校。申：反复。颁白：（头发）斑白。负戴：背着、顶着。◎《孟子·梁惠王上》七及《孟子·尽心上》二二也有类似表述。

6·8·7 （孟子曰：）"耕者之所获，一夫百亩；百亩之粪，上农夫食九人，上次食八人，中食七人，中次食六人，下食五人。庶人在官者，其禄以是为差。"（《孟子·万章下》二）

【译注】（孟子说：）"耕种的收入，一家农夫分地一百亩；百亩田地经过施肥耕种，上等农夫可以养活九人，其次的养活八人，中等的养活七人，再次的六人，下等的五人。百姓在公家当差的，也比照这个分等级拿俸禄。" ●粪：施肥耕种。食（sì）：喂养。差：分等级。

6·8·8 滕文公问为国。孟子曰："民事不可缓也。《诗》云：'昼尔于茅，宵尔索绹；亟其乘屋，其始播百谷。'

民之为道也,有恒产者有恒心,无恒产者无恒心。苟无恒心,放辟邪侈,无不为已。及陷乎罪,然后从而刑之,是罔民也。焉有仁人在位罔民而可为也?是故贤君必恭俭礼下,取于民有制。阳虎曰:'为富不仁矣,为仁不富矣。'"(《孟子·滕文公上》三)

【译注】滕文公问孟子治理国家的事。孟子说:"跟百姓有关的事是不能拖拉的。《诗经·豳风·七月》说:'白天割茅草,夜晚打草绳;赶快修房屋,到时播五谷。'百姓有一种基本情况,有恒定产业的人,才有恒定的道德准则,没有恒定产业的,就没有恒定的道德准则。一个人没有恒定的道德准则,就会放纵胡为,什么事都干得出来。等到他犯法获罪,然后再去惩罚他,这等于陷害百姓。哪里有仁人当政却去干陷害百姓的事呢?所以贤明的君主一定要恭敬俭朴,礼貌地对待下级,征收赋税要有度。阳虎说:'要发财就不能仁爱,要仁爱就发不了财。'"●为国:治国。于茅:前往取茅草。索绹:打绳子。亟:急。乘屋:修理房屋。恒产:固定产业。恒心:恒定的道德准则。放辟邪侈:放纵,邪恶,胡作非为。罔:陷害。有制:有节制。◎尚可参见《孟子·梁惠王上》七(3·6·9)。

6·8·9 哀公问于有若曰:"年饥,用不足,如之何?"有若对曰:"盍彻乎?"曰:"二,吾犹不足,如之何其彻也?"对曰:"百姓足,君孰与不足?百姓不足,君孰与足?"(《论语·颜渊》九)

【译注】鲁哀公问有若(孔子的学生,字子有):"赶上荒年,国家用度不够,怎么办?"有若回答:"为什么不实行十分抽一的彻税呢?"哀公说:"十分抽二我还不够呢,怎么能实行彻税?"有若说:"百姓富足,国君的财富哪能不够使?百姓

穷困，国君又怎么能富足呢？"●盍：何不。彻：一种税收制度，即十分抽一。孰与：如何，怎么。

6·8·10 孟子曰："尊贤使能，俊杰在位，则天下之士皆悦，而愿立于其朝矣。市，廛而不征，法而不廛，则天下之商皆悦，而愿藏于其市矣。关，讥而不征，则天下之旅皆悦，而愿出于其路矣。耕者，助而不税，则天下之农皆悦，而愿耕于其野矣。廛，无夫里之布，则天下之民皆悦，而愿为之氓矣。信能行此五者，则邻国之民仰之若父母矣。率其子弟，攻其父母，自有生民以来未有能济者也。如此，则无敌于天下。无敌于天下者，天吏也。然而不王者，未之有也。"（《孟子·公孙丑上》五）

【译注】孟子说："尊重贤者，任用有能力的人，使杰出者登上官位，天下的士人都会欢欣鼓舞，都愿意到朝廷上来贡献才智。集市上对商人只征货栈税而不征货物税，或依法征货物税而不征货栈税，那么天下的商人都欢欣鼓舞，都愿意把货物存放到集市上来。关卡只稽查而不收税，那么天下的旅客都会欢欣鼓舞，都愿意从他这里取道而行。种地的只助耕公田而不纳税，那么天下的农夫都欢欣鼓舞，都愿意到他的田野来耕种。凡人居住处，没有人丁、房地等额外赋税，那么天下的百姓都欢欣鼓舞，都愿意到他这里来侨居为民。若真的能实行这五项措施，那么邻国的百姓也会像对待父母一样仰望他。这样一来，（假使邻国率领这些百姓来攻打他，）就如同率领子弟攻打他们的父母一样，自有人类以来，这样的事没有能成功的。如此，他就会无敌于天下。无敌于天下的人，就是天帝的属吏，若还不能统一天下，是不可能的。"●廛（chán）：民居，货栈；

也指对民居、货栈的收税("廛而不征""法而不廛")。助:助耕公田,即井田制做法。夫里之布:指人丁税(夫布)和住房税(里布);布,钱。

6·8·11 孟子曰:"有布缕之征,粟米之征,力役之征。君子用其一,缓其二。用其二而民有殍,用其三而父子离。"(《孟子·尽心下》二七)

【译注】孟子说:"有征收布帛的赋税,有征收谷米的赋税,还有征发人力的赋税。君子在三种之中只重点采用一种,其他两种暂缓不用。如果同时采用两种,百姓就有饿死的了;若三种都用,便会父子离散,家破人亡了。" ●殍(piǎo):饿死的人。

6·8·12 孟子曰:"易其田畴,薄其税敛,民可使富也。食之以时,用之以礼,财不可胜用也。民非水火不生活,昏暮叩人之门户求水火,无弗与者,至足矣。圣人治天下,使有菽粟如水火。菽粟如水火,而民焉有不仁者乎?"(《孟子·尽心上》二三)

【译注】孟子说:"治理好田地农耕,削减赋税,可以使百姓富足。按时令吃东西,按规矩消费,财货也就用不完。百姓日常生活中,水火是不能没有的。黄昏敲门向人家求一瓢水、借个火种,没有不给的,因为这东西多得是。圣人治理天下,会使粮食如同水火一样多。粮食如水火一样多,百姓(可以随意向人施舍)又怎能不仁爱呢?" ●易:治。菽粟:豆和小米,泛指粮食。◎管子有"仓廪实而知礼节,衣食足而知荣辱"的说法,孟子的话也有这个意思。

6·8·13 原思为之宰，与之粟九百，辞。子曰："毋！以与尔邻里乡党乎！"（《论语·雍也》五）

【译注】原思任孔子家的总管，孔子给他粟米九百作为俸禄。原思推辞，孔子说："别推辞了！多余的就给你的邻居老乡吧。"●九百：数字后面省略了量度单位，不知是石是斗。毋（wú）：别这样。

6·8·14（齐宣王曰：）"寡人有疾，寡人好货。"对曰："昔者公刘好货，《诗》云：'乃积乃仓，乃裹糇粮，于橐于囊。思戢用光。弓矢斯张，干戈戚扬，爰方启行。'故居者有积仓，行者有裹囊也，然后可以爰方启行。王如好货，与百姓同之，于王何有？"（《孟子·梁惠王下》五）

【译注】（孟子向齐宣王谈论王政，宣王说：）"（我做不到。）我有个毛病，我喜好财货。"孟子回答："从前公刘也喜好财货。《诗经·大雅·公刘》说：'粮食满囤又满仓，裹好干粮随身扛，多少粮袋与行囊。民众安集，国威发扬。张弓搭箭，斧盾闪光，开拔上前方。'所以留在家里的人有存粮，行军的人有干粮，这才能率队出发。您如果喜好财货，能跟百姓一道，这对施行王政又有什么困难呢？"●公刘：稷的后代，周人创业的始祖。积：在露天堆积粮食。糇（hóu）粮：干粮。橐（tuó）：盛物之器。思：虚词。戢（jí）：同"辑"，安，和。光：发扬光大。干戈戚扬：干是盾牌，戈是戈矛，戚是斧子，扬是大斧。爰：连词，于是。

6·8·15 孟子曰："今之事君者皆曰：'我能为君辟土地，充府库。'今之所谓良臣，古之所谓民贼也。君不乡道，不志于仁，而求富之，是富桀也。'我能为君约与国，战必克。'今之所谓良臣，古之所谓民贼也。君不乡道，不志于仁，而求为之强战，是辅桀也。由今之道，无变今之俗，虽与之天下，不能一朝居也。"（《孟子·告子下》九）

【译注】孟子说："而今事奉君主的人都说：'我能为国君开疆拓土，充实府库。'今天所谓的良臣，就是古代所说的害民贼呀。引导国君不向往道德，不追求仁政，只求让他富有，这等于让暴君夏桀变富。而今事奉君主的人又说：'我能为国君邀别国结盟，每战必胜。'今天所谓的良臣，就是古代所说的害民贼呀。引导国君不向往道德，不追求仁政，只求替他硬去打仗，这等于辅佐暴君夏桀。顺着今天这条道走下去，不改变今天的坏风俗，即使把整个天下交给他，也是一天都坐不稳的。"

●乡：同"向"，向往。约：邀约。与国：盟国。克：胜。强战：努力作战。

6·8·16 孟献子曰："畜马乘不察于鸡豚，伐冰之家不畜牛羊，百乘之家不畜聚敛之臣。与其有聚敛之臣，宁有盗臣。"此谓国不以利为利，以义为利也。长国家而务财用者，必自小人矣。彼为善之，小人之使为国家，灾害并至。虽有善者，亦无如之何矣！此谓国不以利为利，以义为利也。（《大学》第一一章）

【译注】孟献子说："家有一辆四马车的士大夫，就不再理会养鸡养猪的小利；祭祀用冰的卿大夫，就不要再养牛养羊；拥有百辆兵车的诸侯之家，就不要再设置搜刮民财的家臣。与其有搜刮民财的家臣，还不如有偷盗家财的臣仆。"这就是说，国家不应以财货为利益，应以仁义为利益。做了国君却还一心要

聚敛财货，这一定有小人在诱导。国君还认为小人是好人，让他们去处理国事，结果定是天灾人祸一齐来。纵有真正的贤人，也无法挽救了。这就是国家不应以财货为利益，应以仁义为利益的道理。●孟献子：鲁国的大夫。畜：养。马乘：四马之车。察：计较，理会。伐冰之家：祭祀用冰之家，即卿大夫。长国家：职掌国家，这里指君主。务财用：全力聚敛财物。◎学者认为"彼为善之"前后可能有缺文误字。

6·8·17　孟子曰："恭者不侮人，俭者不夺人。侮夺人之君，惟恐不顺焉，恶得为恭俭？恭俭岂可以声音笑貌为哉？"(《孟子·离娄上》一六)

【译注】孟子说："心存恭敬者不会侮辱他人，生性节俭者不会掠夺他人。喜欢侮辱、掠夺百姓的君主，唯恐别人不顺从他，又如何能做到恭俭？恭俭美德岂能靠着声音好听、笑脸好看来实现？"●顺：顺从。

附录 《礼记·礼运》二则

大道之行也,天下为公,选贤与能,讲信修睦。故人不独亲其亲,不独子其子,使老有所终,壮有所用,幼有所长,矜、寡、孤、独、废疾者皆有所养;男有分,女有归。货恶其弃于地也,不必藏于己;力恶其不出于身也,不必为己。是故谋闭而不兴,盗窃乱贼而不作,故外户而不闭,是谓大同。

【译注】大道施行之时,天下为天下人所共有。选举德才兼备的人管理公共事务,人人讲求诚信、和睦相处。这样,人们不单亲爱自己的亲人,不单抚爱自己的孩子,还要让所有老年人都能安享天年,所有壮年人都有用武之地,所有孩子们都健康成长,所有鳏、寡、孤、独及残疾病废之人都能得到供养;男子有可心的职业,女子有温暖的家庭。人们厌恶财货被丢弃浪费,却不一定私藏归己;厌恶自己出力不多,却不必全为自己。这样一来,阴谋诡计自然不会发生,偷盗悖乱害人之事自然不会出现。于是夜不闭户、路不拾遗——这就是所说的大同之世。●大道:古人心中最高的政治理想。选贤与(jǔ)能:

选举贤良有能力之人。与，同"举"。亲其亲：亲爱自己的亲人，前一个"亲"是动词。子其子：抚爱自己的孩子，前一个"子"是动词。所终：（好的）结局。矜（guān）、寡、孤、独：鳏夫、寡妇、孤儿、绝户；矜同"鳏"，老而无妻者；寡，老而无夫者；孤，少而失父者；独，老而无子者。废疾：残疾病废者。分：职分。归：归宿，这里指女子出嫁。恶（wù）：厌恶。闭：杜绝。兴：发生。贼：害人。作：兴起。外户：大门。◎此则出自《礼记》第九篇《礼运》，是孔子对弟子言偃讲的一段话，简要阐述了儒家的最高政治理想。孔子同时还描绘了仅次于"大同"之世的"小康"社会的图景，参见下则。

今大道既隐，天下为家。各亲其亲，各子其子，货力为己。大人世及以为礼，城郭沟池以为固。礼义以为纪，以正君臣，以笃父子，以睦兄弟，以和夫妇，以设制度，以立田里，以贤勇知，以功为己。故谋用是作，而兵由此起。禹、汤、文、武、成王、周公，由此其选也。此六君子者，未有不谨于礼者也。以著其义，以考其信，著有过，刑仁讲让，示民有常。如有不由此者，在执者去，众以为殃。是谓小康。

【译注】如今大道消弭，天下成了一家一姓的私产。人们也都各自爱自己的亲人，亲自己的孩子，财货私有，出力为己。君主则世代相袭，成为制度，高筑城郭、深挖沟池以固守。制定礼仪作为纲纪，规定君臣的权利，笃厚父子的关系，和睦兄弟的情谊，调和夫妇的感情；并依礼设立制度，划分田界住宅，尊重智勇之人，功勋归于自己。于是钩心斗角因此而兴，刀兵征伐由此开始。夏禹、商汤、周文王、周武王、成王、周

公等,也因而成为一时豪杰。这六位君子,没有不谨守礼义的。以此彰显正义,考察诚信,指明过错,以仁为榜样,讲求逊让,为百姓树立恒定的礼义观念。如有不遵礼义的,在位者要让位,百姓则视之为祸殃。——这就叫"小康"之世。●

隐:引退,消弭。大人:这里指君主。世及:世袭,父传子,兄传弟。郭:外城。沟池:护城河。笃:淳厚。田里:田地和居里。贤勇知(zhì):尊重有勇有谋者;贤,尊重。用是:因此,由此。选:这里指杰出人物。著(以著其义):彰显。著(著有过):记录。刑:同"型",典范、典型。常:恒常之礼。执:同"势"。去:斥退,驱逐。殃:祸。

后　记

　　我念中学是在20世纪60年代，现在想想，不记得语文课本中选过《论语》《孟子》的内容，而《大学》《中庸》的名字，听都没听过。其实从那时前推五六十年，"四书"曾是读书人"打底子"的书，参加科举选拔的士子几乎人人都能倒背如流！

　　时至今日，不要说年轻人，就是八九十岁的老者，也都成长于白话文环境中。不仅远离"四书""五经"，还曾经历过将"孔孟之道"视为洪水猛兽的特殊时段。而对传统的割裂与截流，三四代人的光阴，已经尽够了。

　　曾有朋友当面质问道：什么"孔孟之道"，不就是"君教臣死，臣不敢不死；父教子亡，子不敢不亡"那一套吗？——他的愤激与不屑，令我哭笑不得。我差点脱口而出：您这"语录"从何而来？您的国学难道是跟猪八戒学的吗？

　　我没骂人；遍翻经典，儒家先贤从没说过这样的话。此语确实出自猪八戒之口，见《西游记》第七十八回。所反映的，则是明代民间对儒家"君臣观"的歪曲理解。

　　如果这位朋友当时能坐下来，我愿把我所理解的儒家君臣观讲给他听。——孔、孟先贤确实重视君臣关系。孔子就有过"君君，臣臣，父父，子子"的论述，那是指无论何人，都该依礼做好自己的伦常角色，严于律己，而非诛求于人。也有学者把这四者理解为两对因果关系：君要像君，臣才履行臣的职责；父要像父，子才行使子的义务。孔子另有"君使臣以礼，臣事君以忠"的表述，即是说：大臣尽忠的前提，是君王待之以礼。

孔子到卫国求仕，某次出行，卫君带着夫人和宦者乘坐第一辆车，让孔子乘第二辆；孔子认为卫君失礼，毅然舍弃六万斛的丰厚俸粟，毫不留恋地离开卫君。(《史记·孔子世家》)

孟子的态度比孔子还要激烈。有一回齐宣王问孟子：卿大夫的职责是什么？孟子说：国君犯了大错，卿大夫应该劝阻；反复劝阻不听，就该把国君废掉！齐宣王听了，"勃然变乎色"。(《孟子·万章下》)

更让齐宣王"扎心"的，是孟子那段有名的君臣对等论："君之视臣如手足，则臣视君如腹心；君之视臣如犬马，则臣视君如国人；君之视臣如土芥，则臣视君如寇雠。"(《孟子·离娄下》三)

齐宣王当时脸色如何，书中不曾记述；不过孟子此言惹恼了一千多年后的明太祖朱元璋，他命人重新审订《孟子》，将书中所有碍眼文字尽行删除（还包括"民为贵，社稷次之，君为轻"等则），明人读的，是《孟子节文》。——这样的思想钳制确实奏效，这从明代通俗文学中传达的扭曲君臣观，即可印证。

也就是说，人们对经典的暌隔与误解，非自今日始。今人若想不被猪八戒之流所"忽悠"，很有必要重拾元典，亲耳聆听古圣先贤的声音。孟子曾说过：乡里的贤人（"善士"）要与乡里的贤人交往；国中的、天下的贤人，要跟国中的、天下的贤人交往。如果仍有不足，就应"尚论古之人"，"颂其诗，读其书"，知人论世，这叫"尚友"，也就是溯流而上，以古人为友，了解他们对人生、社会、宇宙的感悟与思考。——这也正是我们此刻要做的。

鲁迅先生在后期杂文《拿来主义》中，有个生动的比喻：假如一个穷青年得到一所大宅子，该怎么办？"首先是不管三七二十一，'拿来'！"——当然，若是怕被旧物"染污"而徘徊不敢进门，那是"孱头"；为保存自己的清白而一把火烧光的，则是"昏蛋"；若因羡慕宅子的旧主人而接受一切，大吸其剩余鸦片烟的，则是"废物"！正确的做法，是对所接受的遗产"占有、挑选",区别对待;"或使用,或存放,或毁灭"。

我还由此联想到一则关于读书的逸闻。20世纪40年代,一位当时已小有名气的学者拜在国学大师熊十力门下。熊十力向他推荐了王夫之的《读通鉴论》。然而日后他向熊十力汇报读书心得时,对王夫之的观点颇多訾议。熊十力勃然大怒,肆口骂道:"你这个东西,怎么会读得进书!任何书的内容,都是有好的地方,也有坏的地方。你为什么不先看出他好的地方,却专门去挑坏的?这样读书,就是读了百部千部,你会受到书的什么益处?……你这样读书,真太没有出息!"这位学者事后谈及感想,认为熊先生的当头棒喝,对他如"醍醐灌顶",产生了"起死回生"之效!

此外,王国维、陈寅恪、钱穆诸先生对国学研习的态度,人们都知之甚悉。就是新文化运动的先锋胡适,也不主张一概抹杀传统。他以大半生的精力"整理国故",正是为了古为今用,"再造文明"。

主张学点儿国学的当代学者,还包括散文大家朱自清。他在西南联大任教时,开的不是"散文写作"课,而是"宋诗"和"文辞研究"。他还亲自操觚撰写《经典常谈》,指出我们虽然终止了"读经教育",却不能取消"经典训练";"一个有相当教育的国民",至少应对本国经典有"接触的义务"。

我自己初次"接触"经典,是在四十几年前——不是为了学习,竟是为了批判!直至十多年前,我才抱着愧悔与虔敬的心情,坐下来补课。桑榆之学的最大困难是记忆力衰退,补救的方式则是尽量将所学知识条理化,俾便理解。我尝试将四本经典的内容打通,重新归类编排,纳入有理可循的逻辑框架;初衷只是为了方便自学。有朋友对此颇为称许,鼓励我拿来分享。我贸然答应,却不料修订的工作如此艰辛:章节的设定、条目的取舍、前后的照应,每令我绞尽脑汁,几度想要放弃。经反复斟酌,数易其稿,历时八个月,始克竣工。所用时间精力,倍于初稿。

本书稿此番在三联书店再版,大的章节框架未变,个别条目做了增删挪移。各章节的序言或增删或重撰,也都有所修订。如今摆在您面前的,便是这样一部仍不算成熟的工具书——唯愿对有志于"接触"经典的朋友,

后　记

或多或少有一点帮助。

在编纂过程中，承蒙首都师范大学文学院段启明教授给以鼓励、点拨，三联书店王海燕女士对是书的撰写、出版始终给以强有力的支持，在此表示由衷感谢！

书中疏漏谬误、见识不及之处，肯定不少，尚祈读者诸君不吝赐教。

侯　会

庚子孟秋，于北京大兴与德堂